JN016284

株式投資のための
財務分析入門

Fundamentals
of Financial Analysis
for Stock Investment

高田 裕
Yu Takata

リチェンジ

まえがき

　本書は、株式投資に必要な財務分析についての入門書です。本書の特徴は、株式投資に"最低限必要な財務分析"という観点で、実際の上場企業の事例を使いながら、分析方法をわかりやすく解説していることです。

　財務分析に関する多くの書籍では、財務諸表が作成される「会計上のルール」の解説にはじまり、「財務諸表の構造」、その後に「売上などの各会計項目」、そして最後に「経営分析・財務比率分析など」が説明されています。確かに財務分析の手法を正確に理解するには、この順序で習得していくことが正攻法だと思います。しかしながら、株式投資を目的として入門的に財務分析の勉強を始めた場合、財務分析自体に特に興味があるわけではなく、企業分析そのものに関心があることから、会計の説明が多いと最後まで読むのを諦めることが多いのではないでしょうか。正直なところ、大学で財務諸表を一度も見ることなく銀行に入った私は、当初、会計や財務分析の書籍がなかなか頭に入らず苦労しました。そのため、**財務分析の入門段階では、目的に応じて取捨選択した財務分析の解説が大切**と考えるようになりました。

　本書は、株式アナリストとしての実務経験を踏まえて、財務分析のエッセンスをしっかりと盛り込みつつ、株式投資に必要な財務分析の手法を取捨選択しながら、実際に株式投資に活用できる財務分析の解説書にしました。さらにいえば、実際の企業を分析事例として紹介していることから、とても実践的な内容となっていると自負しております。会計知識よりも、企業分析に重心がある読者には、ワクワクする内容だと考えています。

　一方で、財務分析の解説書という点では、本書は「体系的でない」、「網羅的ではない」、「厳密ではない（入門書ということで、あえて曖昧にし

ている箇所もあります)」などの欠点があります。私は大学で財務分析の講義を行っていますが、講義では、財務分析の詳細まで解説するために、本書とは少し違った手順で財務分析の説明をしています。目的により解説内容を変えているということです。したがって、会計理論を踏まえて財務分析を詳細まで厳密に理解したい読者には本書だけでは明らかに不十分です。本書を読んだ後に、桜井久勝『財務諸表分析』（中央経済社）などの学術的な専門書に進んでもらえればと思います。

　また、本書は、松下敏之・高田裕『外資系アナリストが本当に使っているファンダメンタル分析の手法と実例』（プチ・レトル）の内容に対応しています。同書では、理論と実践のバランスを考えながら、株式投資におけるファンダメンタル分析の手法を紹介しました。ファイナンス理論を前提として株式価値（株主価値）の説明をし、事業分析・財務分析を使った業績予想の作成方法、株価評価の考え方を紹介しました。当時、私が現役アナリストとして担当していた企業を中心に、実際の企業を使った分析の実例を豊富に紹介しました。読者の多くの方から、「アナリストが実際に使っている手法を丁寧に解説した数少ない書籍」であると、好意的な評価をいただきました。一方で、「財務諸表の知識があることが前提となっており、後半の業績予測の方法が理解しづらかった」などの指摘もありました。私自身はファイナンス研究が専門であり、「ファイナンスの解説に比重をおいてしまった」と反省しております。この指摘を真摯に受け止めた結果、株式投資を始めたばかりの読者向けの「財務分析の入門書」が必要という結論に至りました。したがって、本書は、『外資系アナリストが本当に使っているファンダメンタル分析の手法と実例』で説明しきれなかった財務分析について解説した兄弟書籍であるとお考えください。

　まえがきの最後として、私の株式投資の信念を書きたいと思います。『外資系アナリストが本当に使っているファンダメンタル分析の手法と実例』と本書において、一貫していることですが、「株式分析は、その企業に関わってきた一人ひとりの思いや資産の価値を、将来のキャッシュフロー（もしくは利益）を通して、株価というたった1つの数字に

集約していく挑戦だ」という信念を持っています。私自身は、企業の夢や思いを共有した長期投資こそが株式投資の醍醐味と感じています。そのためには、企業の事業をしっかりと理解することが必要と考えています。株式分析において財務諸表を読む主目的は、**「財務分析を通して企業の経営実態をあぶりだし、企業の将来像をイメージできるようにすること」**と考えています。本書を通じて、財務分析の手法を習得し、株式投資の醍醐味を少しでも感じていただけましたら幸いです。また、本書は財務分析に焦点をあてていることから、株式投資の手法全般について知りたい方は、松下敏之・高田裕『外資系アナリストが本当に使っているファンダメンタル分析の手法と実例』を参照していただければと思います。

2019 年 11 月

高田 裕

●対象読者

　本書は、**株式投資におけるファンダメンタル分析をしっかりと勉強したい入門者向け**です。株式投資において、短期売買を繰り返すことで利益を求める投資家にとっては、あまり面白くない内容だと思います。想定している読者は、会計に対して抵抗感があるものの、企業分析への関心が高く、財務分析についての実践的な手法を習得したい投資家です。強調して言いたいことは、財務分析の手法を習得したからといって、すぐに良い投資先を見つけることができるわけではないということです。腰をすえて、株式投資家としての実力をつけていきたい人に向けた書籍です。

【注意事項】

1. 本書において、複数社の分析事例を紹介しておりますが、それらは、特定の金融商品の推奨、投資勧誘を目的にしたものではございません。

2. 本書における分析は、執筆時点（2019年7月頃）までに公表されている情報に基づいたものです。その後、実際の企業の状況が、想定した状況と異なってしまう場合もあります。あくまで著者が考えている分析方法を紹介したにすぎないとお考えください。

3. 本書で紹介する情報は、いかなる目的で使用される場合においても、ご自身の判断と責任のもとで使用してください。本書の情報の使用による結果について、著者は責任を負うものではありません。有価証券の取引には、相場変動その他の要因により損失が生じるリスクがあります。最終的な投資判断は、ご自身の判断と責任で行ってください。

4. 本書で紹介している意見は、著者個人に属しており、著者の所属する（していた）企業・大学の公式見解ではありません。また、本書に誤りがあった場合の責任は、すべて著者個人に帰属します。

第2部 損益計算書以外も利用した財務分析

第5章 ▶ 貸借対照表を使った財務分析

第6章　損益計算書と貸借対照表を組み合わせた財務分析

第7章　キャッシュフロー計算書を使った財務分析

株式投資における財務分析

0-1 財務分析とは

　本書では、「**主に財務諸表（決算書）の数字を使って、企業経営を分析すること**」を財務分析と言います。前半部分の「財務諸表の数字を使って」に焦点をあてた場合、一般的に財務分析は「財務諸表分析」や「決算書分析」と言われることもあります。後半の「企業経営の分析」に焦点をあてると、財務分析は「経営分析の一部」に位置づけられます。書籍によっては、「経営分析」という題名で、内容は財務分析だけを扱っている場合もあります。

　本書における財務分析も「経営分析の一部」ではあるのですが、他の書籍と比べると、少し広い意味で財務分析をとらえています。多くの書籍では、財務諸表による会計数値（以下、財務データ）だけを用いて経営分析をすることを財務分析としています。しかし本書では、財務データだけではなく「財務諸表には掲載されていないものの、財務データに関係する情報」を少しでも使った分析を財務分析として広く定義しています[1]。あくまで株式投資のために財務諸表を使うことが本書の主旨であることから、財務諸表に関連した情報を幅広くとらえて財務分析としているのです。一般的な書籍と比べると、財務分析の定義を少し広くとら

1　法律や証券取引所などの規制に従って開示される情報だけでなく、企業が自主的に開示した情報（自主ディスクロージャー）なども使っているということです。また、実際に株式投資を行う際には、「製品を実際に使う」、「店舗を実際に訪問する」、「工場見学に参加する」などの実地調査の情報も加味して総合的に分析しなくてはいけません。

えていることは頭に入れておいてください。本書で解説しているのは
"広義の財務分析"ですが、そのため、「株式投資に実際に活用できる財
務分析」となっています。すなわち「実践的な財務分析」であるという
ことは強調させてください。

図表0.1　本書における財務分析の位置づけ

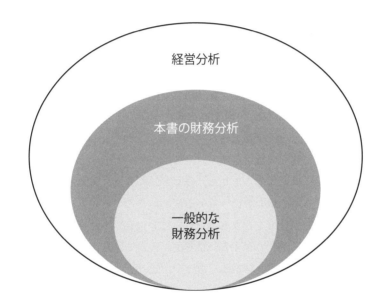

　では、財務諸表とは何でしょうか。財務諸表とは、企業が公表する損
益計算書（P/L）、貸借対照表（B/S）などの決算書の総称です[2]。損益計
算書や貸借対照表の詳細については、次章以降で解説しますが、いわゆ
る「決算書」や「会計報告書」と言われるものが財務諸表だと考えてく
ださい。「売上高、利益、資産、負債、純資産、…」という言葉を聞い
たことがあるのではないでしょうか。もし聞いたことがあれば、それら

2　財務諸表は金融商品取引法における名称であり、決算書類は会社法における名称です。し
　かし、「決算書」は日常用語として使うことから、「決算書の総称」と記載しました。

の情報が記載されているものが財務諸表だと考えてください。企業がある期間に事業を通じて獲得した収益（売上高）、事業を行うために費やしたコスト（費用）、企業が保有しているモノ（資産）、企業がどういう資金調達をしていたか（負債、純資産）などの情報が記載されています。簡単に言うと、**財務諸表は、「事業活動を行っている企業の活動状況や財政状態（現在、もしくは過去）などがまとめられた資料」**です。そして、財務諸表を作成するためのルールが会計です。言い換えると、財務諸表は、「会計というルールを通して、企業の姿（現状、もしくは過去）を映した鏡」のようなものです。あくまで会計ルールという考え方に基づいて映し出された姿にすぎないのですが、企業の実態を見ることができる貴重な情報となっています。この貴重な情報がつまった財務諸表の会計数値を利用することで、「企業の経営実態」を分析していくのが財務分析です。

　もちろん財務諸表の数字を使う財務分析については、会計ルールを知らないと完全には習得できません。多くの財務分析の書籍が会計ルールの解説にたくさんの紙面を割いている理由はここにあります。会計ルールを知らずに財務分析を行うと、正しい結論は導けません。私も「会計ルールの理解は必須」と考えていますが、一方で会計についての解説は最小限におさえたほうがいいとも思っています。会計ルールの理解に固執して、会計ルールを厳密に解説しすぎると、入門者は財務分析の本質的な理解までたどり着けずに挫折することがあります。端的に言えば、「会計ではなく企業分析に関心がある読者にとって、会計ルールの説明だけを延々と読まされては眠くなってしまう」ということです。本書では、本質的な理解を重視して、一部、会計上は厳密ではない表現をあえて使っている場合もあります。本書を通して学んでほしいのは、「財務分析を通した企業分析の面白さ」なのです。もちろん会計について関心が高まった読者は、厳密に解説した書籍に進んでもらえると嬉しいです。会計知識を正確に習得すれば、より深い財務分析ができるようになることは間違いありません。

会計の分類

　会計とは、「（企業に限らず）経済活動を行う主体が、主に活動内容や経済状態を貨幣単位で記録・報告する手法」のことです。少し難しい言葉が出てきましたね。貨幣単位は、お金の単位のことだと考えてください。具体的には、「円」という単位ですね。「今年の利益は 1,000 万円でした」という形で報告しているということです。

　上記の会計の定義の最初の部分に「企業に限らず」とあります。そうなのです。会計を分類しようとすると、まず対象ごとに種類があります。大きく分類すると、「企業会計」と「公会計」になります。対象が企業なのか、それとも公の主体なのかということです。公の主体とは、国、地方公共団体、公益法人などの非営利組織です。企業は「利益を追求する」という営利目的の組織ですので、それを踏まえた会計基準となっています。端的に言えば、「利益はいくらか」ということに向けて会計処理の方法が決められているということです。一方で、非営利組織は利益を追求することが活動原理ではないので、それに応じた会計である「公会計」が必要になります。本書の読者は株式投資を目的にしていますから、当然ながら、本書は「企業会計」を対象としています。

　次に「企業会計」をさらに分類していくと、「財務会計」と「管理会計」に分けることができます。**「財務会計」は、企業を取り巻く利害関係者に対して、企業の活動や経済状況を報告するための会計**です。株式投資により株式を保有すると、株主と呼ばれます。株主も企業の利害関係者の 1 人です。本書が対象とする会計は、財務会計ということになります。企業を取り巻く利害関係者に報告することが目的であることから、財務会計は「外部報告会計」とも言われます。もう一方の**「管理会計」は、企業内部の経営者に対して報告するための会計**です。業績把握や経営計画、経営戦略策定等の意思決定を行うために報告することが目的となります。管理会計は、企業独自の基準や考え方に基づくことに注意が必要です。

上記のように、企業会計を目的により、「財務会計」と「管理会計」に区分しました。本書の対象である財務会計は、さらに「制度会計」と「非制度会計」に分類されます。「財務会計」は、外部の利害関係者、つまり外部の様々な人たちに報告することから、内容が社会的に信頼されるようにならなくてはなりません。そこで、法律などの制度に基づくことで社会的に信頼を与える会計があります。法律などにより規制された財務会計を「制度会計」と言います。ここでいう法律は、**「会社法」**、**「金融商品取引法」**、**「法人税法」**の３つになります。株主が手にできる財務諸表は、この制度会計をもとに作成された財務諸表です。もう一方の「非制度会計」は必ずしも法律などの規制を受けたものではない会計です。法律などによって制度化されていない会計であり、「義務ではない・強制されていない」ということです。イメージがわきにくいですね。もう少し補足すると、財務会計ですから、「外部の利害関係者に報告する目的を持っているが、法律などの規制を超えて企業が自主的に開示する会計」ということです。たとえば、企業によっては、海外の投資家向けに英文財務諸表を作成することがあります。日本語を読めない海外の投資家の実情を踏まえて、利用者のニーズに応じて有用な会計情報の報告をしていることに特徴があります。自主的に開示するのですから、利用者志向の高い会計となります。英文財務諸表は報告言語を日本語から英語に変えて利用者のニーズを満たそうとしていますが、制度会計に分類される財務諸表には記載されない追加的な会計情報を提供して投資家の意思決定を円滑に進めようとする場合もあります。本書では、非制度会計を含めた財務会計を対象としています。企業が開示している会計情報はすべて利用しようとするのが本書のスタンスです。前述の脚注１の言葉を使うと、**「法律や証券取引所などの規制に従って開示される情報だけでなく、企業が自主的に開示した情報（自主ディスクロージャー）なども使っている」**ということです。ただし、非制度会計は法律などの規制を受けていないことから、制度会計をもとに開示された情報と比べると信頼性は低いということは忘れないでください。

図表0.2

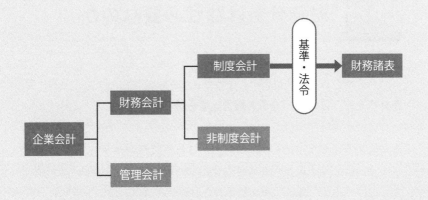

0-2 財務分析はなぜ必要なのか

　財務分析を行う目的は何でしょうか。株式投資に限らず、一般的に**財務分析を行う目的は、「企業の経営実態を明らかにすること」**にあります。財務分析が「経営分析の一部」であることから、ある意味で、当然の目的と言えるでしょう。財務分析に利用される財務データは、「会計ルールを通した、過去及び現在の活動状況や財政状態などを反映した情報」でした。過去の企業情報が集約された財務データは、企業の実態を分析するために、有益かつ貴重な情報となります。

　「企業の経営実態を明らかにするために財務諸表を使う」ということをもう少し具体的に考えていきましょう。「企業の経営実態」を考えることは、「企業経営」を考えることに他なりません。企業経営を把握するという観点で、財務諸表との関係を見ていきたいと思います。

　まず本書の中における企業経営の定義です。**企業経営とは、「資金を調達して、設備・人などへの投資を行い、その結果として、保有する資産（無形資産を含む）を有効に活用して、利益（キャッシュフロー）を獲得していく活動」**です。少し難しかったでしょうか。簡単な例として、筆者は広島出身ですので、皆さんにもなじみが深い広島風お好み焼き屋を考えてみましょう[3]。お好み焼き屋を開店しようと思うと、まず事業を行うための資金が必要になります。自分の余裕資金を使うにしても、銀行から借り入れるにしても、会社としては誰かから資金を調達しなくてはなりません。自分の余裕資金を使う場合も、自分の預金口座から会社口座に移っていますので、会社から見ると、お金を調達していると言えます。次に、お店となる場所を借りて、鉄板、椅子、テーブルなどの設

3　本書は「お好み焼き店」ではなく、「お好み焼き屋」と表記しました。「屋」にマイナスなイメージを持つ場合がありますが、雑多な街で育った私は親近感や愛着を含めて「お好み焼き屋」と表現しています。

備を準備する必要があります。ここが、前半部分の**「資金を調達して、設備・人などへの投資を行い、その結果として、保有する資産（無形資産を含む）」**に該当する部分です。「お金を集めてきて、そのお金を何かに投資する」ということです。後の章で詳細は解説しますが、ここまでの部分は、重要な財務諸表である「貸借対照表（B/S）」に対応する部分です。貸借対照表を使って経営分析するということは、主にこの部分を分析しているということです。では、後半の部分を見ると、**「保有する資産（無形資産を含む）を有効に活用して、利益（キャッシュフロー）を獲得していく活動」**とあります。お好み焼き屋であれば、持っている設備や原材料を使って、お客さんに美味しいお好み焼きを提供して、お客さんを笑顔にしていくということをしています。この笑顔の対価として、最終的には利益（もしくはキャッシュフロー）を獲得することになります。この部分に対応するのが、損益計算書（P/L）もしくはキャッシュフロー計算書になります。損益計算書を分析するとは、この部分を分析することです。キャッシュフロー計算書も同様です。加えて、中間部分の**「有効に」**というところに焦点をあてると、貸借対照表と損益計算書、キャッシュフロー計算書[4]を組み合わせた分析につながっていきます。

　まとめると、企業経営は、「資金を調達して、設備・人などへの投資を行い、その結果として、保有する資産（無形資産を含む）を有効に活用して、利益（キャッシュフロー）を獲得していく活動」であり、それぞれの過程が財務諸表と関連しています。財務諸表の分析を通じて、企業経営を詳細から全体まで理解することができるということです。知らない用語がたくさん出てきて、この節は読みにくかったかもしれません。次章以降で各財務諸表の詳細を説明します。各財務諸表の詳細を理解し

4　会計分野や法律（金融商品取引法など）では、「キャッシュ・フロー計算書」と「・」をつけた表記が正式には使用されます。一方で、私の専門であるファイナンス分野では、「キャッシュフロー」に「・」をつけることは、ほとんどないことから、私自身は感覚として「・」の使用に違和感（抵抗感）を感じる時があります。加えて、会計分野の書籍においても「キャッシュフロー計算書」と「・」を省略して使うことも見られることから、本書では「キャッシュフロー計算書」と表記しています。

た後で、この節を再度、読んでいただくと、すっと頭に入ってくると思います。

0-3 ファンダメンタル分析と財務分析

　ここまでは一般的な文脈の中で財務分析について説明してきました。ここでは、本書が対象としている「株式投資における財務分析」に焦点を絞って考えていきます。本書が採用している分析手法は、**ファンダメンタル分析**です。まずこのファンダメンタル分析について説明し、それを踏まえて、財務分析がどのように使われるのかを解説します。

　ファンダメンタル分析とは、いわゆる**テクニカル分析**と対極にあるものを指します[5]。テクニカル分析が株価の動きだけに着目している一方で、**ファンダメンタル分析では、企業の実際の経済活動を丹念に分析し、その株式価値を評価していく**ものです。

　そもそも株価とは、長期的に見れば企業の業績に収れんしていきますが、短期的に見ただけでは、様々な外的要因や投資家心理等によって業績とは全く関係のない値動きをすることがあります。テクニカル分析は、過去の株価の動向から今後の値動きを予想する分析手法です。チャートパターンやテクニカル指標等について勉強する必要はありますが、パターンを把握することで株の売買ができるようになります。一方で、**ファンダメンタル分析は企業の資産、事業構造などに基づき、将来業績を通して、企業価値を推定し、現在の株価が割安かどうかを調べる手法**です。企業価値を知るためには、その企業の事業をより深く理解する必要があります。そのため、アナリストは実際に企業を訪問し取材をしたり、そ

5　実際の株式投資の実務において、テクニカル分析とファンダメンタル分析の両方を組み合わせて使っているケースも多くあります。対極にあるからこそ、両者を補完的に使うことが可能とも考えられます。

の企業が発信している様々な決算資料や報告書を読み込んだりします。

　もう少し株価について考えてみましょう。株価はその漢字が表す通り、「株式の価値」を意味します。一般的には、「1株式あたりの価値」を株価と言います。企業が発行する株式すべての価値合計を、「株式価値（もしくは株主価値）」と言います。また、株価には、**実際に取引されている株価**と**企業の価値から導かれる理論上の株価**があります。後者に焦点をあてて、理論上の株式価値を一言で表現すると、「株主（株式投資家）となった時から株式売却するまでに株主が受け取るすべてのお金（キャッシュフロー）の現在価値を足し合わせたもの」と言えます。もっと簡単に言えば、**株式価値とは、「株式に投資した株主が保有している時に得られるリターンの合計」**です。単純化するため、株式を売却せずに、永遠に株主であり続ける場合を考えてみましょう。株主として受け取るお金は、基本的には配当のみです[6]。これらを踏まえると、株式価値はこのように言えます。株式価値とは、**株主となった時から将来にわたり受け取る配当すべての（現在価値の）総和[7]**となります。「将来にわたり」というところがポイントです。将来配当が株式価値を構成しているということです。そして将来配当は、各時点の企業業績によって決まってくるものです。企業がたくさんの利益（儲け）を生み出せば、配当は増え、株式価値は大きくなります。実際に取引されている株価についても、長期的には理論上の株価に収れんすると考えると、企業が将来たくさんの利益を生み出すことができれば、実際の株価が上昇するということです[8]。「何を当たり前のことを言っているんだ」と言われそうですね。往々にして、難しい言葉で書いてあっても、本質はシンプルです。株式投資の神髄は、まさにこの言葉に表現されています。将来の利

6　複雑になるので、いったん株主優待などは考えないでください。
7　ここでの主旨は利益と配当の関係にあることから、現在価値についての解説は本書では割愛します。詳細に関心がある場合は、『外資系アナリストが本当に使っているファンダメンタル分析の手法と実例』をご参照ください。
8　厳密に考えたい読者は、「利益ではなく、キャッシュフローではないか」と思われるかもしれません。正直なところ、私は、「長期で見れば、利益でもキャッシュフローでもどちらでも構いません」という立場です。ここでは全体像を理解するため、細かいことよりも、大きく本質（エッセンス）をとらえましょう。

益の大きさが株価水準を決めています。つまり、**株価を考えることは、「企業の将来利益のイメージを持つ」ということに他なりません。**

　株式投資におけるファンダメンタル分析は、企業の将来利益から株式価値を推計する分析手法です。一般的にファンダメンタル分析は2ステップで行っていきます。

●ステップ1：業績予想の作成

　まずは株式市場から離れ、企業の経営実態に焦点を絞って将来の企業業績についての予想を作成する。多くの場合は、3〜5年程度の業績予想を作成するが、場合によっては10年超の予想をしているアナリストもいる。アナリスト・ファンドマネージャーとして現役であった頃の私は、基本的には5年の業績予想を作成していた。

●ステップ2：バリュエーションの実施

　ステップ1で作成した業績予想をベースに、株価の評価（バリュエーション）を行う。

　ステップ1では、企業のビジネスモデルを確認し、過去業績の推移を見たり、利益構造を分析したりして、将来の売上・利益・キャッシュフローを予想していきます。ステップ2では、そのステップ1で作成した業績予想を使い、株価の評価（バリュエーション）を行います。このステップ2のバリュエーションには様々な手法がありますが、一般的にはDCF法（Discounted Cash Flow Method）、DDM（Dividend Discount Model）などがよく採用されます。DCF法は割引キャッシュフロー法、DDMは配当割引モデルのことです。現役アナリスト時代の私はDDMを好んで使っていました。具体的には、このDDMの枠組みの中で、実際の株式実務の現場で頻繁に使われているPER（株価収益率）を使って、バリュエーションを行っておりました。DCF法やDDMについては、『外資系アナリストが本当に使っているファンダメンタル分

析の手法と実例』にて詳細を解説しています。

　財務分析は、ファンダメンタル分析による株式評価プロセスのステップ1において必須となる分析です。ステップ1は、「業績予想の作成」でした。「業績予想を作成する」とは、将来の企業がどのように利益を稼いでいるかを考えるということに他なりません。

　では、どうやって企業の将来の利益を考えることができるのでしょうか。将来の利益を考えるには、将来時点においての「ビジネスモデル」と「事業環境」を知ることが必要になります。前者の「ビジネスモデル」の部分で財務分析が必要になります。ビジネスモデルとは、端的に言うと「収益を生むための仕組み」です。具体的には、**「企業がどのような事業構造のもとで、どのような強みを持って、どのような顧客に対して、どのような商品もしくはサービスによって、どのように一貫性を持って、どのような価値を提供して、利益を得ているか」**ということです。現在のビジネスモデルを踏まえると、「現在の利益を生み出す源泉はどこか」と「将来にわたって利益の源泉が維持可能か」を考えることが可能になります。現在の企業のビジネスモデルを深く理解するために財務分析が必要になります。

　次の図を見てください。

図表0.3

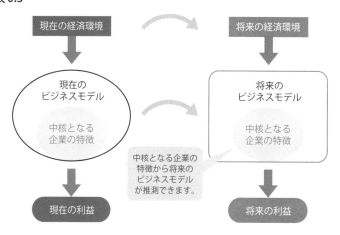

21

財務分析などを通じて現在のビジネスモデルをしっかりと理解した上で、将来の予測のために「中核となる事業基盤」を把握します。この「中核となる事業基盤」は将来にわたって変化しないと想定して、将来の事業環境を踏まえて、将来のビジネスモデルを予測していくのです。将来の事業環境が変われば、環境に合わせてビジネスモデルがある程度変化する可能性もありますが、「中核となる事業基盤」は変わらないと考えます。アナリストは「中核となる事業基盤」を一生懸命、把握しようとしているのです。財務分析は、この把握の部分で大きな役割を持っており、必須の分析手法となります。財務分析だけでビジネスモデルを理解することはできませんが、**財務分析を使うことでビジネスモデルの理解を深めていくことができます。**もっと言えば、「理解しているビジネスモデルが正しいのか」確認できたり、「理解しているビジネスモデルの修正」、「ビジネスモデルの新たな気づき（仮説）」ができたりします。つまり、「ビジネスモデルの中で財務分析を行う」ということが大切なのです。

　財務分析の詳細に入っていくと、たくさんの財務指標を紹介することになります。**各財務指標は、それぞれの観点で企業の経営実態を切り取った一面を表す指標**となります。ある側面で企業を見たものなので、1つだけでは企業の全体像を把握することはできません。それぞれの指標を独立して財務分析を繰り返しても、分析方向を見失って、有意義な分析はできなくなります。有意義な分析にするために、それぞれのパーツ（部分）をつなげていく要（かなめ）となるのがビジネスモデルです。ビジネスモデルを踏まえて、それぞれのパーツ（部分）を繰り返し見ていくことで、経営実態の全体像が浮き彫りになってきます。想定していたビジネスモデルでパーツ（部分）の説明がつかないことがあれば、ビジネスモデルの想定を修正する必要があります。想定するビジネスモデルの修正を繰り返すことで、より深い理解ができるようになります。実際、厳しい競争環境にさらされている企業はとても複雑であり、その姿をとらえることは容易なことではありません。そのため、**「企業の経営**

実態を把握するために、それぞれが重要なパーツ（部分）だ」と意識して、ビジネスモデルを要として、一つひとつの財務指標を丁寧に扱っていくことを心がけてください。

図表0.4　業績予想作成のプロセス

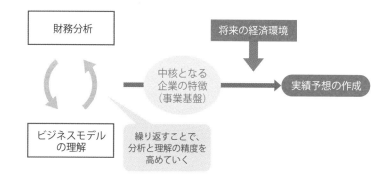

財務分析について、ここまで話してきたことを整理します。**財務分析とは「主に財務諸表の数字を使って、企業経営を分析すること」**でした。財務諸表は、「事業活動を行っている企業の活動状況や財政状態（現在、もしくは過去）などがまとめられた資料」であり、いわば「会計というルールを通して、企業の姿（現状、もしくは過去）を映した鏡のようなもの」でしたね。その**財務分析の目的は、「企業の経営実態を明らかにすること」**でした。加えて、株式投資におけるファンダメンタル分析において、株価（株式価値）を推計するためには、**「企業の将来利益のイメージを持つこと」**が必要でした。以上から、全体像が見えてきたのではないでしょうか。株式投資において財務分析は、企業の将来利益のイメージを持つために使われるということです。将来の企業は、現在の企業の延長線上にあり、この企業だったら将来どれくらいの利益を上げることができるのかということを考える必要があります。将来のビジネスモデルを構成する中核となる事業基盤を考えるために、現在のビジネス

モデルを徹底的に考察しなくてはいけません。**財務分析を通して、過去から今に至るまでの企業経営の実態を細かく理解して、企業のビジネスモデルの理解を深め、結果的に「将来利益のイメージを持つ」ことにつ**なげていくということです。株式投資における財務分析の位置づけは、まさにここにあるのです。

　本節の最後に注意点です。財務諸表は、あくまで「過去の成績」だということは忘れてはいけません。**株価分析の本質は将来の企業の将来像を予測すること**にあり、過去の企業を分析することではありません。「過去にいい成績だったから、必ず将来もいい成績になる」という保証はないのです。財務分析により把握したいのは、過去の成績を通して「どういう事業をしてきたのか」、「現在のビジネスモデルの理解は正しいか」そして「中核となる事業基盤は何か」という情報なのです。つまり、**株式投資においては、過去から現在の企業の姿をとらえる財務分析を行うことを通して、「将来の企業の姿」を予測することが必要**です。将来の姿が意味を持つ株式投資においては、財務分析を極めたからといって投資対象がすぐにわかるものではありません。あくまで財務分析は将来を予測するための道具、もっと言えば通過点にすぎません。何のために財務諸表を使っているのかを見失わないでください。株価が割安なのか、割高なのかは、純粋に財務分析を行うだけでは判断できません。ここまで聞いて、「財務分析って必要なのかな？」と思った読者がいるかもしれません。ファンダメンタル分析においては、必須です。財務分析という通過点を通らずに、株価が割安かどうかを判断した分析は、砂上の楼閣にすぎないからです。通過点ではあれども、必須の通過点だということです。**財務分析は「株式投資に必須の道具」**と考えて、しっかりと勉強していきましょう。

0-4 株式投資で使う財務諸表

　前節では、「株式投資における財務分析」について説明しました。株式投資において財務分析を使う場合は、「ビジネスモデルの中で財務分析を行うこと」が大切ということでしたね。次に考えるのは、株式投資においてよく使われる財務諸表についてです。財務諸表とは、企業が公表する損益計算書（P/L）、貸借対照表（B/S）、キャッシュフロー計算書などの決算書の総称でした。これらのうち、どれが最も重要でしょうか。株式投資におけるファンダメンタル分析では、**「投資対象となる各企業の将来業績を考える上で重要になる情報はすべて重要である」**というのが私の意見です。加えて、各企業の実情に即して重要となる財務諸表は変わるということも言えます。

　もちろんそれでは話が続かないので、もう少し踏み込むこととします。株式アナリストとしての経験上、最もよく使っていたのは、損益計算書です。詳細は次章以降で説明しますが、損益計算書は**「一定期間に企業がどれだけ儲けたか（利益）」**が記載された決算書です。一定期間は１年としましょう。損益計算書を見ると、１年間に企業が事業活動により生み出した成果（収益）、それに対応する費用、収益から費用を引いた利益がわかります。前節で、株価を考える際は「企業の将来利益のイメージを持つこと」が重要と説明しましたね。将来の利益を予測することは、まさに損益計算書を予測することに他なりません[9]。もっと言えば、複数年の損益計算書を見ることで、それぞれの時点の事業環境と比べながら事業成績がどうなってきたかを分析することができます。**ビジネス**

9　代表的な DCF 法を採用した場合、キャッシュフローの予測になるので、損益計算書だけでは不十分と考えた方がいるかもしれません。それは正解です。貸借対照表の予測も必要であり重要なのです。ただし、実務上、貸借対照表の予測において、企業構造の前提を一定にして、結局、損益計算書の予測値がそのまま反映された推計値となることも多く、損益計算書の予測に時間をかけることになります。

モデルを考える上で、損益計算書を細かく見ていくことは非常に重要なのです。

　株式投資を長くされている読者の方は、「バリュー投資家は貸借対照表のほうを見るよ」と思われるかもしれません。貸借対照表を見ることも大切なのは当然です。それを否定しているわけではありません。あくまで相対的に見ての話です。ただし、バリュー投資家の話においても、実は損益計算書の分析は重要なのです。バリュー株を分析する際に重要なのは、株価が上昇に転じるトリガー（引き金）はあるのかどうかという点です。バリュー投資においては、「悪い状態が改善する転換点が来るのか」を考えないといけないということです。その転換点が表れるのは、損益計算書と考えるべきです。

　以上を踏まえて、本書では、株式投資において相対的に重要と考えられる「損益計算書」の解説に紙面を大きく割いています。もちろん貸借対照表とキャッシュフロー計算書の説明も行っていますが、損益計算書に重心があります。加えて、解説する順番も「損益計算書→貸借対照表→キャッシュフロー計算書」としています。

　ちなみに、私は銀行に勤めた経験がありますが、銀行員時代は「貸借対照表」の分析を重視していました。分析目的が変われば、重視する決算書も変わるということです。銀行員が貸借対照表を重視しているのは、様々な理由があるのですが、最大の理由は「企業が倒産しないか」という分析に力を入れているからです。「倒産しないか」を見るための分析は、「安全性に関する分析（以下、安全性分析）」と言います。

　実は、銀行員だけでなく株式投資家にとっても、安全性分析が重要であることには変わりません。理由は明確で、倒産する企業に投資してしまった場合、大きな損失を負うことになるからです。株式投資は、企業が倒産した場合、お金が戻ってこない可能性もあります。倒産した場合には、少なくとも投資した金額に対して大きな損失が発生することから、**株式投資において倒産確率の高い企業を選ぶことは基本的に避ける必要**

があります[10]。

　安全性分析が重要であることが身をもって感じられた実例があります。私が以前所属していた欧州系運用会社において、投資していたイギリスの企業が倒産して、ファンドの投資パフォーマンスを大きく傷つける結果となりました。その企業に対する分析を担当していたイギリス人の同僚アナリスト（ファンドマネージャー兼務）は、企業が説明していた将来像を信じ切り、銀行員であれば当たり前のように見る安全性分析のための指標を見落としていました。この指標については後半で解説します。当時の私は日本株式を担当していましたが、同僚アナリストの失敗、そして彼女の退職を目の当たりにして、改めて安全性分析の重要性を認識しました。

　株式投資では、リスクをとらなければ、リターンは見込めません。ただし、ここでいうリスクは、とる必要のないリスクまでとれということではありません。「リターンをともなわないリスク」は、絶対に避けるべきです。我々、投資家は**「リスクの質（どのようなリターンが伴うのか）」を意識して、企業分析をしなくてはなりません。**このことは、株式投資を行う上で忘れないでください。そこで、前節で説明した「ビジネスモデルの理解を深める」ためだけでなく、本書において安全性分析をいくつか取り上げています。特に貸借対照表にかかわる分析指標を説明した第5章で多く説明しています。安全性分析は後ろ向きの分析のように感じるかもしれませんが、「株式投資は自己責任」という原則を理解して、これも重要な分析であることをご理解いただければと思います。

10　あえて倒産しそうな企業を選択して、投資する方法もあります。しかし、それはあくまで基本的な投資スタンスを崩した応用的な方法と考えられます。

0-5 ファンダメンタル分析における本書の位置づけ

　前述のように、本書は、ファンダメンタル分析における株式評価プロセスのステップ1「業績予想の作成」において必須となる財務分析について解説した本です。本書を読むと、一通りの財務分析ができるようになりますが、ファンダメンタル分析をしっかり行いたいという方は、本書の応用編となる『外資系アナリストが本当に使っているファンダメンタル分析の手法と実例』もぜひお読みください。

　財務分析だけを行うことと、ファンダメンタル分析を行うことの違いに関して、以前働いていた金融機関での経験談を紹介しましょう。その金融機関には、米国のトップクラスの経営大学院（いわゆる MBA のことで、ハーバード・ビジネス・スクールなどをイメージしてください）を卒業し、証券会社において高い実績を積んだ株式アナリストが多数いました。そうした、米国の MBA 出身の同僚の1人の話です。彼は財務分析やビジネスモデルの分析を行うという点においては本当に優れたアナリストでした。「過去の企業状態を説明するのが本当にうまかった」と言うべきかもしれません。「なぜ投資するべきなのか」について、過去データを駆使して説得力のある説明をする能力が優れていました。実際に顧客からの評判も悪くありませんでした。しかし、彼は株式投資の成績という点では、必ずしも優秀とは言えませんでした。オブラートに包まず言えば、彼がすすめた企業に投資すると大損をしてしまうのです。端的に言えば、「最悪の相場観」といった感じです。

　彼がこのような状態に陥ってしまった背景を考えましょう。背景は簡単です。彼は「今の状況がいい企業」を探し、「なぜその企業がいい状態なのか」を表面的に説明していただけだったのです。彼に不足していたのは、「なぜ、いい状況が続くのか」という、将来を見越した継続性

まで深堀して分析する能力でした。「将来を見通す力がない」と言って
もいいでしょう。投資の意思決定においては、「財務分析を通して企業
の普遍的な価値を理解し、それに基づいて企業の将来像を予測すること」
が大切です（図表 0.4）。「相場観がない」、「株価を外す」といったこと
が起きるのは、往々にして、「将来像のイメージ」が不十分な場合が多
いと思います。

　財務分析は非常に大切ですが、株式投資において、「将来像のイメー
ジが重要」ということも忘れないようにしましょう。株式投資における
財務分析では、**「将来像と現在を結びつける企業の普遍的な事業基盤を
あぶりだす」**ことを意識するようにするのがいいと思います。

　余談ですが、彼のように一見すると優れているように見えるアナリス
トは、教科書的なビジネスモデル分析や財務分析をあてはめることに優
れていることが多いです。加えて、顧客向けの説明が上手な場合も多く
あります。いわゆる「プレゼン力」が高いのです。実際の金融機関の現
場において、本質を見失っていると感じるのは、「顧客営業では、その
場の高いプレゼン力のほうが重宝される」ということです。このプレゼ
ン力により、「すごそう」と思われてしまうため、彼の案が採用されて
しまう状況もありました。しかし本来の目的である株式運用において、
こうしたプレゼン力の高さだけで信用してしまうと失敗してしまう可能
性があります。さらに言えば、株式投資において「人の意見」を鵜呑み
にするのは、本当に危険を伴います。皆さんへのアドバイスとしては、
**アナリストなどの専門家が言っていることを鵜呑みにするのではなく、
自分の頭で考えることを大切にしてほしい、**ということです。アナリス
トなどの専門家は、実際にはたいしたことは言っていないと思って、批
判的に見るのもいいかもしれません。決して海外 MBA 出身者やアナリ
ストの能力を否定しているわけではありません。ただ、例にあげた同僚
のようなタイプの人も混ざっていますから、「海外 MBA 出身者やトッ
プ・アナリスト ＝ すごい」と思わないでほしいということです。アナ
リストの意見を鵜呑みにせず、自分で考えて投資判断してほしいのです。

なお、応用編の『外資系アナリストが本当に使っているファンダメンタル分析の手法と実例』では、ファイナンス理論と投資実務の両方の視点から、実際の企業の実例を通して、株式投資におけるファンダメンタル分析の全体像について解説しています。ファンダメンタル分析について書いた本はすでに世の中に出ていますが、ファンダメンタル分析を専門としたアナリストが実際にどのように分析を行っているのかを書いた実践的な入門書は他には見当たらないと思います。アナリストが何を考え、どのように分析しているのかを詳細に書いていますので、アナリストの思考回路とその分析手法をまるごと身に付けることができるようになっています。前節で、ファンダメンタル分析は、ステップ１とステップ２からなると書きましたが、そのステップ１とステップ２の両方について解説しています。

　一方で、本書は、株式投資について直接的に解説した書籍ではありません。あくまで、ファンダメンタル分析による投資プロセスにおいて重要な役割を持つ財務分析に焦点を絞って解説しています。忘れてはいけないのは、財務分析の手法を理解したからといって株式投資の意思決定が即時可能になるわけではないということです。本書と応用編の『外資系アナリストが本当に使っているファンダメンタル分析の手法と実例』とをセットで読むことで、株式投資におけるファンダメンタル分析の手法の理解が完結すると考えてください。

　ここで、この２冊において一貫しているスタンス（考え方）について言及します。そのスタンスとは、**「株式投資とは、企業を通じた事業活動への投資」**だということです。言い換えれば、「株価に投資しているのではなく、企業に投資しているという意識を常に持つ」ということです。この場合の「株価に投資する」というのは、企業業績を見るのではなく、単に株価の動きだけを見て投資のタイミングを決めているということです。「企業に投資する」とは、企業の実際の経済活動を分析し、それに基づく将来業績の予測を通して株式の本質的価値を考え、投資の意思決定をすることです。まさにファンダメンタル分析を真剣に行っていると言ってもいいでしょう。

ファイナンス理論と財務分析の類似点

　財務分析は、「主に財務諸表の数字を使って、（企業の）経営を分析すること」でした。経営とは、「資金を調達して、設備・人などへの投資を行い、その結果として、保有する資産（無形資産を含む）を有効に活用して、利益（キャッシュフロー）を獲得していく活動」と説明しました。経営学でよくある例を使って、企業経営を別の視点で見てみましょう。

　経営学の教科書には、よく「企業は様々な経営資源を用いて事業を行っている」と書いてあります。経営資源とは、一般的には「ヒト」、「モノ」、「カネ」、「情報」と言われています。企業は、これらの経営資源を有効に組み合わせて、顧客に対して、製品・サービスを提供しているのです。企業経営を考えることは、「経営資源をどのように組み合わせて」、「どのような顧客に対して」、「どのような製品・サービスを」、「どのように提供していくのか」ということです。この中の経営資源であるカネ（お金）に焦点をあてた分析が、財務分析だとも言われます。

図表0.5

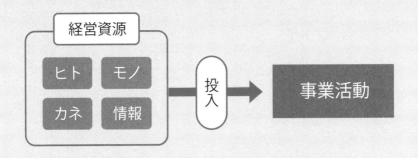

もっと具体的に考えていきましょう。人という経営資源を投入すると、従業員を雇って、働いてもらった対価として給料を支払っています。この給料は、損益計算書の中に出てきます。モノについても、貸借対照表の資産の中に現れてきます。つまり、企業の経営状態をカネという切り口で整理したものが財務諸表とも言えます。この点において、財務諸表を使って（企業の）経営を分析する財務分析は、カネに焦点をあてて経営を分析しているということになります。ちなみに、人に焦点をあてて分析すれば、「組織論」、「リーダーシップ論」などになりますし、「モノ」に焦点をあてれば、「商品開発論」、「マーケティング論」などにつながっていきます。大学で経営学を習い始めた方は、経営学の科目を「企業経営」から分類して、それぞれの科目の重要性を理解することも大切です。

　言いたいことから少しそれてしまいました。話を戻しましょう。実は、「カネ（お金）」に焦点をあてた分析は、財務分析だけではなく、「ファイナンス（論）」にもあてはまります。どちらも「カネ（お金）」に焦点をあてています。「カネ（お金）」という切り口では、ファイナンスと財務分析は似た視点を持っています。ファイナンスでは、相互に関連する経営資源の組み合わせを「カネ（お金）」の観点で管理していきます。たとえば、「設備の購入にいくら必要か」、「この設備購入を実施してもいいのか」、「あるプロジェクトを実行するには、どのような人が何人必要なのか」などです。今、ここであげた例を見てください。これらの疑問文は、常に将来に目を向けながら考える事象だとわかると思います。そうです。財務分析とファイナンスの大きな違いは、端的に言うと、将来か過去かということです。**ファイナンスは将来を見ており、財務分析は過去を見ています。** 財務諸表は、過去の経営成績、財務状態を反映したものでしたね。同じ「カネ（お金）」に焦点をあてたものでも、ベクトルが違うのがわかったでしょうか。ただし、両者は密接に関連した学問領域であり、切っても切れない関係にあります。株式投資においては、ファイナンス理論の枠組みで考えなくてはならないことは、『外資系アナリストが本当に使っているファンダメンタル分析の手法と実例』で説

明しました。ファイナンス理論については、同書を参考にしてください。

　もちろん財務分析をせずに株式投資におけるファンダメンタル分析を行うことはできません。財務分析はファンダメンタル分析において、必須の通過点だと説明しました。**財務分析を基礎にして、企業を理解し、将来の企業像を考えて、ファイナンス理論の枠組みで株式価値の評価をしていく、**ということを忘れないでください。

0-6 本書の財務分析の観点

　分析視点や分析観点によって、財務分析を分類することがあります。多くの場合、大きく4つの分析に分類されています。具体的には、「収益性分析」、「生産性分析」、「安全性分析」、「成長性分析」です。この分類を一般的に「財務諸表の分析体系」と呼ぶことがあります。

　財務分析では、財務データを用いて様々な財務指標（分析指標）を作成して、経営分析を行っています。この財務指標が4つの分析のどれかに分類されます。本書では、安全性分析は明示的に記載していますが、それ以外の分類はしていません。なぜかと言うと、「**どの観点の指標か**」**を明確に示すことができない指標が多いから**です。たとえば、ある指標は多くの場合に生産性分析で使われているものの、分析者によっては収益性分析に使われるというケースがあります。同じ指標が複数の観点で使われていることを考慮して、本書では財務指標の意味を理解することに焦点を絞っています。私自身は分析目的に合わせて柔軟に財務指標を確認しています。「この財務指標は生産性分析」と固定観念を持ってしまうと、分析の幅を縮めることになるので、あえて「分析体系」は意識していません。そのため、分析者の目的に応じて、色々な視点で財務指標を使ってもらえたらと思っています。

　とはいえ、財務分析の入門者にとって、分類されていたほうが理解しやすいのも事実です。本格的に財務分析を勉強する方は、次に読まれる入門書では、分析体系を意識してみてください。私自身が分析体系をあえて頭からなくそうとしていることから、本書では記載していないということは理解しておいてください。

図表0.6

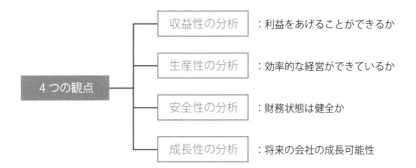

<table>
<tr><td rowspan="4">4つの観点</td><td>収益性の分析</td><td>：利益をあげることができるか</td></tr>
<tr><td>生産性の分析</td><td>：効率的な経営ができているか</td></tr>
<tr><td>安全性の分析</td><td>：財務状態は健全か</td></tr>
<tr><td>成長性の分析</td><td>：将来の会社の成長可能性</td></tr>
</table>

0-7　本書で売上の分析を重視する理由

　本書では、損益計算書を使った財務分析の中でも、**利益より売上**にまず着目しています。その理由をここで述べておきたいと思います。

　広島銀行に入社したばかりの頃、**「損益計算書は下から読め」**と先輩から教わりました。損益計算書の下にあるのは、「利益」です。つまり、損益計算書を速読する場合は、「利益」に注目しなさいということです。融資した資金の回収原資は利益にあり、分析対象となる企業の「正味の収益力」を見極めることが銀行員の最終目標になります。企業側から見ても、最終目標は「長期的に利益をあげること」にあります。利益がない商売については継続することは困難になります。そのため、損益計算書を速読する場合は、「下から読むが鉄則」と教わりました。当時の私は、何の疑いもなく、「下から読まないといけない」「利益が大事なのだ」と思っていました。

　しかし現在の私は、損益計算書を上から読んでいます。「下から読め」

と言った先輩たちの真意はわかった上で[11]（敬意をもった上で）、あえて上から読んでいます。何が言いたいのかというと、私は**「売上の分析」に力を入れている**ということです。分析の重心が「利益」から「売上」に変わったのは、銀行を退社した後の経験に基づいています。私は、広島銀行を退社した後、まだ設立されたばかりの新しい企業に入社しました。できたばかりの会社ですから、収益（売上高）は非常に少ないものでした。当時の私は、事務業務から営業まで何でもこなし、飛び込みで新規営業もしていました。新規営業ではよく門前払いをくらっていました。そのような状態ですから、企業としては売上高がほとんどなく、私の年収はかなり低いものでした。低いだけならまだしも、支払われるべき報酬が何ヵ月も遅延するありさまでした。一気に苦しい生活に陥りました。食費も底をついた時は、昼の業務を終えて、夜間にバイトをしたりもしていました。キャッシングの恐ろしさも身をもって理解しました。しかし、結果的には私の苦しい生活は数年で終わったのです。社内外の志を同じくする仲間（一部）[12]と一緒にがんばったことにより、その企業は右肩上がりの成長を遂げることになります。現在は丸の内（東京駅近辺）にオフィスを構えるほど成長しました。その経験から得た実感として、「企業は売上がなくてはどうしようもない！」ということがあります。この時、売上が利益（キャッシュ）につながっていること、売上が自分の給料に直結していることを理解したのです。「顧客との接点」である「売上」を作ることの労力は計り知れません。**「売上がない、つまり顧客から支持されない企業に未来はない」**と言っても過言ではありません。これは、「売上至上主義になれ」と言っているのではありません。もちろん利益につながらない無駄な売上ばかりをあげていては仕方ないのですが、極論を言えば、「質の高い売上をあげることができるのか、それこそが企業の実力だ」と考えるようになりました。顧客との接点である売上を深く分析してはじめて、企業の真の強さを理解できます。そ

11　諸先輩たちが銀行員として間違ったことを言っていたということではありません。
12　本書の主旨に反することから書きませんが、特に創業期には、きれいごとでは書き尽くせない様々な人間ドラマが必ずあります。

れは銀行員時代にはわからなかった感覚でした。そのため、現在の私は、売上高に対する分析に、相当な時間をかけます。この企業はどういう商品に魅力があるのか、営業マンはしっかりしているか、新人営業マンと熟練営業マンのコミュニケーションはどうか、製造する時の生産現場はどうか、社長の生きざまなど、様々な要素が売上にどう結びついているか分析していくのです。売上をあげている現場も、この目でしっかりと見るようになりました。もちろん利益につながるコストマネジメント（費用管理）に関する分析も大切ですが、売上分析のほうを、より重視しています。さらに、コストマネジメントを考える時も、「この企業に合った形で、売上を落とさないコスト削減の余地はあるのか」、「費用に見合った売上ではないな」など、売上をベースに利益分析をしていきます。当然、「利益 vs 売上」論争に正解はありません。銀行員時代と現在の私の見方の違いに焦点をあてて、あくまで1つの考え方ではありますが、本書における財務分析のベースには、この売上高重視の姿勢があることを、ここで述べておきます。

　ちなみに、現在の私は大学教員をしています。銀行員の後、企業の創業期を経験したり[13]、アナリスト、ファンドマネージャー、エコノミスト、コンサルタントとして活躍したりと、「事実は小説より奇なり」だと思っています。「努力した分だけ、挑戦できるチャンスの幅が広がる」が私の座右の銘ですが、様々な苦境に直面しても、努力し続けると乗り切ることができます。企業も同じだと思います。企業が試行錯誤して、実力（底力）がついてくれば、どんな苦境にも耐えられ、そして大きな飛躍を遂げるのだと思います。財務分析を通して、企業の真の実力をあぶりだしていきましょう。

13　もし次の書籍を出す機会があれば、「ベンチャービジネス」、もしくは私の専門であるファイナンスに関連する「アントレプレナーファイナンス（ベンチャー企業のためのファイナンス）」について解説したいとひそかに思っています。

0-8 本書の財務分析事例の紹介

　本書は、より実践的な入門書として、実際の上場企業の実例を使って説明していきたいと思います。大企業である上場企業の事業は複雑になることが多いので、ビジネスモデルがシンプルな業界、そして皆さんにとって身近な業界として、ドラッグストア業界を選びたいと思います。恐らくドラッグストアで買い物をしたことがない方はいないでしょうから、ビジネス自体のイメージがつきやすいと思います。実は、大学における財務分析の講義でもドラッグストアを取り上げることがよくあります。アルバイトをしている学生が多いことから、イメージがわきやすいそうで、分析事例としたこともあります [14]。女子学生の中には、化粧品をドラッグストアで購入する学生も多く、その点でもなじみのある業界です。卒業研究の指導をしているとドラコス（"ドラッグストアで購入できるコスメ（化粧品）"）を研究する学生もいます。本書は、10年後も使われる書籍を目指して執筆していますが、果たして10年後に「ドラコス」が死語となっているか、それとも定着した言葉になっているか、個人的には楽しみです。

　話がずれました、本題に戻ります。ここまでで説明したのは、株式投資における財務分析では「ビジネスモデルの中で財務分析を行う」ということでした。そこで、ドラッグストアのビジネスモデルについて考えてみましょう。ビジネスモデルは「収益を生むための仕組み」であり、「**企業がどのような事業構造のもとで、どのような強みを持って、どのような顧客に対して、どのような商品もしくはサービスによって、どのよう**

14　私は、授業で紹介する分析事例を学生の多数決で決めているのですが、今年度はドラッグストアが堂々のトップ投票でした。実は、授業が始まる前の私は違う業界に決まることを予測して、授業準備を事前に進めていました。私にとっては意外な結果となり、慌てて授業準備を修正しないといけなくなりました。ある意味で、私の予測力の未熟さを表している例でしょう。

に一貫性を持って、どのような価値を提供して、利益を得ているか」ということでした。では、皆さんはドラッグストアのビジネスモデルをすぐに言えるでしょうか。恐らく多くの方の感想は、「うーん、いざ考えると難しいな」というものではないでしょうか。

　まずドラッグストアの定義からスタートしましょう。総務省の日本標準産業分類によると、ドラッグストアは「小売業」の中で「医薬品・化粧品小売業」に分類されます。ドラッグストアは、「主として医薬品、化粧品を中心とした健康及び美容に関する各種の商品を中心として、家庭用品、加工食品などの最寄り品をセルフサービス方式によって小売りする事業所」となっています。売っている商品は、「主として医薬品、化粧品を中心とした健康及び美容に関する各種の商品を中心として、家庭用品、加工食品」ですね。そして、顧客は、私たち個人の消費者です。売っている場所は、インターネットではなく、リアル店舗（実店舗）ですね。

　では、どのような価値を提供して利益を獲得しているのでしょうか。価値については、厳密に言えば「各ドラッグストアによって違う」が正解です。マツモトキヨシ、ウォンツ（Wants）、サンドラッグ、スギ薬局、ディスカウントドラッグコスモス（コスモス薬品）などの各社によって違うということです。カウンセリングなどのコミュニケーションに力を入れているところもあれば、安売りに力点を置いているところもあります。各社ばらばらです。しかし、それを言ってしまうと話が進みません。大きく考えていきましょう。ドラッグストアの提供している価値は、価格と利便性です。薬局や化粧品を専門に扱っている専門店(業種小売業)よりも安い価格で医薬品や化粧品を販売しています。ここでいう医薬品は、いわゆるOTC医薬品です。医師に処方されることなく、自分で選んで買える「一般用医薬品」のことです[15]。そして、医薬品や化粧品は利益が高く、そこから得た利益を使って、食品や家庭用品（日用雑貨）をスーパーマーケットやコンビニよりも安く販売します。食品や家庭用

15　医師の処方箋によって購入できる処方箋薬（医療用医薬品）とは異なります。

品の安さでスーパーマーケットなどから顧客を集客し、さらに化粧品や医薬品の売り上げを伸ばします。安い価格で販売するための好循環を起こす構造を持った業界と言えます。

　次の利便性については、便利な場所にお店を構えて来店を促していることが特徴です。ドラッグストアの店舗の立地は、「都市型」、「商店街型」、「住宅地型」、「郊外型」の大きく４つのタイプ（型）に分かれます。どの立地においても、顧客の生活習慣をとらえた利便性が意識されています。ドラッグストアが主に販売する医薬品や化粧品は、生活習慣に依存した商品です。私の妻を見る限り、女性にとって化粧品は定期的に使用する必需品であり、医薬品は日常生活に密接にかかわる必需品です。各立地タイプについては、紙面の都合からすべてを詳細に説明しませんが、都市型立地のドラッグストアの利便性について紹介します。現在の日本では、女性の就業者が急激に増えており、共働き世帯や単身世帯が増加しています。これらの共働き世帯は、世帯収入は高いものの、夫婦ともに時間がありません。夜に仕事帰りにパッと買える場所で消費をしていきます。駅から近い場所で「立ち寄り消費」をしていくのです。マツモトキヨシなどをイメージしてください。駅から近いところに店舗が立地され、便利なのでパッと買って帰るのです。単身世帯も、１人で生活しているので、狭くても、駅から近い場所に住んでいることが多く、こちらもまたそうした店舗でパッと買っていくのです。一般的にドラッグストアは、スーパーマーケットと比べると、駅から近いところにお店を構えていることが多く、利便性が高い買い物場所を提供しています。そして安いので、定期的に顧客が商品を買っていく構造となっています。ここでは割愛しますが、郊外型や住宅地型についてもそれぞれに利便性があります。

　ドラッグストアのビジネスモデルをまとめると、ドラッグストアは「**主に医薬品・化粧品を中心として家庭用品や食品を、生活習慣において利便性が高い実店舗にて、個人に対して安い価格で販売し、安定した収益を稼ぐビジネスモデル**」ということになります。このドラッグストアのビジネスモデルの大枠がわかった上で、実際のドラッグストアの財務分

析をしていきたいと思います。

　ドラッグストア業界の中で、本書ではスギホールディングス（証券番号：7649）を分析対象の企業として取り上げたいと思います。スギホールディングスは、愛知県を中心としたドラッグストアであるスギ薬局を運営する企業です。過去には、ディスカウントショップであるジャパンや飯塚薬品などを買収（M&A）したこともありますが、近年は大きなM&Aを実施していません[16]。財務分析をする際には、過去の財務数値を比較することも多く、M&Aを実施していると分析が複雑になることから、入門書としては、比較的M&Aを実施していない企業にしたいと考えました。実例としてはシンプルなビジネスモデルが最適ですので、スギホールディングスとしました。

　スギホールディングスの事業概要とビジネスモデルについて確認しましょう。企業の事業概要とビジネスモデルを確認する方法は、「**企業に関連するありとあらゆる情報を徹底的に取得して整理すること**」です。入門者には「ありとあらゆる情報ってどこから得られるの？」ということになりますよね。まずは企業のホームページに行って、「企業概要（事業概要）などを記載しているページ」、「沿革」、そして「採用のためのページ」に行ってみてください。その企業が何をしているのか記載されていることが多いです。「企業概要」という冊子を作って、ダウンロードできるようにしている企業もあります。これらに加えて、後述の「有価証券報告書」を読むと、大まかなイメージを持つことができるようになります。

　スギホールディングスの中核をなすスギ薬局は1976年に設立されました。スギホールディングスは大きく3つの事業を行っており、（1）調剤併設型ドラッグストアのスギ薬局の運営、（2）ディスカウント型ドラッグストアのジャパンの運営、（3）訪問看護ステーションの運営

16　本書執筆中の2019年6月1日にココカラファイン（証券番号：3098）への経営統合を提案したと発表されました。結果的には、ココカラファインは経営統合の交渉先にマツモトキヨシホールディングス（証券番号：3088）を選び、2020年1月31日、マツモトキヨシホールディングスとココカラファインは2021年10月1日をめどに経営統合すると発表しました。

を行っています。2019 年 2 月時点の拠点数は、スギ薬局が 1,063 店、ジャパンが 118 店、スギ訪問看護ステーションが 9 拠点です。連結売上高に占めるスギ薬局事業の売上高は 86% であり、スギホールディングスはスギ薬局に関する事業が中心の企業と言えます。ドラッグストアであるスギ薬局の最大の特徴は、調剤併設型ドラッグストアであることです。一般的に調剤業務は、「医師の処方箋に基づき、店舗に在籍する薬剤師が患者に対して薬剤を販売する業務」のことです。スギ薬局は、調剤業務を併設したドラッグストアとして、基本的に運営されています。ドラッグストアのビジネスモデルは、「主に医薬品・化粧品を中心として家庭用品や食品を、生活習慣において利便性が高い実店舗にて、個人に対して安い価格で販売し、安定した収益を稼ぐビジネスモデル」でした。スギ薬局の場合は、調剤業務を併設することで、より医療に軸足をおいたドラッグストアと言えます。調剤業務を行うには薬剤師が必要で、薬剤師は薬についてのコンサルティングを行います。スギ薬局に行けば、他のドラッグストアよりも医療に関する優れたコンサルティングが受けられるというのが、他店との差別化のポイントとなります。医療に関する信頼が得られた場合、結果として、処方箋を持った患者が来店するようになります。来店した顧客は、自分の病気と親和性の高い栄養補助食品などを購入するでしょう。家庭用品や化粧品もついで買いするかもしれません。加えて、抗がん治療や生活習慣病など、定期的に処方箋薬を受け取る必要がある患者は、スギ薬局にとっては固定顧客（定期的に繰り返し来る顧客）となるでしょう。調剤業務を中心に、ドラッグストアのビジネスモデルをより好循環させようとしているのが、スギ薬局のビジネスモデルなのです。本書では、このスギホールディングスの財務分析を実践的に取り上げていきます。

　扱う事例について、ここで改めて注意点を強調します。本書は、特定の金融商品の推奨、投資勧誘を目的にしたものではなく、スギホールディングスの株式の投資推奨を行っているわけでもありません。あくまで、財務分析の手法を「どのように実際の企業で使うのか」を紹介しているだけです。また、スギホールディングスが投資先として他企業よりも魅

力的であるという理由で採用したわけではなく、逆に悪い例として取り上げているわけでもありません。中立的な立場から、学習用の事例として適しているという考えから、題材として採用しました。以上のことを理解した上で、スギホールディングスを含め、本書内で紹介した企業へ興味を持たれても、株式投資は、ご自身の投資判断・責任のもとで、慎重に決定してください。株式投資は、自己責任が原則です。

0-9 財務諸表の取得方法

　実際に投資企業を財務分析するには、まず財務諸表を入手する必要があります。上場企業については、開示義務がありますので、必ず取得できます。現在では、ほとんどすべての上場企業がホームページで開示しておりますので、ホームページからダウンロードしましょう。具体的には、①有価証券報告書（ゆうかしょうけんほうこくしょ）、②決算短信（けっさんたんしん）はホームページから入手可能です。場合によっては、③決算説明資料、④アニュアルレポート、⑤データファイルなどのファイルをホームページにアップしている企業もあります。③〜⑤では、財務データが分析しやすく整理されていたり、①や②には記載されていない経営情報が記載されていたりすることもあります。真剣に企業分析するのなら、ホームページを隅から隅まで把握する気で確認しましょう。ただし、どの資料に記載されていても、損益計算書や貸借対照表の数字が異なることはありません。基本的にはどれを見ても問題はありません。入門段階では決算短信が見やすいかもしれません。

　ここで、上場企業であれば、必ず入手可能な①**有価証券報告書**と②**決算短信**について紹介します。有価証券報告書は、金融商品取引法（昔は証券取引法）に基づいて開示されるものです。従業員数や平均年収、平均年齢、会社の沿革などについても記載されており、有価証券報告書に

より、企業のことを深く知ることができます。各事業年度経過後3ヵ月以内に内閣総理大臣へ提出する必要があることから、3月決算の企業だと通常6月に取得可能です。企業自身のホームページにアップされていない時は、インターネットの**EDINET（金融商品取引法に基づく電子開示システム）**から取得可能です[17]。有価証券報告書は情報量が多いことから、長期投資家をはじめ、企業をしっかり理解して投資する株式投資家は必ず読み込んでいます。一方で、タイムリーな開示（ディスクロージャー）ではないことから、有価証券報告書の発表日が株式市場で意識されることはあまりありません。また、有価証券報告書は、口頭で話す時には長いことから、「有報（ゆうほう）」と略すことがあります。

　②の決算短信は、証券取引所の規則によるタイムリーなディスクロージャー（開示）です。上場企業の決算発表は、取引所が定める共通の様式である決算短信によってなされ、有価証券報告書の開示に先立って記者発表されます。加えて、決算短信で特徴的なのは、当期の業績だけでなく、会社が考えている来期の業績予想も発表される点です。これにより、注目度が高くなっています。将来の企業利益のイメージを持つという点では有価証券報告書も決算短信も両資料とも重要ですが、**強いて言うなら、株式投資の実務においては有価証券報告書より決算短信が重視される傾向があります。**少なくとも発表日が注目されるのは決算短信です。有価証券報告書はタイムリーなディスクロージャーではない点がデメリットと強調されます。ただし、分析視点などを考慮して、両者をうまく使い分けて利用するのがいいでしょう。**より詳細な分析を行うためには、有価証券報告書を見ることも大切**です。ちなみに、有価証券報告書は金融商品取引法に基づいて開示されますが、決算短信は法律ではなく証券取引所の自主規制に基づく開示です。厳密には法定開示ではないのですが、実質的には法定開示のようなものです。実務では、自主ディスクロージャーとして決算短信を扱うことはほとんどありません。

17　EDINET は「金融商品取引法に基づく有価証券報告書等の開示書類に関する電子開示システム」のことです。

では、スギホールディングスのホームページ [18] から、どうやって決算
短信まで行きつくのか見ていきましょう。まずスギ薬局のホームページ
に行きます。

図表0.7

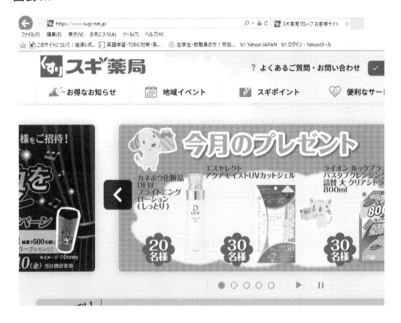

次に、親会社などの上場している企業のホームページを探しましょう。
スギホールディングスの場合は、スギ薬局ではなく、スギホールディン
グスです。

---

18 本書執筆中の 2019 年 6 月〜 8 月時点で確認した方法です。

図表0.8

　対象企業のホームページに行ったら、「IR 情報」、「投資家情報」や「株主・投資家の皆様へ」などと書かれている箇所を探します。「IR 情報」のIRとは、インベスター・リレーションズ（Investor Relations）の略であり、直訳すると「投資家関係」となります。ただ、「投資家関係」と記載されているホームページは私が知る限りなく、日本語では「投資家情報」や「株主・投資家の皆様へ」が多い印象です。スギホールディングスの場合は、「IR 情報」という場所が見つかります。そこをクリックしましょう。

図表0.9

　スギホールディングスの IR 情報のページに行きます。ここに、財務情報をはじめ、企業の様々な開示情報が記載されています。決算短信を取得する際は、スギホールディングスの場合は、「財務情報」というところにいきましょう。企業によっては、「IR 資料」や「IR ライブラリ」などの場合があります。企業によって違うのですが、似たような言葉を探して、クリックしていくと見つかることが多いです。慣れてくると、すぐに見つけられるようになるでしょう。また、後述しますが、企業グループ全体を分析することが基本ですから、連結財務諸表を使うようにしてください。

図表0.10

スギホールディングス
企業情報
事業案内
IR情報
採用情報
HOME > IR情報:株主・投資家の皆様へ
IR情報 Investor Relations information
様々な情報
（例）決算短信⇒財務情報
株主・投資家の皆様へ
News Release
電子公告
株価情報
月次報告
経営指標
財務情報
有価証券報告書
株主優待・配当金
IRに関するQ&A
IRに関するお問い合わせ
免責事項
過去のIR情報の一覧
IR English
株主・投資家の皆様へ
2018年2月期の概況
当連結会計年度（平成29年3月1日～平成30年2月28日）におけるわが国の経済は、米国をはじめとする海外の政策動向や地政学的リスクに留意する必要があるものの、政府の経済政策を背景に、企業収益の回復や雇用・所得環境の改善が続き、緩やかな回復基調が継続しました。
ドラッグストア業界を取り巻く経営環境につきましては、同業他社や異業種・異業態による積極的な出店や価格競争に加え、M&Aによる同業の規模拡大、EC拡大に伴う消費者の購買チャネルの変化、人件費や建築費用の上昇も影響し、当社を取り巻く経営環境の厳しさは継続しました。
このような環境の中、当社グループは、ウェルネスを基軸とした商品・サービスの拡充と売場づくり、行政・団体・地元企業などと連携した地域密着・深耕策の推進・ヘルスケア領域強化に向けたビジネスモデルづくり、当社が優位性を発揮する際の中核となる人材育成などに積極的に取り組みました。
具体的には、
(1) お客様ニーズに合わせた商品分類への変更及び売場変更、特にウェルネスの切り口から健康食品・サプリメントなど

0-10 「連結」と「単体」どちらの財務諸表を使うべきか

　財務諸表には、**個別財務諸表**と**連結財務諸表**の２つがあります。たとえば、スギホールディングスは、スギ薬局などのドラッグストア事業が中核ですが、実は訪問看護事業も行っています。それぞれの事業は別の会社が行っており、ドラッグストア事業は主に株式会社スギ薬局、訪問看護事業はスギメディカル株式会社が行っているようです[19]。各社のそれぞれで作成される財務諸表を「個別財務諸表」と言います。

　もう一方の「連結財務諸表」は、「**２つ以上の会社から構成される企業集団を１つの組織体とみなして、個別財務諸表を合算・修正することで作成される財務諸表**」です。要は、企業集団（企業グループ）を１つの企業とみなした財務諸表です。企業集団全体の事業成績や財務状況を総合的に確認することができます。親会社と子会社の仕組みをとっている企業集団（いわゆる、グループ）の場合は、図表 0.11 のようなイメージになります。グループについては、マツダグループ、広島銀行グループなどを想像してください。図表 0.11 において A 社グループは、親会社の A 社と子会社の B 社から構成される企業集団です。グループ全体で経営を行っていることから、実質上、同一の組織として企業活動を行っています。たとえば、B 社が経営不振に陥った場合、A 社が経営再建に乗り出すでしょう。A 社も B 社もそれぞれ個別財務諸表を作成していますが、個別財務諸表だけを見ていては企業集団全体の業績に関する判断を見誤ってしまう可能性があります。グループ全体を分析しなければ、全体像の把握ができないということです。そのため、個別財務諸表を合算・修正して作成される連結財務諸表を使って、企業集団全体の業績に関する判断を行う必要があります。**株式投資において、企業分**

19　有価証券報告書によると、他にも 3 社の連結子会社があります。

析を行う場合は、**基本的には連結財務諸表を使う**と考えてください。情報開示上の理由や、詳細な分析を行うために、個別財務諸表を使うことはありますが、基本は連結財務諸表を使って財務分析を行えばいいと覚えておいてください。

　なお、連結財務諸表の作成の仕方については、本書の主旨には合わないことから、解説はしません。厳密に企業分析したい方は、個別財務諸表からどのように連結財務諸表が作成されるのかを理解しておく必要があります。他の書籍を参考にしてください。

図表0.11

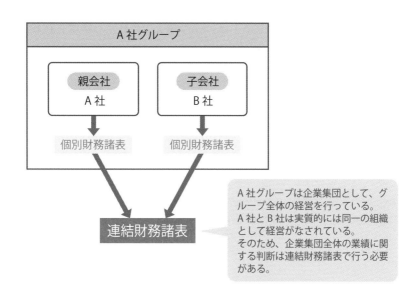

第1部

損益計算書を
利用した財務分析

第1章

損益計算書とは

1-1 損益計算書について

　スギホールディングスの財務分析を実施する前に、財務分析で扱う財務諸表について整理します。実は財務諸表は、「諸」という言葉が入っていることからもわかるように、いくつもある「財務に関する表」の総称です。**会社が決算をする時に発表する複数の決算書（財務に関する表）を、財務諸表と言います。**代表的な財務諸表は、「損益計算書（そんえきけいさんしょ）」、「貸借対照表（たいしゃくたいしょうひょう）」、「キャッシュフロー計算書」です。この3つのことを「財務3表（ざいむさんぴょう）」と言うこともあります。本書では、この3つの決算書について説明します。

図表 1.1

	略称	内容
損益計算書 （そんえきけいさんしょ）	P/L	一定期間における企業の経営成績
貸借対照表 （たいしゃくたいしょうひょう）	B/S	一時点の企業の財政状態
キャッシュフロー計算書	C/S	一定期間におけるキャッシュフローの状況

　まずは、代表的な財務諸表である**損益計算書(そんえきけいさんしょ)**から説明したいと思います。どの財務諸表から勉強するべきかについての考え方は色々とありますが、損益計算書が最もわかりやすいのではないかと思い、私の授業では、損益計算書から説明を始めています。また、銀行員出身の私は貸借対照表の分析を比較的重視していますが、前述の通り、株式市場に対峙するアナリストを見る限り、損益計算書を重視している方が多いように感じます。本書は株式投資のための財務分析の入門書ですので、株式投資に最もなじみがあるという点で、損益計算書からスタートします。

　損益計算書は会話する時に、「そんえきけいさんしょ」と発すると長くなることから、英語の Profit and Loss Statement を略した**P/L（ピーエル）**と簡単に表現することも多いです。私は、初めて聞いた時、「ピーエル」、「ピーエル」というものだから、高校野球か風邪薬か何かかと思いました。ちなみに英語では、Income Statement（I/S）と書かれている場合もあります。Profit and Loss Statement（P/L）と Income Statement（I/S）のどちらを使ってもいいのですが、本書では日本で一般的な P/L と表記します。

　ここからは、損益計算書の中身に入っていきます。損益計算書は「損益」という言葉からわかるように、**損失や利益について書かれている決算書**です。売上と比べて費用が少ない場合に利益が出て、売上よりも費用が大きい場合には損失が出ます。**損益計算書は、「一定期間の事業活動の成績」を表す財務諸表**です。企業の事業から生み出された成果（収益、わかりやすく言うと売上高）と、それに対応する努力（費用）を見ることができます。生み出された成果から、対応する努力を引くことで、付加価値となる利益の水準がわかるということです。端的に言うと、一定期間に企業がどれだけ儲けたか（利益）を示しています。式で書くと、「売上 － 費用 ＝ 利益」となり、利益を出すために「売上」と「費用」を比較するのです。

では、実際に、損益計算書の実例を見ていきましょう。次の表は、2019年2月期のスギホールディングスの損益計算書です。決算短信から取得しました。

図表1.2

(2) 連結損益計算書及び連結包括利益計算書
(連結損益計算書)

(単位：百万円)

	前連結会計年度 (自　2017年3月1日 至　2018年2月28日)	当連結会計年度 (自　2018年3月1日 至　2019年2月28日)
売上高	457,047	488,464
売上原価	325,481	346,164
売上総利益	131,565	142,300
販売費及び一般管理費		
給料手当及び賞与	44,160	48,949
賞与引当金繰入額	1,358	1,324
退職給付費用	1,050	1,151
賃借料	19,595	21,872
その他	40,640	43,185
販売費及び一般管理費合計	106,804	116,483
営業利益	24,760	25,817
営業外収益		
受取利息	108	101
受取配当金	16	95
固定資産受贈益	532	523
受取賃貸料	1,546	1,568
受取手数料	209	363
その他	123	398
営業外収益合計	2,536	3,050
営業外費用		
支払利息	26	25
賃貸収入原価	1,095	1,061
固定資産除却損	126	213
その他	148	329
営業外費用合計	1,397	1,630
経常利益	25,900	27,237
特別損失		
減損損失	1,341	1,184
特別損失合計	1,341	1,184
税金等調整前当期純利益	24,559	26,053
法人税、住民税及び事業税	9,303	8,789
法人税等調整額	△1,156	△675
法人税等合計	8,147	8,113
当期純利益	16,411	17,940
親会社株主に帰属する当期純利益	16,411	17,940

　初めて損益計算書を見た方は、すんなり頭に入ってこないかもしれません。新社会人として銀行員になったばかりの当時の私もそうでした。項目が多いからだと思います。わかりやすくするために、項目をまとめてみましょう。最初のうちは、細かいことはいいので、次の表にある項目の数字だけを見てください。この表に記載した項目については最低限、理解して、自分で決算短信などから数字を確認していくようにしてください。この項目の理解についての裏技はありません。これらについては確実に理解して、最終的には覚えるようにしましょう。

図表 1.3

売上高	XXX
売上原価	XXX
売上総利益	XXX
販売費及び一般管理費	XXX
営業利益	XXX
営業外収益	XXX
営業外費用	XXX
経常利益	XXX
特別利益	XXX
特別損失	XXX
税引き前当期純利益	XXX
法人税等	XXX
当期純利益	XXX

下記の表に、各項目間の計算式を示しています。この計算式を頭に入れることで、各項目の関係が理解できます。最初のうちは、覚えなくても大丈夫です。この表を必要に応じて見ていただくといいと思います。ただし、だんだんと下記の計算式も覚えてしまうほうがいいと思います。

図表 1.4

		計算式	読み方	別称、略称
営業損益計算	①売上高		うりあげだか	
	②売上原価		うりあげげんか	
	③売上総利益	①－②	うりあげそうりえき	粗利
	④販売費及び一般管理費		はんばいひおよびいっぱんかんりひ	販管費
	⑤営業利益	③－④	えいぎょうりえき	
経常損益計算	⑥営業外収益		えいぎょうがいしゅうえき	
	⑦営業外費用		えいぎょうがいひよう	
	⑧経常利益	⑤＋⑥－⑦	けいじょうりえき	けいつね
純損益計算	⑨特別利益		とくべつりえき	
	⑩特別損失		とくべつそんしつ	とくそん
	⑪税引前当期純利益	⑧＋⑨－⑩	ぜいびきまえとうきじゅんりえき	
	⑫法人税、住民税及び事業税等		ほうじんぜい、じゅうみんぜいおよびじぎょうぜいとう	
	⑬当期純利益	⑪－⑫	とうきじゅんりえき	

　ここで、スギホールディングスの損益計算書を見てみましょう。各項目の数字を抜き出したのが、下記の表です。計算式を見ながら、売上総利益、営業利益、経常利益、税引き前当期純利益、当期純利益を計算してみましょう。同じ値になりますね。

図表 1.5

2019 年 2 月期	（百万円）
売上高	488,464
売上原価	346,164
売上総利益	142,300
販売費及び一般管理費	116,483
営業利益	25,817
営業外収益	3,050
営業外費用	1,630
経常利益	27,237
特別利益	0
特別損失	1,184
税引き前当期純利益	26,053
法人税等	8,113
当期純利益	17,940

売上総利益
＝売上高－売上原価
＝ 488,464 － 346,164
＝ 142,300

営業利益
＝売上総利益－販売費及び一般管理費
＝ 142,300 － 116,483
＝ 25,817

経常利益
＝営業利益＋営業外収益－営業外費用
＝ 25,817 ＋ 3,050 － 1,630
＝ 27,237

　損益計算書の内容を説明していきます。損益計算書は「一定期間の事業活動の成績」を表し、端的に言うと、**一定期間に企業がどれだけ儲けたか（利益）**を示しているものでしたね。最初に出てくる「一定期間」という部分から整理します。この一定期間のことを「会計期間」と言います。通常、会計期間の最後の日を、「期末日（きまつび）」「期末」「決算日（けっさんび）」などと言います。一定期間と書きましたが、基本的には1年間だと考えてください。一般には、1年間の成績を示す決算の期末を見て、「〇月決算」と言っています。多くの日本企業が3月31日を決算日としており、「3月決算」と言われます。3月決算の場合、

通常、2015 年度の損益計算書といえば、「2015 年 4 月 1 日〜2016 年 3 月 31 日」の期間に経済活動から発生した売上高・利益を見ることになります。2016 年度であれば、「2016 年 4 月 1 日〜2017 年 3 月 31 日」です。2017 年度であれば、「2017 年 4 月 1 日〜2018 年 3 月 31 日」です。ただし、会社によっては、期末日の年で記載している場合があり、注意が必要です。たとえば、「2015 年 4 月 1 日〜2016 年 3 月 31 日」の会計期間の結果を、2016 年度の決算と記載していることもあります。決算書には、会計期間が明記されているので、思い込みで読むのではなく、念のために確認しておくことが大切です。本書の中の図表は、期末日が異なる企業をたくさん扱っていることから、期末日の年により当該年度を決めています。一般的な年度の分類とは異なる企業もあるので、その点はご留意ください。

　スギホールディングスの損益計算書（56 ページの図表 1.2）を見てください。一番上に「当連結会計年度（自 2018 年 3 月 1 日　至 2019 年 2 月 28 日）」と記載されています。「2018 年 3 月 1 日〜2019 年 2 月 28 日」ということです。スギホールディングスは、2 月決算の企業になります。「日本企業は 3 月決算が多いんじゃなかったのか？」と思った方もいると思います。実は、小売企業は 2 月決算が多いのです。日本企業においては、上場企業の 80% が 3 月決算で、次に多いのが 12 月決算もしくは 2 月決算で 5% 程度と言われています。小売業界だけを見ると、2 月決算の会社が多いのです。一説によると、小売業の繁忙期は 12 月〜1 月であることから、比較的忙しくない 2 月に決算処理を終わらせる目的があると言われます。ちなみに、海外企業は 12 月決算の場合が多い印象があります。
　また、決算の期間は「基本的に 1 年間と考えてください」と言いました。少なくとも入門段階の読者の方には、1 年間と考えてもらっていいと思います。ただしこの会計期間については、1 年間に加えて、6ヵ月と 3ヵ月があります。一般的には、**1 年間を通期決算、6ヵ月を半期決算、3ヵ月を四半期決算**と言います。上場企業の場合は、四半期決算

が義務づけられており、3ヵ月間の会計期間による決算書も存在しています。入門書である本書は1年間の通期決算を基本的には扱っていきますが、場合によっては応用的な話として四半期決算や半期決算も扱います。実際、株式アナリストは、四半期開示の財務諸表も細かく分析しています。その結果、四半期決算の発表時に株価が業績に反応して動くこともあります。

図表1.6

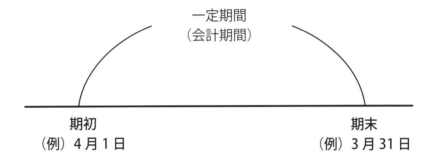

一定期間
（会計期間）

期初　　　　　　　　　　　　　　　　　　期末
（例）4月1日　　　　　　　　　　　　　（例）3月31日

　先ほどの損益計算書の項目をまとめた図表1.3に戻りましょう。上から項目を見ていくと、「売上高」、「売上原価」、「売上総利益」、「販売費及び一般管理費」、「営業利益」、「営業外収益」……と続いています。パッと見る限り、「○○利益」という様々な利益があるのがわかると思います。**売上総利益、営業利益、経常利益、税引前当期純利益、当期純利益**と5つの利益があります（特別利益にも「利益」とありますが、ここで注目する利益には含めません。いったん、この5つの利益を頭に入れるようにしましょう）。初めて耳にする方は、「売上高」以外は、専門用語ばかりで嫌になるかもしれませんね。私もそうでした。しかし、一度、理解した上で覚えてしまえば、それほど難しいことはありません。もちろん、初めて聞く言葉の定義の理解・記憶は大変だと思いますが、少しがんばってください。ポイントは、「売上 － 費用 ＝ 利益」です。

図表 1.7

ポイント

$$利益 = 売上 - 費用$$

それぞれに対応する利益
と費用を確認しよう！

　各項目を上から解説します。念のため、( ) 内に読み方をふっています。読み方も一緒に覚えるようにしましょう。

1-2 売上高（うりあげだか）

　表の一番上にある「売上高」は、事業活動から生じた収益を指します。**「商品・製品・サービスなどを販売した代金の総額」**になります。売上高は、企業の事業活動から得た収益であり、利益につながる原資という点でとても重要な項目となります。また、顧客との接点を表します。本書では、株式投資のための財務分析の入門書であり、会計原則の詳細については踏み込むつもりはないのですが、次のことだけは意識してください。売上としてカウントされるのは、「販売という事実（実現)」があった時です。生産した時ではなく、現金を回収した時でもありません。なお、銀行業など一部の企業では、売上高とは呼ばず、「営業収益」と呼ぶことがあります。ただし、本質的には「売上高」と変わりませんので、入門段階では同じと思って、「売上高」と考えておいてください。

　ここで、再び本書のキーワードに戻ります。本書のキーワードは、「ビ

ジネスモデルの中で考える財務分析」でした。ここで皆さんに意識してほしいのは、「ビジネスモデルの中で考える売上高」です。具体的な事業とつなげて、売上高のイメージを持ちましょうということです。ドラッグストアのビジネスモデルは「主に医薬品・化粧品を中心として家庭用品や食品を、生活習慣において利便性が高い実店舗にて、個人に対して安い価格で販売し、安定した収益を稼ぐ」でした。ドラッグストアの売上高は、実際の店舗で販売された化粧品や医薬品などの代金の総額ということになります。スギホールディングスの損益計算書（56 ページの図表 1.2）を見ると、2019 年 2 月期の売上高は、488,464 百万円でした。ご自身でも確認してください。

1-3 売上原価（うりあげげんか）

　表の中で、「売上高」の下にあるのが「売上原価」です。**売上原価は、売上をあげるために行った事業活動のうち、商品・製品・サービスに直接的に対応する費用**を示します。売上が商品・製品・サービスの何から生じているかによって、売上原価の内容は違います。製造業であれば、製品を作るためにかかった費用である「製造原価」です。小売業の場合は商品を仕入れるためにかかった費用である「仕入原価」になります。

　ここで注意点ですが、売上原価については、**「売上高として計上された商品・製品・サービスだけが、売上原価として計上される」**ということを頭に入れておいてください。製造業でたくさん製品を作った場合や小売業でたくさん商品を仕入れた場合、売れていない分は売上原価に含めないルールとなっています。つまり、売上高に対応した商品・製品・サービスだけが売上原価となっているということです。この仕組みを理解するには、貸借対照表と損益計算書の関係を理解しなくてはなりませんが、売れていない分は在庫として、貸借対照表の棚卸資産に計上され

ているのです。売上原価が、売上高に対応した原価であることから、売上高と売上原価の比率を比較することが意味を持ち、後ほど出てくる比率分析につながります。売上原価を売上高で割った原価率（売上原価 ÷ 売上高）を見ることで、売上をあげるために使ったコストが適正かを見ることができるのです。費用にどれだけの付加価値を乗せて売上につなげているのかを見ることができます。

　シンプルな例を考えるとイメージしやすいと思います。スギホールディングスではなく、ある個人経営の小さなドラッグストアを考えてみましょう。このドラッグストアは、2019 年 1 月にある化粧水を 100 円で 5 本仕入れたとします。支払いは 2019 年 1 月に発生し、100 円 × 5 本で 500 円の支払いを済ませました。そして早速 2 月からこの化粧水を棚に並べることとしました。化粧水の人気を踏まえて、販売価格は 200 円としました。結果的に 2019 年 2 月に 2 本、3 月に残りの 3 本が売れました。このドラッグストアは 2 月決算であり、当該年度はこの化粧水 5 本以外の商品は扱っていないこととします。2019 年 2 月期の売上高、売上原価（費用）はいくらでしょうか。売上高は簡単です。販売した実績を考えればいいのです。2019 年 2 月に 200 円 × 2 本の販売実績があるので、2019 年 2 月期の売上高は 400 円となります。2020 年 3 月期は 600 円の売上高です。次に売上原価（費用）についてですが、もし前段落の説明を理解していなければ、1 月に▲ 500 円の支払いをしていることから、費用は 500 円と考えてしまうと思います（▲はマイナスの意味です）。つまり売上 400 円から費用 500 円を引いて、▲ 100 円の赤字（マイナスの利益）と考えるでしょう。実は、これは利益の考え方においては間違いなのです。キャッシュフローの考え方で見れば、500 円の支払いがあったので、お金の流れを追って、400 円マイナス 500 円となります。しかし今は、会計基準を通して費用・利益を計算しようとしています。もう一度、前段落を読み直すと、「売上高に対応した商品・製品・サービスだけが売上原価となっている」となっています。「売上高に対応した」というのがポイントです。2019 年 2 月に販売が完了した 2 本について、対応する費用を考えると、仕入値 100 円 × 2 本

となります。つまり2019年2月期の売上原価は200円となり、売上400円から200円を引いて、利益は200円の黒字（プラスの利益）となります。そして、2020年2月期は売上原価が300円で、利益が300円となります。ここで書いている利益は次節の売上総利益に対応する利益です。整理すると、お金の流れ（キャッシュフロー）という考え方のもとでは、2019年2月期は▲100円で、2020年2月期は+600円となります。一方で、利益については、2019年2月期は+200円、2020年2月期は+300円ということです。このドラッグストアは1本100円で仕入れたものを1本200円で販売して1本あたり100円の利益（付加価値）をつけて販売しています。そして、2019年2月期に2本、2020年2月期に3本販売しています。このドラッグストアが、それぞれの期にどれだけの付加価値を生み出しているのかを見る場合は、2019年2月期+200円、2020年2月期は+300円のほうが、適切に見えませんか。会計という考え方を通して、付加価値という経済現象をうまくとらえることができるようにしているのですね。

　大事なことなので、もう少し補足します。2019年2月期は▲100円で、2020年2月期は+600円という「お金の流れ（キャッシュフロー）」を見ること（もしくは、考え方）自体がだめと言っているのではありません。『外資系アナリストが本当に使っているファンダメンタル分析の手法と実例』で説明したのですが、ファイナンスの世界では各時点で発生するお金の価値を厳密に扱って分析していきます。支払いという点ではすでに2019年2月期に済ませているにもかかわらず、会計上の費用が2020年2月期に発生しており、時点の正確性は必ずしも保証されていません。どちらが優れているということではなく、あくまで目的に適したものを使う必要があるということです。

　売上原価は「売上に対応する費用」という会計の考え方で算出されているものと理解して、目的を考えながら、適切な分析をしていきましょう。要は、損益計算書の売上原価を見る際は、**「販売した分だけが費用として計上される」**ということです。

　ドラッグストアの場合、ドラッグストアが医薬品卸企業（もしくは製

薬企業）や化粧品問屋（もしくは化粧品製造会社）などから商品を仕入れてきて、その商品を顧客に売っていることから、医薬品卸企業や化粧品問屋に支払った金額が売上原価となります。スギホールディングスの損益計算書（56ページの図表1.2）を見ると、2019年2月期の売上原価は、346,164百万円でした。ご自身でも確認してください。

1-4 売上総利益 （うりあげそうりえき）

> **売上総利益 ＝ 売上高（①）－ 売上原価（②）**

　売上総利益は、最初に出てくる利益となります。企業が最初に稼ぎ出した利益ということです。利益とは、入ってくる収益（売上）から費用を差し引いて残った金額、つまり儲けのことです。**売上総利益は、売上高から売上原価を引いたもの**になります。取引先に支払った後に企業内部に残る儲けと考えてください。売上総利益は、提供する商品・製品・サービスの競争力を表していると言われます。商品・製品・サービスが優れていれば、より高い価格で提供でき、利益も大きくなるということです。もしくは、より小さい費用で製品を製造できる場合も、より高い利益を得ることができます。

　売上原価のところで説明したように、この**売上総利益についても「売上高に計上された売れた分の商品・製品・サービスに対応した利益」**であることは意識してください。売上高のうち、どれだけが利益となっているかという比率を見て、どれだけ利益（付加価値）を乗せて販売しているかを分析する比率分析につながります。

　また、売上総利益のことを、実務上の通称として、「粗利（あらり）」、「粗利益（あらりえき）」とも言います。金融業界で会話をする際は、売上

総利益というよりも、「粗利」の呼び方が一般的です。

　スギホールディングスの損益計算書（56ページの図表1.2）を見ると、2019年2月期の売上総利益は、142,300百万円でした。売上高が488,464百万円で売上原価が346,164百万円でしたので、「488,464 − 346,164 ＝ 142,300」となりますね。各数字について、ご自身で確認してください。

図表 1.8

1-5 販売費及び一般管理費
（はんばいひおよびいっぱんかんりひ）

　販売費及び一般管理費は、**商品を販売するためにかかる費用や会社全般の管理業務に伴って生じる費用**などから構成されます。「販売費及び一般管理費」は長いので、「販管費（はんかんひ）」とも言います。

　たとえば、「従業員に支払われた給料などの人件費（製造部門を除く）」、「店舗を借りた場合に発生する貸借料（賃料支払い）」、「販促活動を行った場合のチラシ広告の費用」などをイメージしてください。代表的なも

のをあげると、従業員給与、福利厚生費、賃借料、広告宣伝費、販売手数料、減価償却費、事務用消耗品費などですが、頭に入ってこないと思いますので、とりあえず、給料、家賃、広告宣伝費だけ覚えて、他の項目は必要な時に覚えていきましょう。

　ここで、「人件費」について補足します。販管費の中に、「給料（人件費）」という項目があります。販管費は、商品を販売するためにかかる費用や会社全般の管理業務に伴って生じる費用であることから、実は製造する時に必要な人件費は含まれていません。製造業の場合は、売上原価（製造原価）の中に人件費が存在しています。販売費及び一般管理費の中の人件費は、営業や管理部門で働いている従業員に関する人件費です。営業や管理部門の人件費は、売上に対応する費用が明確にはわかりません。そのため、これらの人件費は売上原価の中ではなく、販管費に入っているのです。

　分析目的によっては、会社全体の人件費を見たい場合があります。その時は、販管費の中の人件費に、売上原価の中の人件費を加える必要があります。人件費の扱いは注意してください。

　スギホールディングスの損益計算書（56ページの図表1.2）を見ると、2019年2月期の販管費は、116,483百万円でした。ご自身で確認してください。

【販売費及び一般管理費の項目例】
給与手当、賞与、役員報酬、福利厚生費、消耗品費、広告宣伝費、交際費、水道光熱費、事務用消耗品費、賃借料、租税公課、減価償却費、修繕費、保険料、旅費交通費、研究開発費、退職給付費用、支払手数料など

1-6 営業利益

> 営業利益 = 売上総利益（③）－ 販管費（④）

　営業利益は、**売上総利益（粗利）から販管費を差し引いた利益**です。企業の事業活動、つまり「本業から稼ぎだした利益」と言われます。営業利益は、本業による事業活動の成果を表すことから、中核となる利益として重要です。海外企業との比較を行う場合は、営業利益を比較するケースが一般的です。

　スギホールディングスの損益計算書（56ページの図表1.2）を見ると、2019年2月期の営業利益は、25,817百万円でした。ご自身で確認してください。

図表 1.9

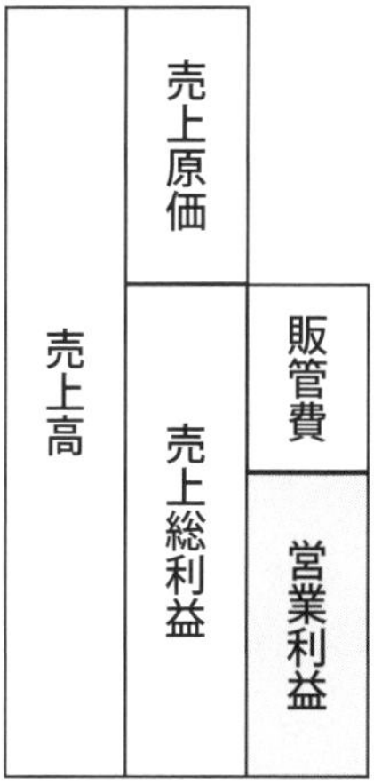

1-7 経常利益

> 経常利益 ＝ 営業利益（⑤） ＋ 営業外収益（⑥） － 営業外費用（⑦）

　経常利益は、本業を含めた事業全体から、会社が経常的に得た利益です。本業で稼いだ利益である営業利益に対して、財務活動も考慮した利益です。**経常利益は、「営業利益 ＋ 営業外収益 － 営業外費用」**で表されます。営業外収益と営業外費用を合わせて、「**営業外損益**」と言います。営業外損益は「本業以外の活動において、経常的に発生する収益や費用」です。「経常的」というのは、要は「定期的」ということです。営業外損益を具体的に言うと、「借入金に対する金利支払い」、「貸付金に対する受取利息」などです。このことから、「財務活動による損益」と考えることもできますね。それらを踏まえて、経常利益は、「財務活動など本業以外も含めた総合的な利益」と言われるのです。企業活動は主に本業と財務活動の2つから構成されていることから、本業以外の活動が加味された企業全体の経営活動の成果を表すということです。

　財務分析において、日本では伝統的に営業利益よりも経常利益が重視されてきました。背景として考えられるのは、戦後の日本経済において、金融面ではメインバンク制を通して銀行が日本企業の成長を支えてきた経緯が関係しています。銀行は貸出を行って、その対価として金利を受け取ります。企業から見ると金利支払いとなり、営業外費用となります。現在、企業の財務構造が少しずつ変化していますが、歴史的に見ると、日本企業は金利支払い負担が重いことから、財務分析において経常利益が見られることが多くなっていったのだと思います。金利支払い負担の重い日本企業を分析するには、重い金利負担を支払ってもなお儲かっているかという点で、経常利益を見るほうが優れていると考えられます。

加えて、銀行が貸出審査をする際には、自分たちの貸出の金利支払いの原資となる経常利益を比較的重視する傾向がありました。さらに言えば、日本経済の成長構造が銀行を中心として成り立っていたことから、仮に銀行借入が少ない企業の財務分析においても、営業利益よりも経常利益を重視しやすい土壌が生まれたのだと思います。それらのことを踏まえると、日本企業を見る上では経常利益の水準は重要なのです。

ただし、外資系金融機関に所属していた当時、海外の同僚との議論において、日本特有の利益である経常利益の話をすることはほとんどなく、海外企業と比較しやすい営業利益を使って議論していました。

たまに講演などで「営業利益と経常利益のどちらを重視していますか？」と聞かれることがあります。正直なところ、「ケースバイケースです」というのが私の回答です。私は国内の銀行員も外資系金融機関のどちらも経験したからかもしれませんが、どちらの利益を使うべきか分析の文脈の中で考えて使い分けてきました。海外企業との比較、海外投資家への日本企業紹介などでは営業利益のほうが使いやすいですし、日本企業同士の比較では経常利益を比較することもあります。どちらにしても、営業利益と経常利益はどちらも、企業の事業活動全体を評価する中心的な利益です。株式投資を行う上で、どちらの利益も確認すべき重要な利益と考えておくのがよいでしょう[20]。

スギホールディングスの損益計算書（56 ページの図表 1.2）を見ると、2019 年 2 月期の経常利益は、27,237 百万円でした。ご自身で確認してください。

20　ドラッグストア業界では、企業ごとに費用（仕入割引など）の会計上の取り扱いが異なることから、厳密にクロスセクション分析（同一時点または同一期間における同業他社の財務データを比較する分析）を行うには、営業利益ではなく、経常利益を使うべきとも考えられます。本書は会計の詳細には踏み込みたくなく、「会計上の理由から経常利益を使う」という論点には触れません。ただし、中級以上の財務分析では、会計をしっかりと理解した上で、どの利益を使ってクロスセクション分析を行うべきか考えなくてはならないことは、言及しておきます。

図表1.10 [21]

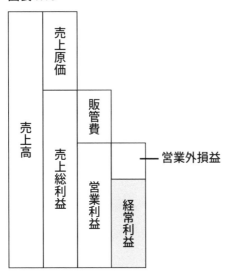

【営業外収益の項目例】
受取利息、受取配当金、有価証券利息、受取賃貸料、持分法による投資利益など

【営業外費用の項目例】
支払利息、社債利息、開業費償却、持分法による投資損失など

21　図では、営業外損益とまとめていますが、厳密には、営業外収益と営業外費用の合計が営業外損益です。

1-8　当期純利益

> 税引き前当期純利益 (⑪)
> ＝ 経常利益 (⑧) ＋ 特別利益 (⑨) － 特別損失 (⑩)

> 当期純利益 (⑬) ＝ 税引き前当期純利益 (⑪) ＋ 税金等 (⑫)

　利益の説明の最後が、当期純利益です。当期純利益には、「税引き前当期純利益」と「（税引き後）当期純利益」があります。税引き前当期純利益から見ていきましょう。臨時もしくは異常な損益が発生した場合に、「特別損益」として経常利益から控除した利益が「税引き前当期純利益」です。特別損益には、土地や不動産の売却損益などがあります。経常利益に一時的な損益を加味した利益が、「税引き前当期純利益」と覚えましょう。名前の通り、税金を支払う前の利益になります。スギホールディングスの損益計算書（56 ページの図表 1.2）には、「税金等調整前当期純利益」と記載されており、2019 年 2 月期は 26,053 百万円でした。

　では、次に「（税引き後）当期純利益」を見ていきます。一般的に、「当期純利益」といえば、「税引き後」を指すことが多いです。税金を支払った後に残った最終的な利益です。端的に言えば、当期純利益は、臨時、異常な収益を含めた 1 年間の企業の全活動を網羅した利益であり、**「最終成果を表す利益」**ということです。見方を変えると、企業の所有者である株主が手にできる利益とも言えます。**当期純利益は株主に帰属する利益**です。株主に配当として分配、もしくは企業内部に留保することに

なりますが、当期純利益は「分配可能な利益」という役割があることも忘れてはいけません。株式分析においては非常に重要となる利益です。そのため、**PER（株価収益率）やROE（自己資本利益率）などの株主に直接的に関係する指標を算出する時に使う利益は、当期純利益**です。また、当期純利益は、損益計算書の最下欄に出てくる数字なので、企業の「ボトムライン」と呼ばれたりします。ちなみに、売上高は一番上に出てくるので「トップライン」と言われます。スギホールディングスの損益計算書（56ページの図表1.2）を見ると、2019年2月期の当期純利益は、17,940百万円でした。

　当期純利益についての注意点です。特別損益を含むことから、一般的に当期純利益の変動は大きく、企業の本来の事業活動の分析には向かない面もあります。ビジネスモデル以外の要素から来る利益変動を含んでいる可能性があるということです。**中長期の視点でビジネスモデルを考える場合は、営業利益もしくは経常利益を見る場合が一般的**です。それぞれの利益の特徴を理解した上で、「何を分析したいのか」という目的に応じて、どの利益を見るべきか考えることが必要です。

図表 1.11

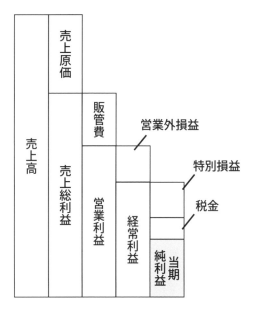

【特別利益の項目例】
固定資産売却益、投資有価証券売却益、貸倒引当金戻入益 など

【特別損失の項目例】
固定資産売却損、投資有価証券売却損、固定資産災害損失、減損損失
など

　各利益を図表 1.12、図表 1.13 にまとめました。「売上総利益（粗利）」、
「営業利益」、「経常利益」、「税引き前当期純利益」、「当期純利益」の 5
つの利益の違い・意味・関係は覚えておくようにしましょう。忘れては
いけないのは、株式投資家に帰属する利益は当期純利益だということで
す。将来にわたって、株式投資家にとって、**当期純利益が長期的にどの
ように推移するのかが重要**ということです。一方で、短期的には当期純

利益は変動が大きいことから、本業がどのように推移しているかに注目するのなら、「営業利益」、「経常利益」が大切になります。

　ちなみに、銀行員の場合、損益計算書（P/L）と比べると、後ほど説明する貸借対照表が重視される傾向があります。一方で、前述の通り、株式投資家は損益計算書（P/L）を重視する傾向があります。もちろん損益計算書と貸借対照表は密接な関係を持っていることから、両者を総合して分析する必要があるのは言うまでもないのですが、極論を言えば、**株式投資においては、まずは損益計算書（P/L）を理解することが大切**です。株主が提供した資金を使って、「ちゃんと儲けているのか」を知らなければならないということです。そのため、本書は損益計算書の解説の比重を大きくしています。

図表 1.12

売上総利益	取引先に支払った後に企業内部に残る最初の利益
営業利益	本業の利益
経常利益	財務活動を含めた経営活動全体の利益
税引き前当期純利益	税金を支払う前の最終利益
当期純利益	最終的な利益

図表 1.13

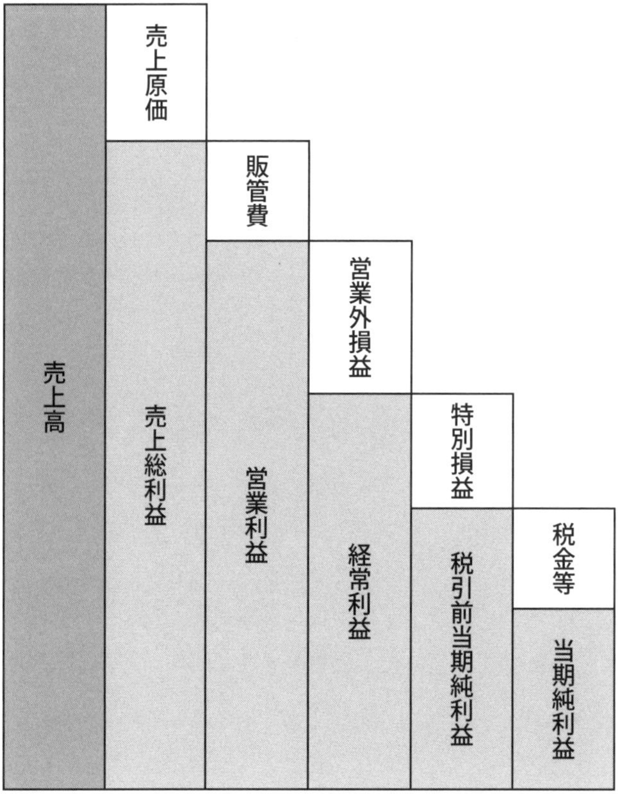

企業のステークホルダーからみた利益

　損益計算書上には様々な利益があることがわかったと思います。それらの利益について、ステークホルダーの観点から整理したいと思います。**ステークホルダーとは、「企業活動を行う上で利害関係が発生する主体」**のことを言います。事業活動を行う上で、企業は様々な相手（経済主体）と関係を持っています。本書における企業経営の定義を改めて見ると、「資金を調達して、設備・人などへの投資を行い、その結果として、保有する資産（無形資産を含む）を有効に活用して、利益（キャッシュフロー）を獲得していく活動」でした。企業は資金調達のために、銀行や株主とかかわっていきます。利益を生み出すために実際の事業を行っていく場合には、汗を流して働く従業員や経営者、そして取引先、顧客が存在しています。それらすべてがステークホルダーとなります。税金を支払う税務当局もステークホルダーの１つです。

　損益計算書は「一定期間の事業活動の成績」であり、事業活動の動きを反映した決算書でした。それぞれの項目が、密接にステークホルダーと関係があります。最初に出てくる売上高は、顧客に対して販売を行った結果でした。これは「顧客との接点」を表すものです。売上原価は、取引先と関係があります。製造業においては、製造原価の中に労務費があり、従業員にもかかわっています。販管費は、給与などでは従業員、広告宣伝費では取引先や顧客との関係があります。営業外損益の中の金利支払いは銀行、税金等は税務当局（政府）と関係があります。そして、最後の当期純利益は、他のステークホルダーに対する支払いがすべて終わった後の「最終的な儲け」です。企業は株主のものと考えた場合、株主以外のすべてのステークホルダーに支払いを済ませた残りの利益はすべて株主のものとなると考えられます。その点で、企業分析にとっては当期純利益は重要であり、株主が常に意識しなくてはいけない利益となります。

図表 1.14　損益計算書の利益の位置づけ

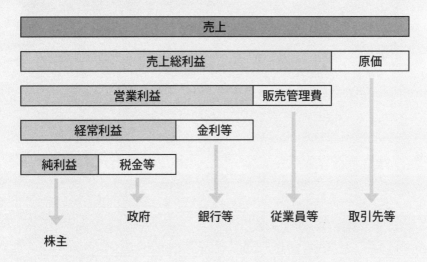

問1.

以下の損益計算書の空欄に入る利益は何という利益でしょう。

売上高
売上原価
販売費及び一般管理費
営業外収益
営業外費用
特別利益
特別損失
税金等調整前当期純利益
法人税、住民税及び事業税
法人税等調整額

問2.

　玩具を仕入れて売る A 店がありました。2019 年 4 月 1 日から 2020 年 3 月 31 日の間に、1 個あたり 1,000 円で 200 個の玩具を仕入れました。そして、同じ時期に、その玩具を 1 個あたり 1,500 円で 120 個販売しました。このとき、2019 年 4 月 1 日から 2020 年 3 月 31 日の売上高と売上原価はいくらでしょう。なお、2019 年 4 月 1 日より前に、商品は仕入れていませんでした。

▶ 解答は 312 ページ

第２章

損益計算書を使った財務分析： 成長性に着目

2-1 成長率の分析

　ここから実践的な分析に入っていきます。まず前章までで説明した項目について、過去の5〜10年分くらいをエクセルに入力します。5年分を入力したものが図表2.1です。どのように推移しているか確認するところから始めましょう。過去の動きと比較することを「**時系列分析**」と言います。英語では、時系列分析のことを、「タイムシリーズ・アナリシス（Time-Series Analysis）」と言います。

図表2.1　スギホールディングス

（百万円）	2/2015	2/2016	2/2017	2/2018	2/2019
売上高	383,644	414,885	430,795	457,047	488,464
売上原価	278,018	299,174	310,786	325,481	346,164
売上総利益	105,626	115,710	120,008	131,565	142,300
販売費及び一般管理費	84,764	92,597	97,176	106,804	116,483
営業利益	20,861	23,112	22,832	24,760	25,817
経常利益	21,901	23,810	23,875	25,900	27,237
税引き前当期純利益	20,888	22,826	22,521	24,559	26,053
当期純利益	12,862	14,605	14,947	16,411	17,940

（注）2/2019 期は、2019 年 2 月決算の数字である。他の年も同様に表記した。

　過去の動きを見ていく際によく用いられる指標が**成長率**です。率と書かれていますので、パーセント（％）で表記されます。どのようなペースで成長しているのかを見ることができます。一般的に成長率というと、1年前と比べてどれだけ成長したかという**1年間の成長率（前年成長率）**のことです。場合によっては、数年間において1年平均でどれくらい成長しているのかという**平均成長率（年率）**のことを表します。

　具体的に売上高の前年成長率について、数式を見ながら考えていきたいと思います。前年成長率は、「前年と比較して、1年間でどれだけ（何％）成長したか」を表す指標でした。ここでは売上高で考えますので、1年間で売上高がどれだけ増えたかということです。式で書くと、

$$売上高の前年成長率 = \frac{今年に増加した売上高}{前年の売上高}$$

となります。分子が「今年に増加した売上高」であり、分母が「前年の売上高」になります。増加した売上高が、出発点となる「前年の売上高」の何パーセントを占めているのかということですね。分母が、増加後の今年の値ではなく、出発点である前年の値だということは注意してください。最初の自分と比べて（基準にして）、どれだけ成長したのかが知りたいのですから、当然、分母は増加分を含んでいない出発点の「前年の売上高」となります。たとえば、体重の増加率（成長率）という日常生活の事象で考えるとイメージが持ちやすいのではないでしょうか。現在の私は80キログラムです。お好み焼きをたくさん食べて、1年間で5キログラム太って、85キログラムまで増加したとしましょう[22]。増加率は、5キログラムを80キログラムで割ることで計算され、6.3％と

22　余談ですが、現在の勤務先である安田女子大学の食堂には、中央に鉄板が用意されており、お好み焼きを注文すれば、その場で焼いてくれます。広島人にとって、お好み焼きは生活に密接にかかわっています。妻には内緒ですが、このことが私の体重増加の一翼を担っているのかもしれません。

なります。85キログラムで割ろうとした人はあまりいないと思います。最初の自分自身の体重と比べて、どれくらい太ったのかを考えることに意味があるということです。

　少し計算を展開していきたいと思います。「今年に増加した売上高」は「今年の売上高−前年の売上高」ですね。分子の部分に、分母と同じ「前年の売上高」を使って表現できることになります。それを踏まえると、以下の展開ができます。

$$売上高の前年成長率 = \frac{今年に増加した売上高}{前年の売上高}$$

$$= \frac{今年の売上高 - 前年の売上高}{前年の売上高}$$

$$= \frac{今年の売上高}{前年の売上高} - \frac{前年の売上高}{前年の売上高}$$

$$= \frac{今年の売上高}{前年の売上高} - 1$$

　一番下の展開式は、計算機などで計算する時に便利です。「今年の売上高」と「前年の売上高」の数字を把握した場合、増加分を計算することなく、「今年の売上高」と「前年の売上高」から一発で計算できます。成長率の計算に慣れている人は、一番下の計算方法を使っている場合が多いです。前述の体重の例で計算すると、「85キログラムを80キログラムで割って、1を引く」ことをしてください。6.3%になりましたね。また、この成長率の計算式は、株価リターンを計算する際にも応用できるので、覚えておくといいでしょう。

　ここまで、前年成長率の計算式を、「今年に増加した売上高」としてきました。実際には、売上高は下落することもありますよね。前年成長率は、下落した場合も含んでいます[23]。言いたいことは、ここまではわかりやすく説明するために「今年に増加した売上高」としてきたが、厳密に成長率を定義するには「今年に変化した売上高」が正確だということです。ただし、実務上は、増えていないのに「成長」と呼ぶことに違和感があるという人が多々いるのも事実です[24]。そのため、**「マイナスの成長率」**というほうが親切かもしれません。前年成長率ではなく、「前年比」「変化率」「増減率」といった言葉を使っても構いません。増加した場合と下落した場合で、別の専門用語で呼ぶこともあります。売上高が増える場合を**「増収（ぞうしゅう）」**と言い、売上高が減る場合を**「減収（げんしゅう）」**と言います。売上高成長率は、増収率や減収率とも言います。

　ここで、スギホールディングスの前年成長率を確認しましょう。2019年2月期の成長率は「488464 ÷ 457047 − 1」で計算され、6.9%となります。ちなみに、時系列分析したものが図表2.2になります。前年成長率をざっと目で見てみると、スギホールディングスの場合は、4〜8%の水準ですので、概ね一桁半ばの成長率となっているのがわかります。4〜8%の間でも、高い時と低い時があります。企業分析をする時には、その企業の成長率の水準を頭に入れて、その水準と比べて高い時はどのような背景があるのか、低い時はなぜかを考えていくといいでしょう。

　四半期データや半期データを使って、成長率を計算する時は、**「前期成長率（前期比）」**と**「前年同期成長率（前年同期比）」**の2つがあることに注意しましょう。2019年2月期の第1四半期は2018年3月〜5

23　ややこしいですが、「前年増加率」と言った場合には、下落した場合を含んではいません。
24　似た話が、「期待値」という言葉でもあります。学術的な文脈では、マイナスの場合も「期待値」という言葉を使います。一方で、日常会話では「期待」はプラスイメージで使います。実務においては、マイナスとなる場合を含んでいる場合を踏まえて、「期待」ではなく、「予想」がよく使われることになります。

月の事業の結果になります。第2四半期は、2018年6月〜8月の結果です。ドラッグストア事業において、第1四半期と第2四半期を単純に比較することはできません。第1四半期には、3月はまだインフルエンザや風邪が流行っている可能性があり、それらに関する医薬品の売上が大きくなっているでしょう。年によって違いますが、花粉症などの症状が強まる時期も売上に影響します。これらのことを考慮して比較してはじめて、意味のある分析ができます。**商品の特性によっては、季節性を排除する必要がある**ということです。季節性の問題があることは、頭に入れておきましょう。季節性を排除する方法はいくつもありますが、最も簡単なのは「昨年の同じ時期と比較する」ことです。それを「前年同期成長率」、や「前年同期比」と言います。

　また、上記の計算式の「売上高」を「〇〇利益」に変えれば、売上高成長率ではなく、利益成長率を計算することもできます。売上高が増加することを増収と言いましたが、利益が増えることを**増益（ぞうえき）**と言います。逆に減ることを、**減益（げんえき）**と言います。新聞などで「増収増益」と耳にした場合、「売上高と利益、両方ともが前期と比較して上回っている状態」を指しているのです。

図表 2.2　スギホールディングス

（百万円）	2/2015	2/2016	2/2017	2/2018	2/2019
売上高	383,644	414,885	430,795	457,047	488,464
前年成長率	5.1%	8.1%	3.8%	6.1%	6.9%
前年売上高・増加額	18,444	31,241	15,910	26,252	31,417

前年比 = (488,464 ÷ 457,047) - 1

前年差 = (488,464 - 457,047)

（注）2019 年 2 月期の業績を「2/2019」と表記した。

　次に平均成長率（年率）を説明します。『外資系アナリストが本当に使っているファンダメンタル分析の手法と実例』の中では、CAGR（Compound Annual Growth Rate、呼び方：ケーガ）と紹介しているものです。ここでは細かいことは説明しませんが、複利計算を前提として計算される年平均の成長率のことです。**「1 年間に平均すると、どれくらい成長しているか」**を示している指標です。実際の企業は、競合企業との競争の中で日々、試行錯誤しながら成長を模索しています。競争環境が変化する中で、一定の率でずっと成長するのは簡単なことではありません。前年成長率は各年で変動することは当然とも言えます。そこで平均するとどれくらいのペースで成長しているのかを見ることも大切となります。計算式は、以下の通りです。

$$平均成長率 = \left(\frac{今年の売上高}{数年前の売上高} \right)^{\frac{1}{期間}} - 1$$

平均成長率に関しては、エクセルを使えば、すぐに計算できます。「＝（今年の売上高／数年前の売上高）＾（1/期間）－1」と入力すれば、求まります。2/2015〜2/2019の4年間の平均成長率（年率）は6%であり、エクセルに「＝（488,464 ÷ 383,644）＾（1/4）－1」と入力すると計算できます。各年の前年成長率を見た時に、ざっと1桁後半の売上高成長率であることがわかりましたね。平均成長率が6%ですので、その感覚が間違っていなかったことが確認されました。

財務分析の2つの分析手法

　財務分析の分析手法は、大きく2つに分けることができます。1つが「**単一法**」で、単一の財務数値（財務指標）の絶対値を分析する方法です。ビジネスモデルから考える理想的な数値や、一般的に目安となる数値があり、その値を頭に入れて、現在の値を考察する方法です。慣れてくれば、ビジネスモデルから想定して、これくらいの水準は必要、といったこともわかってきます。ビジネスモデルを勘案して数値のイメージを持つのは中上級者ですので、入門段階ではあまり気にしないでください。たくさんの事例に対して、真剣に分析していると自然に身についていきます。本書においては、貸借対照表だけを使った分析の際に単一法の事例をいくつか紹介します。

　単一法と対をなすもう一方は「**比較法**」です。名前の通り、なんらかの数値と比較する方法です。比較法には、「**時系列分析**」と「**クロスセクション分析**」があります。時系列分析は、タイムシリーズ分析や期間分析とも呼ばれます。同一企業の、過去の財務データ（財務指標）と比較する方法です。クロスセクション分析は、同一時点または同一期間における同業他社の財務データ（財務指標）を比較する方法です。同業他社以外にも、比較したい業界と比べたり、時点を決めて横比較したりすることがあります。時点を決めるのは、経済環境などの条件を同一にした上で、分析できるメリットがあるためです。外部環境要因を企業間で同一にして、比較・解釈したいということですね。クロスセクション分析をする際には、成長率のように比率にして比較すると、規模の大小に関係なく、水準を見ていくことも可能になります。もちろん率ではなく、絶対水準の比較も意味がありますので、どちらも重要なのですが、率が意味を持つ場合もあると理解しましょう。ちなみに、クロスセクション分析を日本語で表現しているものはあまり見ませんが、「横断的比較」や「企業間比較」と言います。

　さらに進んだ議論では、パネル分析という考え方もあります。入門レベルを超えることから、本書では説明しません。パネル分析を知りたい

場合は、中上級者向けの教科書を参照してください。本書の対象とする読者の皆さんは、まずは時系列分析とクロスセクション分析の2つを理解してください。

図表2.3

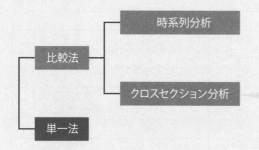

会計処理の差を考慮するなど、厳密に分析するには色々と大変。
ただし、入門段階では、あまり気にせず、まずは比較してみることが大切！

2-2 売上高の詳細分析

　前節で売上高成長率を説明しました。売上高の動きを、さらに細かく分析していきましょう。「売上高の動き」を見る場合、「どれくらいの売上高成長率（増収率）かという水準」、「売上が継続して成長しているかというトレンド（傾向）」の大きく2つの視点から分析することになります。分析のポイントは、「その成長している背景」は何かを考えることにあります。いわゆる、**「成長ドライバー（原動力）」は何か**ということです。「成長ドライバー（原動力）」を把握できれば、成長水準と継続性（トレンド）を分析することが可能になります。ビジネスモデルを踏まえて、売上高を構成要素に分解して、売上高の変動要因を特定します。売上高の変動要因を特定できれば、売上成長の背景となる「成長ドライバー」を把握することができますね。

　繰り返しになりますが、キーワードは**「ビジネスモデルの中で、財務分析を行う」**でした。本書を通して、このキーワードは忘れないでください。このキーワードと「構成要素に分解」を踏まえると、「ビジネスモデルを踏まえて売上高を分解する」ことが重要になります。

　それでは、スギホールディングスの売上高を使って、「ビジネスモデルを踏まえて売上高を分解する」ことを実践していきましょう。いきなり売上高を分解すると言っても、難しいですよね。実は、ある程度考え方のパターンはあります。下記に分解方法の例を紹介します。入門段階では、その中から最適な方法を選択するのがいいでしょう。慣れてくれば、ビジネスモデルを踏まえて、自分で分解方法を考えることもできるはずです。本書はスギホールディングスの事例を中心に説明しているので、小売業の売上分解の方法からはじめて、製造業などに応用できる分解方法を提示します。

●分解方法①：1店舗あたりの売上高に分解
総売上高 ＝ 1店舗あたり売上高 × 店舗数

●分解方法②：売場面積による分解
総売上高 ＝ 1坪あたり売上高 × 総売場面積

※1坪は約3.3㎡であり、「1坪あたり売上高」ではなく、「1㎡あたり売上高」で考えても構いません。分解方法①では、1店舗の売場面積が大きいほうが大きくなってしまいます。一般的にドラッグストアよりもスーパーのほうが1店舗の売場面積は広いでしょう。分解方法①は、ドラッグストアとスーパーの比較を行うなどのクロスセクション分析には適さないということです。しかし売場面積あたりで比較することで有意義な比較ができるようになります。さらに言えば、営業時間も加味すべきでしょう。コンビニエンスストア（コンビニ）は24時間営業ですが、ほとんどのドラッグストアは24時間営業ではないからです。時間あたり、面積あたりで、売上高を比較することで、分析に意味を持たせることができます。

●分解方法③：分解方法①と②の組み合わせ
総売上高 ＝ 1坪あたり売上高 × 1店舗あたり売場面積 × 店舗数

※1店舗あたり売場面積の変化も見ておいたほうがいい場合があります。1店舗あたり売場面積がお店の品揃えを拡充し、集客力にプラスに効くことがあるからです。ビジネスモデルを踏まえた立地戦略・店舗戦略を分析する場合、この分解が有効になると考えてください。さらに言えば、店舗段階まで分解して分析するほうが有意義な分析ができます。しかし、株式投資家が扱える開示データを使って行う分解では、上記式以上の分解は難しい場合が多いです。実際には、総売場面積の開示もしていない企業もあり、その場合は、分解方法①を選択するしかありません。分解方法①は、ほとんどの小売企業で行うことができます。

●分解方法④：既存店と新規店舗による分解

　　総売上高 ＝ 既存店舗の売上高 ＋ 新規に出店した店舗の売上高

　※小売業では、既存店と新規出店の店舗に分解して分析することは、よく行われます。「既存店が成長しているか」と「新規に出店がどれだけできているか」の2つのポイントから売上高を見ることができます。

●分解方法⑤：客単価、客数による分解

　　総売上高 ＝ 客単価 × 1日あたり客数 × 稼働日数

　※稼働日数は、1年間の営業日数です。客単価とは、「来店者もしくは購入客における、1人あたりの平均購入額です。さらに客単価を「＝平均1品単価 × 来店客1人あたり平均買入個数」と分解することもあります。平均買入個数は、平均買入点数とも呼ばれます。この分解方法については、図表2.4でまとめました。

図表2.4

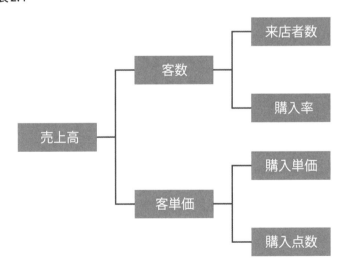

●分解方法⑥：客数を回転率で分解
総売上高 = 客単価 × 座席数 × 回転数 × 稼働日数

　※小売店などの場合は、分解方法③で紹介したように、購入客数を「来店者数×購入率」などにより分解していくことも多いです。スギホールディングスではあまり使われない分解ですが、飲食店などでは、よく設備単位数が意識されます。設備単位数とは、端的に言うと、「お店の座席数」です。回転数は、1日あたり何回転しているか（何人の顧客が使っているか）を表します。美味しい飲食店なのに赤字のお店を見てみると、そもそも座席数が足りない場合もあります。お店の開店の時に、この分解式を考えずに出店してしまうと、このような問題に直面することもあります。

●分解方法⑦：従業員数による分解
総売上高 = 従業員数 × 従業員1人あたり売上高

　※労働集約的な業種でよく使われる方法です。たとえば、塾などの教育事業、ビル清掃事業、営業主体の小売業などです。担当別の従業員数を開示している場合、担当従業員別で分解を行うこともあります。従業員数については、有価証券報告書に必ず記載されていることから、この方法は実行可能性が高い方法と言えます。

●分解方法⑧：単価と数量で分解
総売上高 = 単価 × 数量

　※単価とは、「1単位あたりの価格（値段）」のことです。場合によっては、「1単位あたりの価格」ではなく、「最低単位あたりの価格」として使うこともあります。製造業の場合は、単価は製品単価であり、小売業なら販売単価となります。

　※3-3節の利益の要因分解（固定費・変動費分析）において、この売上分解は重要です。本書は入門書なので解説はしませんが、中上級の財務分析を目指す場合は、分解した売上の各要因変動がどのように利益に関係するか結びつけて考えることも意識するべきです。

●**分解方法⑨：マーケットシェアによる分解**

総売上高 = 市場規模 × マーケットシェア

　※マーケットシェアは市場占有率と呼ばれ、市場全体の中に占める対象企業の大きさを示しています。マーケットシェアを見ることで、分析対象の企業の市場での競争力を見ることができます。この分解により、「市場規模が大きく伸びている環境か」と「個別の企業の競争力」の2つに分解して分析が可能になります。市場規模については、「業界団体、国、シンクタンク（民間研究所）」などが公表しています。市場規模の分析は、トップダウンアプローチが必要になります。トップダウンアプローチについては、コラムにて分析事例を紹介します。

●**分解方法⑩：販売製品（商品）ごとの分解**

総売上高 = 商品 A の売上高 + 商品 B の売上高
＋ 商品 C の売上高 + …

●**分解方法⑪：事業ごとの分解**

総売上高 = 事業 A の売上高 + 事業 B の売上高
＋ 事業 C の売上高 + …

　※決算短信などで「セグメント情報」を開示しているかを確認してください。省略していることもありますが、連結財務諸表上にセグメント情報を示すことになっています。

●**分解方法⑫：地域ごとの分解**

総売上高 = 地域 A での売上高 + 地域 B での売上高
＋ 地域 C での売上高 + …

　※海外での売上高が多い場合、地域別の売上高を開示している企業も多くあります。

●分解方法⑬：子会社（＆親会社）ごとの分解

総売上高 ＝ 子会社 A の売上高 ＋ 子会社 B の売上高
**　　　　　＋ 子会社 C の売上高 ＋ …**

　※ M&A（合併や買収）を行ったばかりの企業を分析する際には、M&A によって加わった子会社の情報について、特に注視しておくべきです。

　以上、私の経験において、頻出の 13 の分解方法を紹介しました。これらの分解方法以外にも、様々な分解方法があります。企業のビジネスモデルを考えながら、最適な方法を考えてみましょう。その際に、絶対に 1 つに絞らないといけないということはありません。複数の視点で売上高を分解できるのであれば、複数の分解をしたほうが望ましいのです。複数の視点で分析すれば、分析に深みが出ますので、ぜひ実行してください。ただし、実際の上場企業を分析する場合には、「事業が多岐にわたること」や「開示情報に限界があること」から、細かく分解できない場合もあります。「ビジネスモデルから考えると、こういう形で分解したいのになあ」ともどかしく感じる時は多々あります。「これが最適な方法だ」と考えたとしても、情報開示されていないために、実行できないということです。実務的には、実行可能性は重要なポイントです。そのような時に、どのように工夫して分析するかが腕の見せ所であり、分析の面白さでもあります。本書ではスギホールディングスで実践例を紹介していきますが、皆さんも関心のある企業を題材に、実際に手を動かしてみてください。

　それでは、スギホールディングスの売上高の分析をしていきましょう。スギホールディングスの売上高変動の背景を理解することが目的ですので、売上高そのものの値を直接的に分析しても、前年成長率を分解しても、どちらでも構いません。売上高変動の原動力、つまり背景を理解することに分析目的があります。

　最初に「分解方法①：1店舗あたりの売上高まで分解（：総売上高 ＝ 1店舗あたり売上高 × 店舗数)」を見ていきます。図表2.5を見てください。連結売上高を棒グラフで表しています。順調に成長しているのがわかると思います。ではその背景は何なのでしょうか。「店舗数の伸び」と「1店舗当たりの売上高」で見ていきましょう。グラフを見ると、1店舗当たりの売上高は概ね横ばいである一方で、店舗数が増えていることがわかります。店舗数の増加が、売上増の背景になっているのがわかると思います。

図表2.5

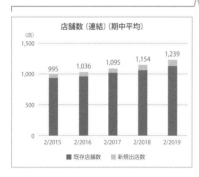

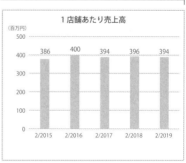

（注1）店舗数の値は期中平均の値である。「既存店舗数」は、当該決算期の期中平均の値から新規出店数を引いて計算した値である。退店を考慮していないことから、既存店舗数は厳密ではないことに注意。

（注2）1店舗当たり売上高は、当該決算期の売上高を店舗数（期中平均）で割って計算した値である。期中平均の考え方については、6章で詳細を説明する。

スギホールディングスのビジネスモデルは、「主に医薬品・化粧品を中心として家庭用品や食品を、生活習慣において利便性が高い実店舗にて、個人に対して安い価格で販売し、安定した収益を稼ぐ」というドラッグストアのビジネスモデルを、調剤業務を起点として好循環させようとするものでした。店舗数の増加は、スギホールディングスのビジネスモデルが機能している（世の中に受け入れられている）ことを示している材料の1つと言えます。もちろんこの材料だけで「機能している」と結論づけるのは危険ですが、「機能していない」と結論づけられる材料ではないということです。色々な角度から「ビジネスモデルが機能しているか」を分析していくことが大切です。

　また、店舗数のデータを時系列でまとめる際に、スギホールディングスがホームページ内の「IR English」に「Summary of Financial Results」として開示している「Data File」を使うと便利です。英語サイトには、決算説明会に関するプレゼン資料（英語）もアップされています。日本語版のサイトでは、決算説明会のプレゼン資料は開示されていませんので、英語が苦手な方も、これは参考にしましょう[25]。参考にできる情報は何でも使って、とことん企業分析をしましょう。念のために、改めて申し上げたいのは、本書は執筆中の2019年6〜8月中にインターネット上で取得できる情報のみに基づいて分析を行っております。私だけが知りうる情報は一切使っておりません。

　分解方法①で店舗数の増加が売上増加のドライバー（原動力）になっているのがわかりましたね。では、分解方法②で、違う視点からも分析していきたいと思います。分解方法②は売場面積を使って売上高を分解するものでした。「分解方法②：総売上高 ＝ 1坪あたり売上高 × 総売場面積」です。スギホールディングスの「Data File」には、「スギ薬局事業」についての売場面積の情報が記載されています。スギ薬局事業は、

25　2019年6〜8月時点では開示されておりませんでしたが、その後日本語版のサイトでも開示されるようになりました。

スギホールディングスの中核をなす事業です。企業によっては、連結の数字ではなく、親会社や主要事業ごとの細かい数字を開示していることがあります。その場合は、連結における割合を把握しながら、親会社や主要事業の分析をするのがいいでしょう。ビジネスモデルを踏まえた分析では、親会社や主要事業の数字を分析するほうが有意義な分析結果を得られることも多いです。ただし、株式投資を行う対象は、あくまで企業全体ですので、連結における割合（インパクト）は常に意識する必要があります。では、スギ薬局事業の売上高を使って、分解したいと思います。

　図表 2.6 は、「総売上高 ＝ 1 坪あたり売上高 × 総売場面積」をグラフに表したものです。図表 2.6 では、面積の単位については、スギホールディングスの開示が坪ではなく㎡（平方メートル）であったために、㎡単位で行っています。クロスセクション分析を行う時は、単位を統一して行う必要がありますが、仮に坪単位で統一して分析を行う場合は、「1 坪 ＝ 3.3 ㎡」もしくは「1 ㎡ ＝ 0.3025 坪」で計算すれば変換可能です。

図表2.6

売上高（スギ薬局事業）

（百万円）

306,231　334,549　353,942　383,275　421,118

2/2015　2/2016　2/2017　2/2018　2/2019

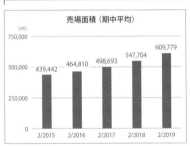

売場面積（期中平均）

（㎡）

439,442　464,810　498,693　547,704　609,779

2/2015　2/2016　2/2017　2/2018　2/2019

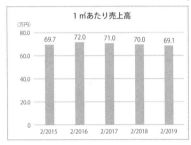

1㎡あたり売上高

（万円）

69.7　72.0　71.0　70.0　69.1

2/2015　2/2016　2/2017　2/2018　2/2019

（注）売場面積の値は期中平均の値である。1㎡あたり売上高は、当該決算期の売上高を売場面
　　　積（期中平均）で割って計算した値である。

　この分解により、スギ薬局事業の売上高増加の背景には、売場面積の
増加があることがわかります。分解方法①では、「店舗数の増加」があ
りましたので、「売場面積の増加」と「店舗数の増加」を絡めて見てい
く必要がありそうです。
　一方で、「1㎡あたり売上高」については、若干ですが低下トレンド
があるようにも見えます。大幅に売場面積を拡大している場合、どうい
う商品が売られているかについての顧客の認識が追い付かず、売場面積
の拡大ペースに合った売上増とはならないことから、面積あたり売上高
が一時的に低下することもあります。スギ薬局の売場面積は直近3年
間で増加率が加速しており、大幅な売場面積の拡大を背景として、売場
面積あたり売上が一時的に減少した可能性もあります。もしそうである

のなら問題はないのですが、ビジネスモデル上の悪化の兆しの可能性も
あります。たとえば、急激に出店した結果、売上高は増加しているが、
実際には「顧客離れ」などの問題が隠れている場合もありえます。小売
企業のダイエーは消費者の購買行動が変化しているのにもかかわらず、
既存のモデルで販売拠点の拡大をし続けた結果、ビジネスモデルが崩壊
しました。株式投資において、ビジネスモデル上の悪化の兆候は見落と
してはいけません。ビジネスモデルの崩壊が顕在化して、他の投資家が
慌てて行動（売却）する前に、先回りして行動する必要があります。悪
化の兆候の可能性があるものを見つけたら、視点を変えて分析するよう
にしましょう。そのために様々な形で分解して分析を行うのです。今回
の「1㎡あたり売上高」の減少が問題ないかは、分解方法④の既存店動
向で確認していきます。「1㎡あたり売上高」の減少は、頭に入れてお
いてください。

図表 2.7

連結情報	2/2015	2/2016	2/2017	2/2018	2/2019
連結売上高（百万円）	383,644	414,885	430,795	457,047	488,464
前年成長率	5.1%	8.1%	3.8%	6.1%	6.9%

スギ薬局事業	2/2015	2/2016	2/2017	2/2018	2/2019
売上高（百万円）	306,231	334,551	353,942	383,280	421,118
前年成長率	6.6%	9.2%	5.8%	8.3%	9.9%
連結に対する割合	80%	81%	82%	84%	86%
売り場面積（㎡）（期中平均）	439,442	464,810	498,693	547,704	609,779
前年成長率	-	5.8%	7.3%	9.8%	11.3%

1㎡あたり売上（万円）	69.7	72.0	71.0	70.0	69.1

次に分解方法③を行います。「分解方法③：総売上高 ＝ 1坪あたり売上高 × 1店舗あたり売場面積 × 店舗数」でした。図表2.8は、分解方法③で行った分解です。これを見ると、1店舗あたり面積に大きな変化はありません。売場面積の拡大は、新しい店舗を出店したことが背景であることがわかりました。

図表2.8

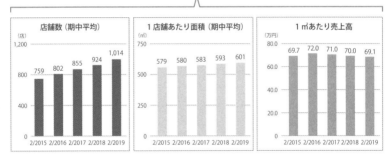

（注）店舗数の値は期中平均の値である。1店舗あたり面積は、当該決算期の売場面積（期中平均）を店舗数（期中平均）で割って計算した。1㎡あたり売上高は、当該決算期の売上高を売場面積（期中平均）で割って計算した値である。

　スギ薬局の売上成長は新規出店が背景にあるとわかりました。そこで、スギホールディングスの出店状況について、もう少し見ていきたいと思います。ここまで明示的に出店と退店について説明してきませんでした。期末店舗の昨年との差額分を新規出店のように言及してきました。厳密に言うと、増えた総店舗数のことは「純増店舗数（じゅんぞうてんぽすう）」と言います。これは、「新規に出店した新規出店数から退店数を引いた数字」です。「新たにオープンした新規店舗の数」と「退店（閉店）した店舗の数」の両方を考慮して、総店舗数の増減がわかるということです。図表2.9にスギホールディングスの出退店の数についてまとめました。

図表 2.9 (1)

グループ全体（店）	2/2015	2/2016	2/2017	2/2018	2/2019
新規出店数	59	70	75	80	102
退店数	-27	-21	-23	-23	-17
期末店舗数	947	996	1,048	1,105	1,190
純増店舗数	32	49	52	57	85
純増率	3%	5%	5%	5%	8%

前期末店舗に対する比率

	2/2015	2/2016	2/2017	2/2018	2/2019
新規出店数	6.4%	7.4%	7.5%	7.6%	9.2%
退店数	-3.0%	-2.2%	-2.3%	-2.2%	-1.5%

期末店舗数	2/2015	2/2016	2/2017	2/2018	2/2019
スギ薬局事業	775	828	882	965	1,063
ジャパン事業	162	159	158	132	118
スギ訪問看護ステーション	10	9	8	8	9

店舗増減（成長率）

		2/2016	2/2017	2/2018	2/2019
スギ薬局事業	-	7%	7%	9%	10%
ジャパン事業	-	-2%	-1%	-16%	-11%
訪問看護	-	-10%	-11%	0%	13%

店舗増減

		2/2016	2/2017	2/2018	2/2019
スギ薬局事業	-	53	54	83	98
ジャパン事業	-	-3	-1	-26	-14
訪問看護	-	-1	-1	0	1

図表 2.9 (2)

期末店舗数	2/2015	2/2016	2/2017	2/2018	2/2019
関東	225	245	265	271	298
中部	391	403	419	441	463
関西	331	348	364	393	429

店舗増減 （成長率）		2/2015	2/2016	2/2017	2/2018	2/2019
	関東	-	9%	8%	2%	10%
	中部	-	3%	4%	5%	5%
	関西	-	5%	5%	8%	9%

店舗増減		2/2015	2/2016	2/2017	2/2018	2/2019
	関東	-	20	20	6	27
	中部	-	12	16	22	22
	関西	-	17	16	29	36

スギ薬局比率		2/2015	2/2016	2/2017	2/2018	2/2019
	関東	79%	80%	83%	93%	98%
	中部	99%	100%	100%	100%	100%
	関西	63%	66%	67%	69%	72%
	全体	82%	83%	84%	87%	89%

　2019 年 2 月期は、102 店の出店がある一方で、17 店舗の退店（閉店）があり、結果として 85 店の純増となり、期末店舗数は 1,190 店となりました。前年からの純増率は 8% でした。2015 年 2 月期から 2019 年 2 月期を見ると、純増率は少しずつ増えているように見えます。

　序章から第 1 章にかけて、**将来の企業業績に対するイメージを持って株式投資を行わないといけない**と説明しました。今後の純増率について、どのように考えればいいのか、考え方を整理したいと思います。小売業界を分析する上で、とても重要なテーマです。小売業の企業は基本的に成長するために出店を考えており、出店する際には「地域の人口・年齢・都市構造の将来変化を予測した上で、自社のビジネスモデルを踏まえた最適な立地を探し、出店後に採算（利益が出るか）を確認し、自社の経営資源から新規出店にあてられる範囲内で出店計画」を立てます。

個別出店については個々の店舗に対して商圏を設定して細かく分析していくのですが、上場企業の純増率（店舗数）のイメージを考える場合、情報開示の問題に加えて、店舗数が膨大であることから（スギホールディングスで約1,000店舗）、個々の店舗を積み上げる形で分析するのは限界があります。そのため、大きく3つのことを考えていきます。**(1) 世の中に出店ニーズはあるか、(2) 出店後に採算がとれる環境にあるか、(3) 自社の経営資源からどれくらい出店できるか、**の3つです。(1)～(3)を意識しながら、どれくらいのペースで純増（出店）していきそうかのイメージをとらえます。(1)については、世の中の人がその業態をもっと求めているかということです。ドラッグストアは世の中（地域）に必要でみんなが求めているとすれば、新たに出店後に多くの人に利用されるので、売上がついてきます。もっと言えば、ドラッグストア自体はニーズがあっても、すでに競合ドラッグストアが存在しているのなら、新たな出店ニーズはないでしょう。大きく地域ごとに、まだ出店ニーズはあるのかを考えるといいでしょう。(2)は、出店後に採算がとれる環境かどうかです。小売業は、実際に店舗を使って、人が販売しています。実店舗は不動産であり、不動産を購入するなら購入費用、賃貸するなら賃料という費用、そしてお店を作るために内装費・建設費など様々な費用が発生します。人については、雇用した後に、給料を支払わなくてはいけません。不動産市場、建設市場や労働市場を見て、採算がとれる出店ができるのかを考える必要があります。(3)は、「自社の経営資源からどれくらい出店できるか」です。一般的に経営資源とは「ヒト」、「モノ」、「カネ」です。ここでは「ヒト」が重要になります。店舗を運営するには、店長、そして日々の店舗スタッフが必要になります。新しい店舗を、既存店と同様に運営するには、既存店から優秀な人材を新店に投入しなくてはいけません。新規店舗で新たに人を雇うにしても、既存店の人材を通じて、運営方法や企業文化をうまく伝える必要があります。企業文化がうまく伝わらないとビジネスモデルの崩壊につながります。加えて、既存店から人材を投入しながらも、既存店の店舗運営の質も維持しないといけません。新規出店は、成長につながるメリ

ットもある一方で、既存店の悪化につながる可能性もあることは頭に入れないといけません。一般的によく聞く目安として、期末店舗数の10%以上の出店をすると店舗運営が悪化する恐れがあると言われます。10%を超えて出店してはいけないわけではありませんが、企業分析していて新規出店の率が10%を超えている時は、分析企業の現場をしっかり確認したほうがいいと思います。これを私は、**「10%上限説」**と呼んでいます。

　その上で、スギホールディングスの出店状況を見ると、全体として10%は超えていません（図表2.9）。その点は問題なさそうに見えるのですが、地域ごとに見ると、関東では純増率が10%を超えています。少し注意したほうがいいかもしれません。また、（2）についても気になる点があります。2015年〜2019年にかけて純増率が上昇していますが、この期間より少し前に、労働市場や不動産市場は高騰してきています。その中で出店しているということは、採算はどうなのかは気にしたほうがよさそうです。後ほど分解方法⑨で考察しますが、大手他社と比べて相対的に増収率が低くなっていることを打破するために、採算がよくないにもかかわらず出店を積極化させているなら、注意が必要です。問題がない出店かどうかは、分解方法④以降の分析や次章で見る利益率を確認して、総合的に判断する必要があります。

　ここで分解方法④を見てください。「分解方法④：総売上高 ＝ 既存店舗の売上高 ＋ 新規に出店した店舗売上高」です。ここまで新規出店の動向について話してきましたが、その延長の分析になります。成長においては新規出店も大切なのですが、実は、新規出店した後に店舗がどのように動いていくかも重要なテーマです。新規出店した後の店舗は、すでに存在している店舗ということで既存店と言います。当然ですが、退店（閉店）した店舗は、閉店した時点で既存店からも外れます。用語をまとめると、「新店 ＝ 新規に出店した店舗」、「既存店 ＝ 新規店舗と退店店舗を除いた店舗」、「全店 ＝ 新店も含めた店舗全体」です。分解方法④はこの分類を意識した分解であり、特に既存店の動向を見ること

が重要です。

　なぜ既存店の動向を見ることが重要なのでしょうか。分解方法③で、小売業などの売上成長には出店することが大切だと書きました。小売業の成長には出店しなくてはいけないのですが、実は出店することは「諸刃の剣」なのです。前述の通り、出店を過度に行うと、既存店の力を削ぐ作用が働くことに加えて、世の中のニーズ以上に出店した結果、自社の店舗同士が**共食い状態（カニバリズム）**となる場合もあります。そうすると、もともと存在していた店舗の競争力を下げる恐れがあります。出店の力を除いた企業本来の実力を見るためには、既存店の動向を確認することは非常に重要なのです。さらに言えば、出店を積極的にしている場合、既存店の悪い兆しを覆い隠して、全店の売上高は増加してしまいます。出店により既存店の勢いが削がれているのではなく、そもそもビジネスモデルが世の中のニーズに合わなくなっている場合には既存店に悪影響が出てきます。したがって、企業が着実に成長していくためには、**新規出店をすることに加えて、既存店の売上高を増やしていくこと**が重要となります。

　なお、既存店の定義ですが、企業によって異なります。私の経験で最も多い定義は、「開店後13ヵ月たった店舗」です。スギホールディングスについては、月次速報のプレスリリースを見ると、「既存店は、現存する店舗のうち、開店後13ヵ月を経過した店舗を対象に算出しております」となっています。多くの企業と同じ定義を採用していることがわかります。クロスセクション分析をする際には、企業によりどのような定義を採用しているかは、念のため確認しておくほうがいいでしょう。

　実務上、分解方法④では成長率で見ることが多いです。最大の理由は、「出退店を除いたベースで企業動向を把握することに目的があり、実額を見ることより、去年との比較をすることに意味がある」からです。今年出店した店舗は翌年には既存店になっています。直近1年間に出店した店舗を除いて既存店を定義している以上、2年前と今年の既存店の売上実額を比較することに大きな意味はなく、1年前と比較することが大切だからです。実際、多くの小売企業が既存店の状況として「既存店

売上高の前年成長率（既存店における前年増収率）」を開示しています。少し補足すると、「前年度の既存店売上高（前年度末時点で1年を経た店舗による売上高）」と「今年度の既存店売上高（今年度末時点で1年を経た店舗による売上高）」を比較した値ではありません。ここで言う「既存店売上高の前年成長率」は、**今年度末時点で1年を経た店舗だけの売上高を前年度と今年度で集計して比較した成長率**のことです。

　分解方法④を成長率ベースに変換すると、「全体の売上高成長率 ＝ 既存店の売上高成長率による効果 ＋ 新規出店などのその他の効果」になります。スギホールディングスの数字は、「Data File」に記載されています。まとめたものが、図表2.10です。

図表2.10

連結情報	2/2015	2/2016	2/2017	2/2018	2/2019
連結売上高（百万円）	383,644	414,885	430,795	457,047	488,464
前年成長率	5.1%	8.1%	3.8%	6.1%	6.9%

	2/2015	2/2016	2/2017	2/2018	2/2019
既存店増収率	1.8%	5.7%	0.6%	2.3%	2.2%
その他の効果	3.3%	2.4%	3.2%	3.8%	4.7%

（注）その他の効果は、全体の増収率から既存店増収率を引いて算出

スギ薬局事業	2/2015	2/2016	2/2017	2/2018	2/2019
売上高(百万円)	306,231	334,551	353,942	383,280	421,118
前年成長率	6.6%	9.2%	5.8%	8.3%	9.9%
連結に対する割合	80%	81%	82%	84%	86%

	2/2015	2/2016	2/2017	2/2018	2/2019
既存店増収率	2.9%	6.3%	1.1%	2.7%	2.6%
その他の効果	3.7%	2.9%	4.7%	5.6%	7.3%

（注）その他の効果は、全体の増収率から既存店増収率を引いて算出

既存店についても、概ね悪くない成長率を示しています。既存店の増収率の良し悪しを判断する目安ですが、例のごとく、ビジネスモデルと事業環境による、というのが正確な回答です。ただ、それでは話が進まないので、私の中の出発点となる目安は、**マイナスになっていなければ「まずまず」、1桁前半でも「いい感じ」**です。その上で、ビジネスモデルと事業環境を踏まえて、総合的に判断しています。スギホールディングスの既存店の増収率は1桁前半で悪くなさそうです。本当に悪くないのかを含めて、既存店の追加的な分析を、分解方法⑤以降で行っていきます。

　また、スギホールディングスは月次での既存店増収率の開示も行っています。そのため、株式市場では、既存店売上高の前年同月比の動向が意識されることもあります。小売業や外食業などの株価が、既存店売上高の前年同月比の結果によって、上昇もしくは下落することがあるということです。私は月次開示で一喜一憂しないアナリスト（ファンドマネージャー）でしたが、長期的な企業業績を考える上で重要な情報であれば行動に移す必要があります。その点で月次情報も細かく分析はしていました。

　もう一度、分解方法④の計算式を見てください。上記で既存店売上高は前年比が大切と書いたにもかかわらず、「分解方法④：総売上高 ＝ 既存店舗の売上高 ＋ 新規に出店した店舗売上高」と実額で表現しています。実は、本書を読んだ後に、『外資系アナリストが本当に使っているファンダメンタル分析の手法と実例』を読んで、業績予測を実践される方もいると想定しています。その際には、上記の式を「総売上高 ＝ 既存店舗の前年売上高 × 増収率 ＋ 新規に出店した店舗売上高」と展開します。既存店売上高の増収率を明示的に計算式に入れることができます。この式を使うと、「既存店売上高の増収率」と「新店の動向」の2つを予測することで、売上高を推計できるようになります。

　最後に、企業の経営サイドから見ても既存店売上高の動向は重要であることを述べておきます。ビジネスモデル自体は全体として機能しており、地域の市場環境に合わせた商品配置、店舗オペレーションができて

いたとしても、個店ベースで見ると、時が経つにつれて店舗の魅力度は落ちてくることがあります。その際には、適切なタイミング、適切なやり方で店舗のリフォームを行う必要があります。適切なタイミングでリフォームを行うことで、店舗の魅力を維持し続けることができるのです。もちろんリフォームには費用がかかります。個店ベースの分析は個店ごとに行いますが、企業全体として費用のかかるリフォームをどのように実行していくのか、この既存店売上高の状況を見て考えることには一定の意味があります。既存店売上高の動向は、投資家サイドだけでなく、経営サイドから見ても意義のある指標だということです。

　次は分解方法⑤です。具体的には、「分解方法⑤：総売上高 ＝ 客単価 × 1日あたり客数 × 稼働日数」です。「客単価がいくらなのか」や「1日あたり何人の顧客が来るのか」については、かなり重要な企業情報です。企業内部では、店舗ごと、地域ごと、曜日ごと、顧客属性ごとなど、さらに細かく分析して、店舗オペレーションの改善、もっと言えば、経営方針の変更を行っていきます。重要情報ですので、平均値であってもなかなか開示されていません。しかし、分解方法⑤同様に、成長率（前年変化率）の形であれば、開示されている場合もあります。実務上は、変化率で情報開示されているかを探すのがよいでしょう。

　スギホールディングスの場合は、スギ薬局事業の既存店増収率に関して分解した数字が開示されています。開示されている場所は、決算説明会資料です。同社のホームページの英語版IRのページ（IR English）に行き、「Summary of Financial Results (Supplemental Material)」を見ましょう。2019年6～8月現在、日本語のIRページには決算説明会資料が取得できるページが見当たりません。英語に苦手意識がある人もいるかもしれませんが、こういうケースもありますので英語の情報も見るようにしましょう。

スギ薬局事業の既存店増収率を分解した値をまとめたのが図表 2.11
です。

図表 2.11

スギ薬局事業		2/2015	2/2016	2/2017	2/2018	2/2019
売上高 (百万円)		306,231	334,551	353,942	383,280	421,118
	前年成長率	6.6%	9.2%	5.8%	8.3%	9.9%
既存店増収率		2.9%	6.3%	1.1%	2.7%	2.6%

	2/2015	2/2016	2/2017	2/2018	2/2019
客数（既存店）	-1.0%	2.2%	0.1%	-0.1%	3.4%
客単価（既存店）	3.9%	4.0%	1.0%	2.8%	-0.8%
既存店増収率	2.9%	6.2%	1.1%	2.7%	2.6%

　スギホールディングスの既存店増収率は、1 桁前半と概ね悪くない水
準であることがわかりました。その背景は、客単価なのでしょうか、そ
れとも客数なのでしょうか。図表 2.11 を見る限り、どちらかといえば、
客単価がプラスに推移しているようです。客数については、概ね横ばい
程度かと思います。ここで、スギホールディングスのビジネスモデルを
もう一度見てみます。スギホールディングスのビジネスモデルは、「主
に医薬品・化粧品を中心として家庭用品や食品を、生活習慣において利
便性が高い実店舗にて、個人に対して安い価格で販売し、安定した収益
を稼ぐ」というドラッグストアのビジネスモデルを、調剤業務を起点と
して好循環させようとするものでした。この好循環は、調剤部門を持つ
ことで医療に関する信頼を高めて固定顧客（定期的に繰り返し来る顧客）
を得ることでした。加えて、抗がん治療や生活習慣病など、定期的に処
方箋薬を受け取る患者は、化粧品や家庭用品なども販売している便利な
ドラッグストアであるスギ薬局を選択するかもしれません。処方箋を持
ってきた患者が、「自分の病気と親和性の高い栄養補助食品などを購入
すること」や「家庭用品や化粧品もついで買いすること」などのプラス
も考えられます。客数が概ね横ばいで推移し、客単価が一桁前半で上昇
しているのは、このビジネスモデルが受け入れられた場合に成立する状

況と言えそうです。分解方法①〜③の出店状況に加えて、分解方法⑤の既存店の客数・客単価もスギホールディングスのビジネスモデルを支持する結果となっています。少なくとも否定する結果とは言えないでしょう。

　分解方法⑤の客数・客単価の分析ではなく、分解方法⑩の商品ごとの分解に関する分析になりますが、ここで既存店売上高を商品セグメントごとに分解する、ということも簡単にしてみましょう。次ページの図表2.12を見てください。スギホールディングスは、商品セグメントごとの既存店増収率を決算説明会資料に記載しています。それをまとめたものになります。

図表 2.12

スギ薬局事業		2/2015	2/2016	2/2017	2/2018	2/2019
売上高 (百万円)		306,231	334,551	353,942	383,280	421,118
	前年成長率	6.6%	9.2%	5.8%	8.3%	9.9%
既存店増収率		2.9%	6.3%	1.1%	2.7%	2.6%

部門別増収率（既存店）

	2/2015	2/2016	2/2017	2/2018	2/2019
調剤	-	-	-	10.1%	6.2%
ヘルスケア	-	-	-	-0.4%	1.2%
ウエルネスサポート	-	-	-	1.4%	9.1%
ウエルネスフーズ	-	-	-	11.1%	6.0%
一般フーズ	-	-	-	0.2%	4.1%
ビューティ	-	-	-	0.0%	0.7%
ライフサポート	-	-	-	1.5%	-0.4%
シニアサポート	-	-	-	3.2%	3.1%
その他	-	-	-	-	-

	2/2015	2/2016	2/2017	2/2018	2/2019
調剤	13.0%	19.0%	6.2%	-	-
ヘルスケア	-1.4%	2.5%	-0.3%	-	-
ビューティケア	-0.4%	1.7%	-1.8%	-	-
ホームケア	4.1%	4.5%	-1.2%	-	-
フーズ	0.9%	6.1%	4.2%	-	-

（注）2018 年 2 月期からセグメント分類を変更した。

　2018 年 2 月期から商品セグメントの分類方法を変更しています。より細かくなっているのですが、それが何なのかわかりにくくなっています。主要なもので見ると、ヘルスケアは OTC 薬、ウエルネスフーズは健康食品、ビューティは化粧品、ライフサポートは家庭用品などにかかわる商品と考えられます。どの商品がどこに分類されるかは開示がないのでわかりませんが、大まかなイメージはとらえることができます。図表 2.12 を見ると、既存店増収率を牽引しているのは、主に調剤とウエルネスフーズ（健康食品）だということがわかります。調剤については、

商品セグメントの変更前からですが、常に増収率が高いです。スギホールディングスのビジネスモデルを踏まえると、これの結果はビジネスモデルが機能していることを示唆しているように見えます。ただし気になるのは、既存店売上高なのに増収率が2桁になる年もあり、少し高すぎます。もともとの売上高が非常に少ないことから増収率が過度に高くなっている可能性もあります。ビジネスモデルが機能していないと結論づけるまではいきませんが、ここは慎重に見たほうがいいかもしれません。分解方法⑩で調剤部門の分析を詳細に行うまで、結論は保留にしましょう。

また、分解方法②で「1㎡あたり売上高の減少」がありました。これは新規出店が加速している場合に起こる現象でもある一方で、既存店の売上が悪化している場合にも起こる可能性があります。ここまでの分析で既存店売上高の状況が悪化している兆候は見られませんでした。したがって、現時点では、「1㎡あたり売上高の減少」は、出店を積極化させていることが主要因と考えられます。「1㎡あたり売上高の減少」については引き続き注視が必要ですが、いったん「問題なし」と結論づけます。

次の分解方法⑥については、「分解方法⑥：総売上高 = 客単価 × 座席数 × 回転数 × 稼働日数」ですが、主に飲食店で行う分解方法です。調剤部門については、待合室の座席数も意味がある場合があります。待合室にあまりにたくさんの人が待っていたら、待ち時間を考慮して、入店しないケースもあるでしょう。しかし、スギホールディングスの開示情報の中で、待合室の座席数に関する記載はないことから、分解方法⑥については、スギホールディングスでは行うことはできませんでした。そこで、次の分解方法⑦に話を進めていきたいと思います。

分解方法⑦は従業員という人にかかわる分解方法です。具体的には、「分解方法⑦：総売上高 = 従業員数 × 従業員1人あたり売上高」とな

ります。従業員数の情報は、有価証券報告書で必ず開示されていますので、すべての上場企業で見ることが可能であり、労働集約型の産業で特に意味を持つ分解方法となります。もちろん小売店においても有意義な指標となります。たとえば、個々の店舗について考えると、その意義がわかるでしょう。個々の店舗の売上高を見る時に、個々の販売スタッフが1人あたりどれくらい販売しているのかを見ることがあります。その数字を見ることで、店舗内に販売スタッフの数が多すぎるとか、もしくは、もっとがんばって一人ひとりが販売を増やせる余地があるのではないか、などと分析します。企業全体では、個々の店舗ベースとは少し異なる部分もありますが、1人あたりの売上高を見ることで、売上高の成長余地などを見ることができます。また、従業員の平均給料と比較することで、企業の利益の大きさのイメージもつかむことができるでしょう。ただし、注意点として、パートタイムや臨時の従業員などの取り扱いが明確ではないことや、外注する事業が多い場合などは、数字にどこまでの意味を持たせられるか、難しい場合もあります。クロスセクション分析をする場合は、パートタイム従業員や外注状況などを加味しなければ、分析を見誤る恐れがあります。

　スギホールディングスで分解方法⑦を実行した結果が、図表2.13となります。

図表 2.13

連結情報		2/2015	2/2016	2/2017	2/2018	2/2019
連結売上高（百万円）		383,644	414,885	430,795	457,047	488,464
	前年比	5.1%	8.1%	3.8%	6.1%	6.9%

従業員数（人）（期中平均）

正社員		4,085	4,309	4,701	5,095	5,379
パート社員		5,741	6,341	7,211	7,848	8,366
合計		9,825	10,650	11,912	12,943	13,744
	前年比	5.6%	8.4%	11.8%	8.7%	6.2%

（注）パート社員は有価証券報告書の平均臨時雇用者数の値であり、8時間換算の人数。

1人あたり売上高（百万円）

正社員1人あたり売上高		93.9	96.3	91.6	89.7	90.8
	前年比	1.9%	2.5%	-4.8%	-2.1%	1.2%
全従業員1人あたり売上高		39.0	39.0	36.2	35.3	35.5
	前年比	-0.5%	-0.2%	-7.2%	-2.4%	0.6%

（注）連結売上高を期中平均の従業員数で割って算出した。

　従業員数は、有価証券報告書から取得した連結ベースの数字になります。「DataFile」を見ても同様の数字が記載されています。パート社員数は、8時間換算の値です。スギホールディングスの1人あたり売上高は、正社員1人あたりで概ね年間9千万円程度、パート社員を含む全社員1人あたりで概ね3.5千万円になります。世の中の平均年収の400〜500万円を踏まえて考えると、「店舗に対する家賃などがあるので、1人あたり3.5千万円くらいはありえるかなあ」という感じでしょうか。水準感が妥当かどうかは、売上総利益や営業利益を使って「1人あたり利益」を見ると、その感覚と比較することができます。利益分析の1つとしてやってみましょう。

　それでは「1人あたり売上高」の時系列分析をしましょう。パート社員を含めた全従業員ベースの「1人あたり売上高」において、若干の低

下傾向があります。これは、注意しなくてはいけない傾向です。人の増加に対して、売上高の増加が伴っていないということです。外部から理由を知ることには限界があるのですが、仮に一人ひとりの販売能力が落ちてきているのなら、企業としては持続的な成長ができていないことになります。企業にとっては人が最大の財産ですから、長期的には問題を秘めている可能性があります。人の能力の話だけでなく、ビジネスモデルがうまく機能しなくなっている可能性もあります。しかし、ここから、すぐに問題のある企業と結論づけてはいけません。もし企業として長期的な視野で成長に向けた投資や新規事業を開始しているのなら、問題ではない場合もあります。新規事業は数年かけて事業化されるものですので、当初の１人あたり売上高が低くても問題があるわけではありません。スギホールディングスに関する新聞などを読むと、最近、自社物流のシステムを築こうと積極的な投資を行っているようです。物流に関する新たな人材を自社内に取り込んでいることから、短期的に１人あたり売上高が落ちているのかもしれません。将来的に最適な商品を適切に棚に並べられる物流体制を築けるのなら、その際には１人あたり売上高も回復すると同時に、利益につながるはずです。したがって、この場合は、直ちに問題だと考えるのではなく、様子見をするという判断もありえます。もちろん「１人あたり売上高の若干の低下傾向」については、今後も動向を注視していかなくてはいけません。もし一人ひとりの能力低下やビジネスモデルの機能不全が背景にあるのであれば、企業としては危険だと言えるでしょう。

　「分解方法⑧：総売上高 ＝ 単価 × 数量」については、小売企業の場合は、「分解方法⑤：総売上高 ＝ 客単価 × １日あたり客数 × 稼働日数」の発想と同じです。分解方法⑧の説明は、製造業などの分析を意識して記載したものですが、スギホールディングスについては、分解方法⑤で説明した通りです。

　次は、分解方法⑨です。「分解方法⑨：総売上高 ＝ 市場規模 × マー

ケットシェア」についてです。「市場規模」と「マーケットシェア」について、分析しましょう。市場規模とは、文字通り「市場の規模」という意味で、「市場全体の大きさ」を表します。企業側から見ると、「対象としている市場における、すべての企業の売上高の総額（通常は1年間での売上高）」となります。利益ではなく、売上高というのは覚えておきましょう。売上高は顧客との接点を表すものでしたね。マーケットシェアは社会の中における企業のプレゼンス（存在力）を意味するのですが、顧客との接点こそが、社会とのかかわりとなります。

　マーケットシェアは市場占有率と訳されるものですが、「マーケットシェア」もしくは「市場シェア」という用語が一般的に使われます。**マーケットシェアとは、「ある企業もしくは商品について、その対象となる市場規模に対する売上高の割合」**です。具体的な式で書けば、「マーケットシェア ＝ 商品の売上高 ÷ 対象となる市場規模」、「マーケットシェア ＝ 事業の売上高 ÷ 対象となる市場規模」もしくは「マーケットシェア ＝ 企業全体の売上高 ÷ 対象となる市場規模」で計算されます。注意点ですが、この売上高については、金額ベースで測る場合もあれば、数量ベースで測る場合もあります。どちらが一般的かはケースバイケースですが、情報として取得できるほうを使うようにしましょう。どちらも取得できるなら、どちらも見たほうがいいです。

　市場規模とマーケットシェアを分析する意味ですが、マーケットシェアを見ることにより、「競争優位性」と「成長ポテンシャル」を考えることが可能になります。前者の「競争優位性」ですが、マーケットシェアが高いと、ある一定の競争優位性を有していることが想像できます。なぜマーケットシェアが高いのかという背景を考えて、今後も高いマーケットシェアを維持できるかを考えていきましょう。後者の「成長ポテンシャル」ですが、マーケットシェアが低い場合、マーケットシェアを拡大することで売上高を伸ばす余地があるとも考えられます。その場合は、他社の商品・サービス・製品ではなく、なぜ当該企業が売上を伸ばすことができるのかを考えていく必要があります。また、マーケットシェアが高い場合は、市場内での競争優位性はあるのかもしれませんが、

市場全体の成長性がないのならば、売上高の成長余地は少ないという結論になります。また、マーケットシェアが高い場合は、マーケットシェアを奪われる可能性がないかも考える必要があります。このようにマーケットシェアを知ることで、企業の売上高の成長イメージを持つことができるようになります。つまり、商品・サービス・製品の競争力を考慮しながら、市場規模とマーケットシェアを分析することで、将来の売上高のイメージを考えることができるということです。

　スギホールディングスの場合で考えていきましょう。ドラッグストア市場の市場規模はどれくらいか、スギホールディングスがドラッグストア市場の中でどれくらいの割合を占めるのか、を考えていきます。まずドラッグストアの市場規模についてですが、市場規模については、「国、業界団体、シンクタンク（民間研究所）」などが公表しているかを確認します[26]。ドラッグストアの市場動向を考える場合、「経済産業省の商業動態統計」か「日本チェーンドラッグストア協会」の数字を使うのがいいでしょう。2018年は、商業動態統計が6兆4千億円（暦年）、日本チェーンドラッグストア協会が6兆5千億円でした。どちらの数字を使っても構いませんが、本書では商業動態統計を使うことにします。

　図表2.14は、ドラッグストアの市場規模とスギホールディングスの売上高を使って、マーケットシェアを算出したものです。スギホールディングスは概ね8%弱のマーケットシェアを持っており、ドラッグストアの市場規模は継続して大きくなっていることがわかります。市場規模の分析については、本節の最後のコラム（トップダウンアプローチ）にて解説します。

26　外部向けのレポートなどにおいて、シンクタンクなどが公表する統計を使う場合は取り扱いには注意をしてください。外部向けのレポートにおいては、公表主体の許諾が必要な場合があります。本書はプロ向けの書籍ではありませんが、念のために補足しておきます。

図表 2.14

市場規模 （暦年、百万円）	2014	2015	2016	2017	2018
ドラッグストア （販売額）	4,937,496	5,360,899	5,725,801	6,057,971	6,364,419
前年比	-	8.6%	6.8%	5.8%	5.1%

（出所）商業動態統計

スギ ホールディングス	2/2015	2/2016	2/2017	2/2018	2/2019
連結売上高 （百万円）	383,644	414,885	430,795	457,047	488,464
前年比	-	8.1%	3.8%	6.1%	6.9%

マーケットシェア	7.8%	7.7%	7.5%	7.5%	7.7%

　次に「国、業界団体、シンクタンク（民間研究所）」などが市場規模を公表していない場合のテクニックを紹介します。それは、同業他社の売上高の総和から市場規模を推定する方法です。大手 5〜10 社くらいの売上高をすべて足して、それを便宜上、市場規模として扱うということです。ドラッグストア業界において、スギホールディングスは 6 番手の会社です。この場合は、7 番手くらいまでのドラッグストアの売上高を足せばよいでしょう。具体的には、ツルハホールディングス（証券番号：3391）、ウエルシアホールディングス（証券番号：3141）、コスモス薬品（証券番号：3349）、サンドラッグ（証券番号：9989）、マツモトキヨシホールディングス（証券番号：3088）、スギホールディングス（証券番号：7649）、ココカラファイン（証券番号：3098）の 7 社の売上高を足すということです。この方法の良い点は、競合の動きも頭に入れられることです。業界内での動向を把握することもできます。スギホールディングスについても、各自で行ってみてください。分析してわかるのは、スギホールディングスのシェアが落ちてきているということです。スギホールディングス自体は成長しているのですが、他の大手ドラッグ

ストアの成長がさらに大きいためです。商業動態統計の市場規模の成長と比べて、スギホールディングスの成長が小さいわけではないので、市場が大手ドラッグストアへ集約する傾向が出てきているということでしょう。スギホールディングスはM&Aをせず自力成長を目指しているように見えますが、この傾向に取り残される恐れもあります。加えて、ドラッグストア市場が大手へ集約する傾向は、ある意味で市場が成熟化し始めているとも言えます。これらのことは、スギホールディングスの将来を考える上では注意して見ないといけないでしょう。市場規模やマーケットシェアを分析することには、分析企業が事業上対象としている市場を大きな目でとらえられるというメリットがあります。分解方法⑨は、実際に投資を実行する企業に対しては必ず実施しておいたほうがいいと思います。「木を見て森を見ず」に陥っては危険です。

　次に分解方法⑩について紹介します。「分解方法⑩：総売上高 ＝ 商品Aの売上高 ＋ 商品Bの売上高 ＋ 商品Cの売上高 ＋ …」です。小売業であれば商品ですが、様々な事業を行っている場合は、「分解方法⑪：総売上高 ＝ 事業Aの売上高 ＋ 事業Bの売上高 ＋ 事業Cの売上高 ＋ …」として分解することも多いです。事業や商品ごとに売上高を分析した上で、これまで紹介した分解方法をさらに行って分析すると、より優れた分析が行えることもあります。

　スギホールディングスについては、商品セグメントごと、事業ごとの分解の両方が可能でした。事業ごとの分類は、スギ薬局事業とジャパン事業の2分類です。その上で、事業ごとに、商品カテゴリーごとの分析も可能です。スギホールディングスの開示情報は、かなり多く、様々な角度から分析できます。本書では、スギ薬局事業に焦点を絞り、スギ薬局事業内の商品カテゴリーごとの分析を行うこととします。スギホールディングスの商品カテゴリーは、分解方法⑤で説明した通りです。2018年2月期から商品セグメントの分類方法が変更されて、より細かく見られるようになっています。図表2.15を見ると、分解方法⑤と同様に調剤部門の増収率が高いのがわかります。セグメントごとの売上高

がわかる場合には、構成比も見るようにしましょう。売上高の構成比とは、全体の売上高の中で、当該部門の売上高が占める割合（パーセント）を示した値です。計算式から見ると、当該部門の売上高を、企業全体の売上高で割ることで計算できます。伸び率が大きいセグメントでも、構成比が小さい場合は、全体に与えるインパクトは小さくなります。「セグメントごとの伸び率」と「企業内での構成比」はセットで頭に入れるようにしましょう。また、構成比については、売上高だけでなく、利益など様々な項目で応用できる有用な考え方となります。

図表 2.15(1)

スギ薬局事業 (百万円)	2/2015	2/2016	2/2017	2/2018	2/2019
売上高	306,231	334,551	353,942	383,280	421,118
前年比	-	9.2%	5.8%	8.3%	9.9%

	2/2015	2/2016	2/2017	2/2018	2/2019
調剤	57,738	69,665	75,484	-	-
ヘルスケア	67,583	71,048	74,286	-	-
ビューティケア	75,160	78,341	80,504	-	-
ホームケア	66,950	72,248	75,116	-	-
フーズ	38,795	43,240	48,546	-	-
合計	306,226	334,542	353,936	-	-

前年比

	2/2015	2/2016	2/2017	2/2018	2/2019
調剤	-	20.7%	8.4%	-	-
ヘルスケア	-	5.1%	4.6%	-	-
ビューティケア	-	4.2%	2.8%	-	-
ホームケア	-	7.9%	4.0%	-	-
フーズ	-	11.5%	12.3%	-	-

構成比

	2/2015	2/2016	2/2017	2/2018	2/2019
調剤	19%	21%	21%	-	-
ヘルスケア	22%	21%	21%	-	-
ビューティケア	25%	23%	23%	-	-
ホームケア	22%	22%	21%	-	-
フーズ	13%	13%	14%	-	-

図表 2.15(2)

スギ薬局事業 (百万円)	2/2015	2/2016	2/2017	2/2018	2/2019
調剤	-	-	-	84,107	91,073
ヘルスケア	-	-	-	71,101	77,383
ウエルネスサポート	-	-	-	9,824	11,747
ウエルネスフーズ	-	-	-	10,257	14,652
一般フーズ	-	-	-	47,859	54,386
ビューティ	-	-	-	84,129	90,309
ライフサポート	-	-	-	69,691	74,723
シニアサポート	-	-	-	5,748	6,327
その他	-	-	-	553	507
合計	-	-	-	383,269	421,107

前年比		2/2015	2/2016	2/2017	2/2018	2/2019
前年比	調剤	-	-	-	-	8.3%
	ヘルスケア	-	-	-	-	8.8%
	ウエルネスサポート	-	-	-	-	19.6%
	ウエルネスフーズ	-	-	-	-	42.8%
	一般フーズ	-	-	-	-	13.6%
	ビューティ	-	-	-	-	7.3%
	ライフサポート	-	-	-	-	7.2%
	シニアサポート	-	-	-	-	10.1%
	その他	-	-	-	-	-8.3%

構成比		2/2015	2/2016	2/2017	2/2018	2/2019
構成比	調剤	-	-	-	22%	22%
	ヘルスケア	-	-	-	19%	18%
	ウエルネスサポート	-	-	-	3%	3%
	ウエルネスフーズ	-	-	-	3%	3%
	一般フーズ	-	-	-	12%	13%
	ビューティ	-	-	-	22%	21%
	ライフサポート	-	-	-	18%	18%
	シニアサポート	-	-	-	1%	2%
	その他	-	-	-	0%	0%

　セグメント分析の結果、調剤部門が伸びていることがわかりました。加えて、ビジネスモデルから考えて、調剤部門はスギホールディングスにとって重要な位置づけです。そこで、調剤部門だけを深堀りして分析したいと思います。

　実は、調剤事業に関しては、国の規制を大きく受ける事業になります。調剤部門の売上高は、処方箋を病院で受け取った患者がスギ薬局に訪れ、処方箋に応じて薬剤を販売した収入（売上高）の合計です。処方箋から得られる収入のことを調剤報酬と言います。調剤報酬は、患者からは1〜3割の自己負担分をもらい、残りの7〜9割は保険組合から受け取っています。私たちが調剤薬局やドラッグストアの調剤部門で直接支払っている金額は、調剤部門の売上高の1〜3割にすぎないということです。調剤部門の売上高全体は、この患者の自己負担額としてもらった代金と間接的に受け取っている金額の合計からなります。

　その調剤部門の売上高について分析する際には、

売上高 ＝ 処方箋枚数 × 1枚あたり単価

と分解して見ていくことが多いです。理由は、処方された薬剤の単価についても規制されているからです。処方された薬剤によって、処方箋単価はほぼ決まっています。たとえば、内科の場合は処方箋1枚につき概ね8,000円の売上高、皮膚科の場合は5,000円程度と言われます。大学病院の前にある調剤薬局は抗がん剤なども処方され、処方箋1枚あたりの単価は12,000円を超えると言われます。スギホールディングスの調剤部門の売上高について、単価と処方箋枚数に分解できます。

図表 2.16

スギ薬局事業 (百万円)		2/2015	2/2016	2/2017	2/2018	2/2019
売上高		306,231	334,551	353,942	383,280	421,118
	前年比	-	9.2%	5.8%	8.3%	9.9%

調剤売上高（百万円）		57,738	69,665	75,484	84,107	91,073
	前年比	-	20.7%	8.4%	11.4%	8.3%
	構成比	19%	21%	21%	22%	22%

⇒単価×枚数に分解

単価（円）		10,548	11,270	10,810	10,917	10,471
	前年比	-	6.8%	-4.1%	1.0%	-4.1%
処方箋枚数（千枚）		5,474	6,181	6,982	7,704	8,698
	前年比	-	12.9%	13.0%	10.3%	12.9%

スギ薬局の店舗数（店）

期中店舗数	759	802	855	924	1,014

1店舗あたり処方箋枚数 (枚)		7,212	7,707	8,166	8,338	8,578
	前年比	-	6.9%	6.0%	2.1%	2.9%
⇒1日あたりへ（÷365）		20	21	22	23	24

　図表 2.16 を見ると、単価は 10,000〜11,000 円というのがわかります。上記の目安として書いた内科などの 8,000 円よりも高い数字です。もしかしたら、抗がん剤などの処方箋単価の高い薬剤、生活習慣病などで長期間の薬が必要で大量に処方されている患者も一定数いるのかもしれません。これは、スギホールディングスが狙っているビジネスモデル通りの処方箋単価と言えるでしょう。結果的に、ついで買いが発生して、健康食品などのウエルネスフーズの増収率が高くなっているのかもしれません。処方箋単価については、正直なところ、私の中では驚きでした。ビジネスモデルを疑っていたわけではないのですが、抗がん剤などの処方箋を受け取るには高度な医療知識が必要で、ドラッグストアの調剤部

門に来ているのは風邪などのクリニックに来るような顧客ばかりかと思っていました。8,000円程度をイメージしていたので、この11,000円前後という数字を見て驚いたのです。

　では、次に処方箋枚数を見てみましょう。2019年2月期の処方箋枚数は、8,698千枚でした。少し数字のイメージを持たせましょう。1店舗あたりの数字に落とすと、1店舗あたり平均すると8,578枚の処方箋を受け取っていることになります。図表2.16の期中店舗数1,014店で、8,698千枚を割ることで、1店舗あたり8,578枚という結果が出ます。「期中」という言葉は、第6章の貸借対照表と損益計算書を組み合わせた分析で説明しますが、ひとまず「その期の店舗数」と考えてください。8,578枚を365日で割って、1日あたりで見ると、約24枚です[27]。営業時間が8時間程度であるならば、1時間に3人しか患者が来ていないということです。私がたまに利用する調剤薬局であれば、1時間に8人くらいはいそうです。ただし、ドラッグストアを利用した際に、調剤部門を横目で眺める感覚からすると、近くの店舗はガラガラのことが多く、1時間に3人というのは私の感覚にはマッチした水準です。むしろ多いのではないかと感じるくらいです。やはりスギホールディングスの調剤部門は、利用客数という点で、非常に少ない状態と言えるでしょう。「出発点が低い」ために、成長率が大きく見えています。「出発点が低い」という言葉は、成長率を分析する際に、実務でたまに出る言葉です。説明が必要ですね。成長率の計算式を思い出してください。成長率は、分子が「今年に増加した売上高」であり、分母は出発点となる「前年の売上高」でした。成長率のある種の欠点ではあるのですが、分母の値が小さい場合、成長率が高い結果となることがあります。まだ立ち上げたばかりの事業などについては、成長率という率にすると、かなり大きい数字となることがあります。そのような時に、高い成長率の背景は、「出

27　1日あたりの枚数を計算するために、本書では365日で割りました。1年間は365日ですから、素直に365日としました。しかしながら慎重に日数を決めなくてはいけません。なぜなら、本来は営業日数で割るべきであり、スギ薬局はすべての店舗が年中無休ではないからです。

発点が低いから」と表現することがあります。恐らくドラッグストアの調剤部門（病院の目の前ではない調剤薬局）の成長軌道は、順調に進んだ場合でも、出だしが小さく、その後の認知度に応じて成長が加速することになるでしょう。このような成長軌道の場合、どうしても成長率が高くなりやすいです。ただし、この場合にやっかいなのは、ビジネスモデルが機能せず、順調に進んでいなかったとしても、出だしが小さいため、ほんの少しの成長でも成長率が高くなってしまうことです。ビジネスモデルが機能しているかどうかは、注意して見なくてはいけません。

　加えて、調剤部門の売上高は、スギ薬局事業の売上高の中で 20% 程度を占めるほど、構成比としては大きくなっています。一般的にドラッグストアに購入に来る人と比べて、11,000 円の単価は相対的に大きいため、売上構成比として見ると大きい状況になっているのでしょう。構成比は全体に占める割合のことですが、見方を変えると、全体に与えるインパクトの大きさとなります。構成比の大きい事業の成長率が高いと、その事業が全体を引っ張ることで、すべての事業全体の成長率も高くなります。スギ薬局の場合は、構成比の大きな調剤部門の成長率が高かった結果として、既存店の増収率を押し上げる効果が出ていたと推測できます。

　売上高構成比が大きく、売上高成長率（増収率）が高い場合の注意点を、少し補足します。利益はどうかという視点も考えなくてはいけません。利益分析は別の章で解説するのですが、処方箋枚数について書いたことから、その点における調剤事業の利益について簡単に説明します。調剤事業を行うには、規制により薬剤師が必要になります [28]。薬剤師の給与は当然ですが高くなります。休暇体制を確保するため、2 人体制で薬剤師を雇用した場合、1 日あたり 24 枚の売上では採算上は厳しくなります。出だしが小さい事業であることから、利益が出ているのかという点では、全体から見ると、まだ厳しい部門の可能性があります。

28　薬剤師配置基準があり、1 人の薬剤師が 1 日に扱える処方箋枚数に規制があります。

　ここまでの分析から、スギホールディングスの調剤部門を起点とした
ビジネスモデルは成り立っていると結論づけるべきでしょうか。今後の
スギホールディングスを見極める上で重要な話ですので、読者の皆さん
には、各自で考えていただきたいと思います。あくまで一例として、私
の意見を述べておきます。正直なところ、スギホールディングスの調剤
部門の数字を見るまでは、調剤部門を起点としたビジネスモデルには懐
疑的な立場でした（ドラッグストアのビジネスモデル自体には好意的な
立場です）。また、現時点でうまく機能しているかというと疑問が残り
ます。しかし、処方箋1枚あたりの客単価が、ある程度とれているこ
とを見ると、ドラッグストアとの相性は悪くない可能性があると思うよ
うになりました。商圏分析を行って、最適な立地に出店すれば、調剤部
門を起点としたビジネスモデルは成立する可能性があるという意見に変
わりました。どういう処方箋が多く、どういう属性の顧客かを含めて、
個店ベースで商圏内分析を行ってみたいところです。「調剤部門を起点
としたビジネスモデルは常に成立する」というほどまでの考えに至って
いるわけではありませんが、無条件に否定的な立場ではなく、「やりよ
うによっては成立する」という意見を現在は持っています。状況を注視
していきたいビジネスモデルの1つだと考えています。

　「分解方法⑫：総売上高 ＝ 地域Aでの売上高 ＋ 地域Bでの売上高 ＋
地域Cでの売上高 ＋…」についてですが、地域別の店舗数の開示はあ
りました。しかし売上高についての開示がありませんでした。情報開示
上の問題から、スギホールディングスに関してはこの分析は断念しまし
た。また、「分解方法⑬：総売上高 ＝ 子会社Aの売上高 ＋ 子会社Bの
売上高 ＋ 子会社Cの売上高 ＋…」ですが、スギホールディングスにつ
いては、実質的に事業別の情報とほぼ同義で扱えると考えますので、分
解方法⑪を見てください。

　長くなりましたが、ここまでがスギホールディングスの事例を使った
売上高の分析になります。様々な視点からスギホールディングスの売上

高の状況を見てきました。他にも視点はあると思いますが、典型的な分析事例として紹介しました。スギホールディングスのビジネスモデルの理解が深まったと同時に、スギホールディングスが直面している事業環境について、把握できてきたのではないでしょうか。ビジネスモデルや事業環境の理解が深まれば、それを踏まえて、将来、企業がどのようになるのかイメージできるようになります。ここまでの分析を踏まえて、スギホールディングスの将来について考えてみてください。簡単にイメージするだけでは物足りない方は、『外資系アナリストが本当に使っているファンダメンタル分析の手法と実例』に業績を予測する方法を記載しています。本書を読み終わった後に、同書を参考にして、業績予測に挑戦してください。

スタバとドトールを比較する

　スターバックス・コーヒー（以下、スタバ）とドトールコーヒーショップ（以下、ドトール）を考えてみてください。スタバとドトールでは、1杯のコーヒー代が結構違います。サイズによっても違うのですが、イメージで言えば、ドトールが200円で、スタバが300円です。つまり、客単価についてはスタバが高いということになります。ドトールのミラノサンドやシュークリームの大ファンである私は、実はスタバより高い金額をドトールで注文していますが、一般論としては、客単価はスタバのほうが高いでしょう。

　もう少し深堀すると、ドトールとスタバには、提供する価値の側面でビジネスモデルに大きな違いがあります。一般的に、スターバックスは、おしゃれな空間でゆっくりとくつろいでもらうという価値を提供しています。一方で、最近は変わってきたのですが、昔のイメージで言うと、ドトールは煙草を吸うビジネスマンが移動の間にちょっと利用しやすいという価値を提供していました。この点から、設備単位数も回転数も、ドトールのほうが高い構造となっていました。回転数が高いのは、滞在時間が短いためです。提供する価値の違いから、仮に売上高が同じ水準の店舗でも、ドトールとスタバでは、分解してみると大きく違っています。ただし、ドトールのヘビーユーザーである私が消費者感覚で見る限り、最近のドトールは徐々にスタバ寄りにシフトしていっていると感じています。私も含めて非喫煙人口が増えていることに加えて、マクドナルドやコンビニのコーヒーに、より客単価の低い層の顧客が奪われつつある中で、長時間滞在型の店舗運営にシフトしていこうとしているように感じます。もちろんコーヒーの値段を上げると来店客が遠のくので、購入点数を上げることで客単価の引き上げを狙っているのでしょう。ミラノサンド、ミルクレープ、そして最高に美味しいシュークリームなど、私はまんまとドトールの作戦にはまって、お金をつぎ込んでおります。ドトールに関心のある方は、ビジネスモデルの変化からドトールの時系列分析をしてみてはいかがでしょうか。

トップダウンアプローチで見る
ドラッグストア業界

　企業に対するファンダメンタル分析とは、企業の経済活動を丹念に分析し、企業の経営実態を分析することです。したがって、本書で勉強しようとしている財務分析は、ファンダメンタル分析を行う上で「必須の過程」ととらえています。下記は、『外資系アナリストが本当に使っているファンダメンタル分析の手法と実例』からの抜粋です。

　企業の経営者は夢を持って事業経営をしており、従業員は家族や社会に対して様々な思いを持って汗をかきながら日々の業務を行っています。そして、企業の保有する技術やネットワークは、企業に関わってきた全員が作り上げた財産（資産）です。株式分析とは、その企業に関わってきた一人ひとりの思いや資産の価値を、将来のキャッシュフロー（もしくは利益）を通して、株価というたった1つの数字に集約していく挑戦です。別の言い方をすると、ファンダメンタル分析とは、単なる株価の分析ではなく、その企業の中で働く人たちの思いを丹念にあぶり出すことであると思っています。基本的に、私たち証券アナリストは冷静に企業を分析することに徹していますが、一方で企業の夢を共有できる時ほど、わくわくする時はありません。それこそが、株式投資の醍醐味であると思っています。

　（松下・高田（2017）『外資系アナリストが本当に使っているファンダメンタル分析の手法と実例』の「まえがき」より）

　財務分析は、企業に対するファンダメンタル分析を行うために「必須の過程」と述べました。財務分析は、財務諸表という過去の経営成績を使って、企業の経営実態を明らかにする手法でした。「企業の過去の経営成績を使う」というところに注目してください。分析対象となる企業単体の状況に焦点をあてて分析しているということです。財務分析を行う時には、財務諸表の数字に加えて、企業のビジネスモデルの理解など

様々な視点から分析を行うと説明しましたが、これらも企業単体に焦点をあてて企業の経営実態を明らかにするためのものでした。このように企業単体の側から分析していく方法をボトムアップアプローチと言います。ファンダメンタル分析に基づき個別企業の株式に投資を行う「株式投資」の場合、企業の経営実態を明らかにしないといけないことから、財務分析は必須のものです。財務分析はボトムアップアプローチに分類されることから、人によっては「個別企業への株式投資におけるファンダメンタル分析 ＝ ボトムアップアプローチ」もしくは「個別企業への株式投資におけるファンダメンタル分析 ＝ 財務分析」と考えている場合もあります。しかし、私が強く強調したいのは、「これらはイコールではない」ということです。個別企業への株式投資において、「**財務分析を使ったボトムアップアプローチが必須である**」というのは正しいです。しかしながら、個別企業に対するファンダメンタル分析には、ボトムアップアプローチに加えて、「トップダウンアプローチ」という方法も存在します。本書は財務分析の書籍ですから、「トップダウンアプローチ」について詳しく解説はしませんが、このコラムではトップダウンアプローチについて簡単に紹介します。

図表2.17

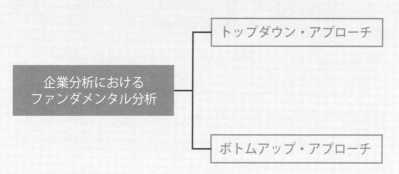

企業分析における**トップダウンアプローチ**とは、「対象企業のビジネスモデルを踏まえて、対象企業の経営に影響を与える要因を特定し、社会潮流や景気動向など巨視的（マクロ）な視点から入って、順に微視的（ミクロ）な視点で分析を行い、最終的には個別企業の経営分析を行う方法」のことです。一言でいうと、「全体から詳細に向けて分析を行う方法」のことです。「トップダウン」を日本語に訳すと「上（トップ）から下へ見ていく（ダウン）」ということですね。対して、「ボトムアップ」は「下（ボトム）から上へ見ていく（アップ）」ということです。詳細から全体に向けて分析を行う方法ですね。図表 2.18 を見てください。マクロな話として、世界・国全体・地域社会などの状況が上にあり、そこから順に降りていき、個別企業の状況を分析していくのがトップダウンアプローチです。「社会潮流」⇒「産業構造の変化」や「景気動向」⇒「業界内（産業内）での変化」⇒「個別企業」という風に分析していきます。

図表2.18

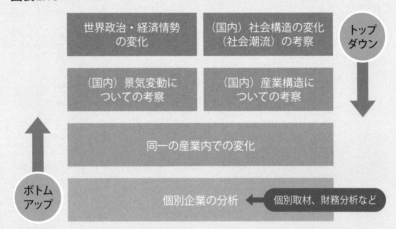

トップダウンアプローチとボトムアップアプローチのどちらが優れているというわけではありません。分析目的、企業のビジネスモデル、事業環境などを考慮して、個別の事情に即して最適な分析方法を決める必要があります。プロの株式アナリストは、財務分析を中心としたボトムアップアプローチと、簡易的なトップダウンアプローチによる分析を組み合わせて分析を行っていることが多いです[29]。

　なお、投資対象企業を絞り込む際には、トップダウンアプローチを行うことは有意義な場合があります。現在、日本に上場している企業は3千社を超えており、すべての企業を1人で細かく分析することは不可能です。社会潮流、産業構造の変化、景気動向を分析して、投資する業界（産業）を絞って、その中で企業分析を行うことは効率的と言えるでしょう。私が現役のファンドマネージャーだった頃は、社会潮流の恩恵を受ける業界に属する企業に投資することを意識していました。企業単体の経営力が最も大切なのは言うまでもないのですが、社会潮流の恩恵を受ける企業は、いわば追い風の状態です。冬の業界では、企業の実力があったとしても、逆風をはねのけて成長するのは大変です。トップダウンアプローチは、本格的な投資実務を行う場合には有意義なので、興味がある方は、トップダウンアプローチの専門書を読んでみましょう。

　それでは、トップダウンアプローチに基づいて、スギホールディングスを分析してみましょう。トップダウンアプローチの定義は、「対象企業のビジネスモデルを踏まえて、対象企業の経営に影響を与える要因を特定し、社会潮流や景気動向など巨視的（マクロ）な視点から入って、順に微視的（ミクロ）な視点で分析を行い、最終的には個別企業の経営

29　「簡易的に」としたのは、トップダウンアプローチの専門家ほどの分析は行っていないということです。エコノミスト（経済予測を行う専門家）は、通常、経済構造を特定し、100本以上の経済に関する推計式（モデル式）を使って、経済予測を行います。トップダウンアプローチを正確に実行していくには、経済予測は必須であり、そのためには計量経済学と経済学の深い理解が必要です。株式アナリストはボトムアップアプローチが主体であることから、トップダウンアプローチは簡便的に行っているという程度が多いです。トップダウンアプローチの専門家と同程度の分析を行っているアナリストはまれでしょう。

分析を行う方法」でした。前半部分に「対象企業のビジネスモデルを踏まえて、対象企業の経営に影響を与える要因を特定し」と書いてあります。これは、トップダウンアプローチを行う時の手順についての部分です。企業分析におけるトップダウンアプローチを行う手順は、(1) 分析対象となる企業のビジネスモデルの理解、(2) ビジネスモデルを踏まえて、経営に影響を与える要因（ファクター）の特定、(3) 巨視的な視点で要因について分析していく、です。最終的には個別企業という詳細まで分析していきます。通常、シンクタンク（民間研究所）などで公表される予測値は計量モデルを使って推計された結果になります。計量モデルを使って推計する際に、(2) で特定した要因は重要になります。専門家でない限り、(2) は必要でないことも多いです。ここでは、(2) は省略して、ビジネスモデルを踏まえて巨視的な分析を行っていきます。

　このコラムでは、簡単に紹介することから、スギホールディングスの詳細までの分析ではなく、ドラッグストアの事業について巨視的な視点で分析したいと思います。特に社会潮流に焦点をあてて見ていきます。社会潮流とは「社会構造の中長期的な趨勢（傾向）」のことです。社会潮流は中長期的な社会の動きであることから、社会潮流を踏まえると、中長期的な視点で業界の将来を考察することが可能になります。まずドラッグストアのビジネスモデルを思い出しましょう。ドラッグストアは、「主に医薬品・化粧品を中心として家庭用品や食品を、生活習慣において利便性が高い実店舗にて、個人に対して安い価格で販売し、安定した収益を稼ぐビジネスモデル」でした。このドラッグストアに対して関係する社会潮流は、「(1) 高齢化」と「(2) 女性の労働参加の高まり」があります。(1) と (2) と両方から恩恵を受けるのがドラッグストア事業だと考えられます。ドラッグストアは、言葉の通り、医薬品を販売する小売業でした。高齢化が進めば、当然ですが、医薬品の需要は高まってきます。その点で、ドラッグストアは高齢化の恩恵を受ける業界の1つと言えるでしょう。

では、（2）の女性の労働参加の高まりはどうでしょうか。女性の労働参加の高まりという社会潮流からもドラッグストアは恩恵を受けています。これについては、もう少し詳細について説明します。図表2.19、2.20を見てください。

図表2.19　就業者数の前年比増減率と要因（男女）

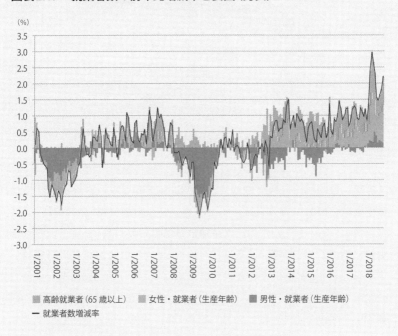

凡例：
■ 高齢就業者（65 歳以上）　■ 女性・就業者（生産年齢）　■ 男性・就業者（生産年齢）
― 就業者数増減率

（出所）総務省「労働力調査」をもとに作成
（注）生産年齢：15 〜 65 歳

図表 2.20　女性の年齢別就業率

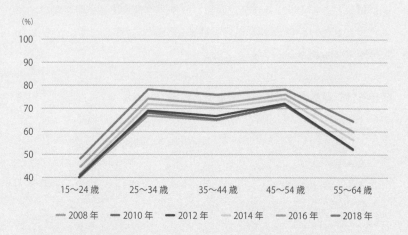

(出所) 総務省「労働力調査」より作成

　近年、全国的に就業者数が大きく増加しています。直近 3 年間で就業者数は 280 万人増加し、そのうち女性が 110 万人増えており、就業者数増加の約半分を女性の労働参加から説明できます [30]。昔、女性は結婚や出産により仕事を辞めることが多かったのですが、現在では結婚・出産を経ても継続して働き続けるようになりました。人口が緩やかに減少する日本の労働市場において「女性の労働参加の高まり」は非常に重要なテーマであることに加えて、社会に様々な変化をもたらしています。たとえば、女性の労働参加の高まりは、単身世帯や共働き世帯の増加を伴います。これが様々な社会変化を引き起こしているのです。都心では、駅から近い利便性の高い場所へ居住がシフトする傾向があります。駅の近くにマンションが増えているのを感じないでしょうか。一昔前は、専業主婦がいるファミリー世帯は郊外の一軒家を嗜好するのが一般的でした。しかし時間に敏感な共働き世帯では都心志向が強くなっています。

30　残りの背景については、「高齢者の労働参加の高まり」が中心です。「高齢者の労働参加の高まり」についても興味深い考察が可能ですが、本書では割愛しました。

共働きによる世帯年収の増加も後押ししているでしょう。もともと利便性を重視し、駅から近い場所を嗜好する単身世帯の世帯数も増加傾向にあります。結果として、「都市構造の都心化」が引き起こされています。いわゆる「職住近接」という現象です。この都市構造の都心化により、駅の近くでの購買行動が活発化しています。従来の住宅地にあったスーパーマーケットではなく、利便性の良い場所にある小売店が利用されやすくなります。「利便性の良い場所」、この言葉はどこかで見ませんでしたか。そうですね。ドラッグストアのビジネスモデルです。ドラッグストアは、社会潮流から恩恵を受ける立地にどんどん出店していき、食品などを販売して、スーパーマーケットからシェアを奪っていっています。

　さらに、「女性の労働参加の高まり」に伴う社会変化を見ていきます。専業主婦と比べると、働いている女性は使える時間が少なくなります。使える時間が少ないことから、化粧品を買う際も、ドラッグストアで買う需要が高まっていきます。化粧品業界をトップダウンアプローチで分析する際には、もちろんバブル崩壊以降の低価格化志向からドラッグストアの化粧品販売が拡大したことを見落としてはいけないのですが、最近の動向としては、手軽に購入できる立地特性もドラッグストアの化粧品販売を後押ししていると考えられます。化粧品はドラッグストアの中で重要な位置づけを占めており、その点でもドラッグストアは社会潮流の恩恵を受けると考えられます。

　ちなみに、ドラッグストアには関係ないのですが、女性の労働参加の高まりは、他にも社会に変化をもたらしています。専業主婦世帯と比べて、使える時間の少ない共働き世帯では、家事時間を短くする時短家電のニーズが高くなります。具体的にはロボット掃除機、食洗機、乾燥機付き洗濯機などです。最近、家電量販店で時短家電がよく売れるようになっている背景には、社会潮流がライフスタイルの変化を引き起こしたことがあるのです。社会潮流を踏まえて、様々な業界をトップダウンアプローチで分析すると、中長期的な視点で興味深い分析ができるのがわかっていただけたのではないでしょうか。

　ここまで、社会潮流と絡めて、ドラッグストア業界を分析していきま

した。トップダウンアプローチにおいては、「社会潮流による分析」に加えて、「景気動向を踏まえた分析」も重要になります。本書はトップダウンアプローチの書籍ではないことから、「景気動向を踏まえた分析」は割愛します。また、近年のドラッグストア業界は、「訪日外国人による消費需要（インバウンド需要）」からも多大な恩恵を受けています。本来であれば、ドラッグストア業界に対するトップダウンアプローチによる分析を行う場合、インバウンド需要についても必ず分析するべきです。しかし「景気動向を踏まえた分析」と同様の理由で本書では割愛します。関心のある方は、トップダウンアプローチの書籍を参考にして、各自で分析してみてください。

問3.

　任天堂株式会社の売上高（連結）の推移を見て、毎年の売上高前年比を計算してみましょう。増収になっている年、減収になっている年はそれぞれ何期あるでしょうか。

	2015年3月	2016年3月	2017年3月	2018年3月	2019年3月
売上高（百万円）	549,780	504,459	489,095	1,055,682	1,200,560

任天堂株式会社・2019年3月期有価証券報告書より（連結）
https://www.nintendo.co.jp/ir/pdf/2019/security_q1903.pdf

問4.

　任天堂株式会社の売上高（連結）について、92ページからの13の分解方法のいずれかを使って、2018年3月期と2019年3月期の売上高が伸びた理由を詳細分析してみましょう。

▶ 解答は 313 ページ

第 3 章

損益計算書を使った財務分析： 収益性に着目

3-1 売上高収益性の分析

　一般的に収益性分析は、損益計算書だけを用いて収益性分析ができる**「売上高収益性の分析」**と、貸借対照表と損益計算書の両方を組み合わせて行う**「資本収益性の分析」**があります。投資家にとって「資本収益性の分析」は重要であり、「売上高収益性の分析」が「資本収益性の分析」の一部と見ることができます。しかし、本書では「資本収益性の分析」についての解説は、貸借対照表の説明が終わった後の第6章で行います。ここでは「売上高収益性の分析」に焦点を絞って説明します。

　売上高収益性の分析とは、**「売上に対してどれくらいの利益が生み出されているか」**を分析することです。端的に言えば、「利益獲得能力」を評価することです。損益計算書には、企業の事業から生み出された成果（売上）と、それに対応する努力（費用）、そして、成果から努力を引くことで表される儲け（利益）の3つがあります。顧客との接点から生み出された成果において、企業に残る儲けがどれだけあるのかを見ることができます。逆に言えば、どれだけ労力（費用）をかけずに成果（売上）を出しているのかを評価しているとも言えます。企業が効率的に儲けられているのか、その採算性を見ているわけです。各段階の利益、費用ごとに売上高収益性を見ていきましょう。

＜売上高売上総利益率＞

$$売上高売上総利益率 = \frac{売上総利益}{売上高}$$

　売上高売上総利益率は、売上総利益を売上高で割って算出される比率
（％）です。売上高売上総利益率とすると長いため、売上総利益率とも
表記されます。売上総利益は、売上高から売上原価を差し引いた利益で
した。そして、売上原価は、売上のために行った事業活動のうち、商品・
製品・サービスに直接対応する費用でした。製造業と小売業など、商品・
製品・サービスの何から売上が生じているかで売上原価は異なりました。

　わかりやすいと思うので、小売業をイメージしてください。小売業で
は、生産者や問屋から商品を仕入れてきて、顧客に販売します。この場
合、売上原価は、商品を仕入れるためにかかった費用を表します。仕入
原価です。たとえば、100 円で鉛筆を仕入れて、150 円で販売した文房
具店においては、100 円が売上原価（仕入原価）であり、150 円が売上
高となります。そして、この差額である 50 円が売上総利益となります。
売上総利益は、仕入れた商品にどれくらいの利益を乗せて顧客に販売で
きたか、商品やサービスそのものの利ザヤを表します。

　これらのことを踏まえると、売上総利益率は、**提供する商品・製品・
サービスの競争力**を表しています。小売業であれば、商品力と販売力な
どによる競争力を反映した値になるということです。つまり、商品・製
品・サービスが優れていれば、より高い価格で提供できることから、売
上総利益率が高くなります。販売力があれば、調達先との交渉を有利に
進められ、安く調達することもできるかもしれません。製造業において
は、商品力・販売力に加えて、製造効率なども踏まえた競争力を表す指
標となります。売上総利益率が高ければ高いほど、付加価値の高い商品・
製品・サービスを提供しているとも言えるでしょう。**売上高を利益につ
なげる能力が優れている**ということです。

一般的には、売上総利益率は高ければ高いほどよいと言えます。売上総利益率が高いほど、市場における競争力が高いと言えるからです。ただし、ビジネスモデルによっては、低くても問題ない場合もあります。たとえば、利幅の低い商品を大量に売りさばく戦略をとっているディスカウントショップなどは、売上総利益率が相対的に低くなります。このビジネスモデルでは、販管費でコストを抑えていることから、売上総利益率が相対的に低くなっても問題とするべきではなく、ビジネスモデルを踏まえて総合的に判断しなくてはいけません。

　一般的に、売上総利益のことを「粗利」と言いました。そのため、売上総利益率を「**粗利率（あらりりつ）**」や「**粗利益率（あらりえきりつ）**」と呼ぶことが一般的です。財務分析の中では、粗利率といったら、売上総利益率のことでほぼ間違いありません。しかし小売業界や卸売業界（問屋）の方と話している時は、注意したほうがいい場合もあります。小売業界や卸売業界では、「仕入値に対して何割の利益を乗せて販売したか」という率を「粗利率」と言っている場合があります。財務分析上の粗利率は、仕入値ではなく販売代金である売上高に対する率です。通常、仕入値に対する利益に掛値率（かけねりつ）という言葉があります。個人的には掛値率という言葉を使ってほしいと思いますが、小売業や卸売業の現場では掛値率のことを粗利率と呼ぶ場合があるので注意してください。掛値率がわかれば、関係式から、売上総利益率（財務分析における粗利率）は求めることができます。小売業や卸売業の人たちと話す機会がある方は、この関係式は覚えておいたほうがいいと思います。また、このように仕入の現場には、財務分析の教科書に出てこないような独特の専門用語がたくさん出てきます。もしそのような場面にでくわすことがあれば、恥ずかしがらずに聞いてみたほうがいいでしょう。相手と認識している定義が違うまま議論を続けると、大変なことになります。まさに「聞くは一時の恥、聞かぬは一生の恥」です。

$$売上総利益率 = \frac{売上総利益}{売上高} \quad \text{vs} \quad 掛値率 = \frac{売上総利益}{仕入原価}$$

したがって、

$$売上総利益率 = \frac{掛値率}{1 + 掛値率}$$

　売上原価率と売上総利益率の関係式も紹介します。売上高から売上原価を引くと売上総利益ですので、「売上総利益率 ＝ 1 － 売上原価率」となります。売上原価率がわかれば、売上総利益率が計算できるということですね。

　では、お待ちかねの「スギホールディングスの売上総利益率」を見てみましょう。図 3.1 で売上総利益率を時系列で並べています。

図表 3.1(1)

	2/2015	2/2016	2/2017	2/2018	2/2019
売上高総利益率（連結）	27.5%	27.9%	27.9%	28.8%	29.1%

事業別利益率

	2/2015	2/2016	2/2017	2/2018	2/2019
スギ薬局事業	29.1%	29.4%	29.5%	30.2%	30.3%
ジャパン事業	18.6%	19.0%	19.6%	19.7%	20.0%

売上高構成比（連結対比）

	2/2015	2/2016	2/2017	2/2018	2/2019
スギ薬局事業	80%	81%	82%	84%	86%
ジャパン事業	19%	19%	17%	16%	13%

商品別利益率（スギ薬局事業）

	2/2015	2/2016	2/2017	2/2018	2/2019
調剤	35.6%	35.9%	35.6%	-	-
ヘルスケア	39.2%	39.3%	39.3%	-	-
ビューティケア	28.7%	29.1%	29.4%	-	-
ホームケア	21.7%	21.6%	22.5%	-	-
フーズ	15.4%	16.2%	16.0%	-	-

	2/2015	2/2016	2/2017	2/2018	2/2019
調剤	-	-	-	38.2%	37.9%
ヘルスケア	-	-	-	40.1%	40.3%
ウエルネスサポート	-	-	-	35.4%	36.6%
ウエルネスフーズ	-	-	-	16.1%	16.9%
一般フーズ	-	-	-	16.1%	15.9%
ビューティ	-	-	-	29.5%	30.3%
ライフサポート	-	-	-	22.4%	22.9%
シニアサポート	-	-	-	29.2%	28.7%
その他	-	-	-	29.1%	30.0%

図表 3.1(2)

構成比変化（売上高）

	2/2015	2/2016	2/2017	2/2018	2/2019
調剤	19%	21%	21%	-	-
ヘルスケア	22%	21%	21%	-	-
ビューティケア	25%	23%	23%	-	-
ホームケア	22%	22%	21%	-	-
フーズ	13%	13%	14%	-	-

調剤	-	-	-	22%	22%
ヘルスケア	-	-	-	19%	18%
ウエルネスサポート	-	-	-	3%	3%
ウエルネスフーズ	-	-	-	3%	3%
一般フーズ	-	-	-	12%	13%
ビューティ	-	-	-	22%	21%
ライフサポート	-	-	-	18%	18%
シニアサポート	-	-	-	1%	2%
その他	-	-	-	0%	0%

　2019 年 2 月期の売上総利益率は 29.1% であり、2015 年 2 月期は 27.5% でした。5 年間で随分と上昇しましたね。「たった 1.6 ポイント上昇しただけじゃないか」と突っ込んだ方はいませんでしたか。数字で見ると、「たった」に見えてしまうのですが、そのような見方をしてはだめです。多くの企業は厳しい競争の中でいかに利益を増やそうか、日々、切磋琢磨しています。仮に 0.1 ポイントの改善であったとしても、現場での、「たぐいまれなる努力」の結果、生み出された成果なのです。「企業活動は従業員一人ひとりの汗の結晶だ」と考えると、「たった」なんて言えませんよね。財務データは企業活動が集約された結果ですが、集約されたものだからこそ、数字に落とすと見えにくくなってしまいます。企業活動の実態をあぶりだすためには、様々な視点に立ち財務データを細部まで丁寧に扱わなくてはいけません。加えて、利益率の 1.6 ポイントの改善は、利益の実額に落とした時には非常に大きなものとなります。

たとえば、売上高が 100 億円の企業があった時、利益は 1.6 億円改善したことになります。売上総利益率の水準によって変わりますが、スギホールディングスの 2015 年 2 月期から売上高が変わらなかった場合、5年間で 6% 程度の利益成長をしていることになります。6% の利益成長率と聞くと、大きいのがよくわかるのではないでしょうか。実際のスギホールディングスの売上高は 5 年間で平均 6%（年率）増加したこともあり、売上総利益は 5 年間で平均 8%（年率）成長しました。5 年間全体では売上総利益の増加額は 36,674 百万円であり、35%（非年率）の成長となります。これらの数字を見ると、「たった」とは、とても言えませんね。

　では、「利益率の改善」の背景について、考えていきます。まず事業別利益率を見ると、スギ薬局事業が 30% 程度あり、ジャパン事業は 20% 程度です。ディスカウントドラッグストアであるジャパンの売上総利益率は相対的に低いものとなります。現在、スギホールディングスでは、ジャパン事業を縮小して、スギ薬局事業を拡大しようとしているようです。売上高構成比を見ると、2015 年 2 月期のスギ薬局事業は 80% であったものが、2019 年 2 月期には 86% まで上昇しています。この事業構成比の変化が、連結の売上総利益率の改善につながっていると言えます。次に、構成比の大きいスギ薬局事業の詳細を見ていきます。スギホールディングスは、商品別に売上総利益率を開示しています。2018 年 2 月期にセグメント変更を行っており、厳密な比較はできませんが、大きく 2 つの視点で見てみましょう。「売上高利益率の高い商品と低い商品を認識し、商品別の売上高構成比の変化を見る」、「商品ごとの売上総利益率の推移を見る」という 2 点です。まず前者ですが、調剤、OTC 薬などのヘルスケア、化粧品などのビューティという商品カテゴリーの売上総利益率が高くなっています。調剤の売上高構成比が上昇しており、その構成比の変化がプラスに効いていると言えます。後者については、調剤、ヘルスケア、ビューティという商品カテゴリーにおいて、年を追うごとに利益率が高くなっているのがわかります。スギホールディングスに限らず、一般的に小売業の売上総利益率が改善する背景には、

（1）高付加価値の商品・サービスの提供、（2）販売価格の値上げ、（3）販売価格の値下げ抑制（セールを減らす）、（4）仕入原価の引き下げ、などが考えられます。企業にヒアリングなどしなければ、なかなか背景を特定するのは難しいのが実情です。ただし、売上高が大きく上昇している局面であり、可能性としては、規模が大きくなり交渉力がついて（4）の仕入原価の値下げを行ったことや、顧客の購買行動についての分析力が高まり（3）のセール販売をうまく減らしていることなどが考えられます。どちらにしても、いい循環ができていると言えるでしょう。

　スギホールディングスのビジネスモデルにおいて重要である、調剤部門の売上総利益について考えてみたいと思います。小売業であれば、仕入原価にどれくらい利益を乗せて売っているのかが、売上総利益率の水準に大きく関係していると直感的にわかったと思います。しかし、株式投資のために企業分析を行う際には、小売業だけではなく、様々な企業を分析しなくてはいけません。企業ごとに、売上総利益はどういうものかをしっかり調べることが大切です。そこで、スギホールディングスが取り扱っている商品の中で、少しわかりにくい調剤部門を題材に、売上総利益がどういうものかを考えてみましょう。

　調剤部門の売上高分析で述べたように、調剤事業に関しては、国の規制を大きく受ける事業になります。処方箋に基づき薬を販売したことによる売上高である調剤報酬（処方箋から得られる収入）について、もう少し補足します。調剤報酬は大きく2つの収入に分解され、薬剤料収入と技術料収入があります。薬剤料収入は、医薬品そのものの販売額になります。薬代のことです。技術料収入は、正確な言い方ではありませんが、いわば、処方箋ごとにフィー（手数料）としてもらう収入になります。薬を調剤する技術や手間などに対して、決められた算定方法で計算され、処方箋ごとに受け取る収入です。技術料は、薬剤そのものの売上で決まるものではなく、技術や手間などの対価であり、薬局や薬剤ご

とに金額が異なります[31]。したがって、調剤薬局の収入は、「薬剤料＋技術料」で決まります。両者の構成比は薬局ごとに異なりますが、構成比を開示している企業もあります。たとえば、総合メディカル（証券番号：4775）においては、2018年3月期の既存店の調剤売上高92,292百万円のうち、薬剤料収入が68,032百万円、技術料収入が24,260百万円です。74％が調剤収入であり、26％が技術料収入となります。

　薬剤料に関する売上総利益は、薬を仕入れてきた仕入価格と販売価格の差額です。販売価格は薬価と呼ばれ、国により価格が決められています。基本的には販売価格は決まっている事業になります。一方で、仕入価格については、医薬品製造会社や医薬品卸会社から仕入れてくる際の交渉によって決まることから、一般的には規模が大きい企業ほど安い価格で調達できると言われます。つまり、同じ薬を販売したとしても、安い価格で仕入れることができる規模を有した薬局の売上総利益が大きくなる傾向があります。販売価格はすべての薬局で同じですから、結果として、売上総利益率も規模が大きい薬局のほうが高くなる傾向があります。一般的には、薬剤料に関する売上総利益率は、現在、10％前後と言われます。後者の技術量は、調剤基本料、調剤技術料、薬学管理料など、薬剤師が調剤するにあたって受け取る手数料収入（フィー収入）でした。基本的には規制によって決まると考えてください。手数料（フィー）ですから、この技術料に関する仕入原価（売上原価）は存在しません。つまり、売上総利益率は100％ということです。たとえば、上記で例にあげた総合メディカルの技術料収入は24,260百万円でしたが、そのすべてが売上総利益になるということです。一方で、薬剤料収入については、薬価差益分が売上総利益となります。開示はありませんが、一般的には10％前後になります。仮に薬剤料収入の売上総利益率が10％だとすると[32]、薬剤料収入における売上総利益は6,803百万円になります。調剤薬局事業の売上総利益全体は、それに技術料収入を足した

31　細かく言えば、「調剤技術料」「薬学管理料」などを説明する必要があるのですが、ここでは「処方箋からもらえる手数料収入（フィー収入）」だと考えてもらえればと思います。
32　実際の値は知りませんので、勝手な想定だということには注意してください。

31,063 百万円（＝ 24,260 ＋ 6,803）となり、全体の売上総利益率は
34%（＝ 31,063 ÷ 92,292）となります。

　これらの利益構造をしっかりと頭に入れておくことが重要です。たと
えば、仮に総合メディカル投資家関係の部署と話して「医薬品製造会社
との交渉で来年からの 5% の仕入原価の値下げに成功した[33]」という情
報を得たとします[34]。この情報から売上総利益がどれくらい増えるか推
定することができます。ここでも、薬剤料収入の売上総利益率は 10%
としておきましょう。2018 年 3 月期の薬剤料収入における売上原価が
61,229 百万円（＝ 68,032 × 90%）で、これが 5% 値下げされます。結
果として売上原価は 58,167 百万円となり、調剤料収入の売上総利益は
9,865 百万円（＝ 68,032 － 58,167）、利益率は 14.5% となります。全
体の売上総利益は 34,125 百万円（＝ 24,260 ＋ 9,865）で、利益率は
37%（＝ 34,125 ÷ 92,292）まで改善します。このように売上総利益の
増加が推定できる以外にも、技術料収入に関する国の規制が変わった場
合のインパクトなども推定することができるようになります。実際、国
の規制は定期的に変更されており、アナリストが注視しているのは、規
制変更によってどれくらいの利益が変わるのかを推定するためなのです。
利益の構造を理解することの大切さがわかったでしょうか。

　最後に、スギホールディングスの 2019 年 2 月期の調剤事業の売上総
利益率は 38% でした。残念ながら、薬剤料収入と技術料収入の内訳の
開示はありません。ですので、厳密にはスギホールディングスの売上総
利益の構造はわかりません。仮にスギホールディングスに投資しており、
国の規制が変わった時などは、総合メディカルなどから構成比を類推し
て、売上総利益の影響を推計したりすることになります。

33　仮定の話であり、事実ではありません。
34　こういった情報はインサイダー情報に該当する可能性があり、株式市場に所属するアナリ
　　ストや一般の投資家は、企業から直接、このような情報を得ることはほとんどないでしょう。
　　しかし、医薬品製造会社も株式上場していることから、医薬品製造会社の会計情報を細かく
　　分析することにより、同様の状況を想定できる場合もあります。本文では、理解を深めてほ
　　しいという意図から、直接的な表現としました。

＜売上高販管費率＞

$$売上高販管費率 = \frac{販管費}{売上高}$$

　売上高販管費率（売上高販売費一般管理費率）は、**販管費（販売費及び一般管理費）を売上高で割って算出される指標**です。販管費は、商品を販売するためにかかる費用や会社全般の管理業務に伴って生じる費用でした。端的に言うと、販売活動と管理活動に関する費用です。その販管費を売上高と比較して比率化したものが、売上高販管費率です。この指標を見ることで、どれだけ効率的に販売や管理を行っているかを見ることができます。逆に考えると、かけた費用以上にどれだけ売上高がついてきているかを見ることができるとも考えられます。たとえば、販管費を構成する代表的な費用である広告宣伝費を考えてみましょう。広告宣伝費の額が大きい場合、たくさんの広告活動にお金を投じていることを表しますが、その広告活動にかけたお金に対してどれほどの売上高がついてきているかが重要です。もちろん、どのような目的の広告かによります。ブランド認知を高めるための広告にお金を費やしているのであれば、売上高が伴ってくるまでには時間がかかるかもしれません。しかし目玉商品などを記載した新聞に挟んでいるチラシ広告であれば、タイムリーに売上高が伴わないといけないでしょう。個別の事象を踏まえる必要はありますが、広告宣伝費と売上高を比較することには意義があるのです。他にも、人件費であれば、「人に対してお金をかけているのにもかかわらず、売上がついてきてない」などの分析ができます。

　売上高販管費率は、一般的には低いほうが望ましいと言えます。「売上 － 費用 ＝ 利益」ですので、費用が少ないほうが、利益は大きくなります。ただし、販管費の動向を見ていく時、実際には**「経営者が何に力を入れているか」**や**「業界の競争環境」**などを知る必要があります。将来の利益のために先行的にお金を費やしている場合、現在の費用と比べて将来利益（売上高）の増加が大きいのであれば、むしろ評価すべき

時もあります。また、業界の競争環境が厳しい場合、広告宣伝費を減らすことが必ずしもいいとは限らないこともあります。さらに、従業員のための人件費を削減した結果、優秀な人材が流出して、将来の売上悪化につながっては意味がありません。単純に売上高販管費率が低いからよいとするのではなく、総合的に判断すべきです。

　売上高販管費率を分析する際は、販管費全体を売上高で割った指数を見ていくだけでなく、販管費を構成する費用ごとに分解して見ていくことも多いです。代表的な費用である「従業員給与などの人件費」、「賃借料」、「広告宣伝費」などを売上高と比較していくこともします。各費用項目は、損益計算書の注記に記載されていることが多いです。損益計算書自体に書いていなくても、注記を見る癖をつけましょう。

　図表 3.2 は、スギホールディングスの販管費を分解して、売上高と比較したものです。

図表 3.2

スギグループ （連結）（百万円）	2/2015	2/2016	2/2017	2/2018	2/2019
人件費	41,277	45,945	48,645	53,665	59,086
広告宣伝費	3,775	3,789	4,504	5,015	4,664
景品費	3,395	3,663	3,677	3,320	2,886
賃借料	16,195	16,879	18,210	19,595	21,872
減価償却費	4,930	5,256	5,591	6,436	7,405
水道光熱費	4,214	4,134	3,986	4,096	3,950
消耗品費	2,308	3,265	2,528	3,054	3,767
その他（逆算）	8,670	9,666	10,035	11,623	12,853
販管費合計	84,764	92,597	97,176	106,804	116,483

前年比	人件費	6%	11%	6%	10%	10%
	広告宣伝費	0%	0%	19%	11%	-7%
	景品費	8%	8%	0%	-10%	-13%
	賃借料	4%	4%	8%	8%	12%
	減価償却費	0%	7%	6%	15%	15%
	水道光熱費	7%	-2%	-4%	3%	-4%
	消耗品費	8%	41%	-23%	21%	23%
	その他（逆算）	3%	11%	4%	16%	11%
	販管費合計	5%	9%	5%	10%	9%

売上対比	人件費	10.8%	11.1%	11.3%	11.7%	12.1%
	広告宣伝費	1.0%	0.9%	1.0%	1.1%	1.0%
	景品費	0.9%	0.9%	0.9%	0.7%	0.6%
	賃借料	4.2%	4.1%	4.2%	4.3%	4.5%
	減価償却費	1.3%	1.3%	1.3%	1.4%	1.5%
	水道光熱費	1.1%	1.0%	0.9%	0.9%	0.8%
	消耗品費	0.6%	0.8%	0.6%	0.7%	0.8%
	その他（逆算）	2.3%	2.3%	2.3%	2.5%	2.6%
	販管費合計	22.1%	22.3%	22.6%	23.4%	23.8%

　まず人件費の売上高比を見ていきます。過去5年間の推移を見ると、11%から12%まで上昇しています。これは注意したほうがいいですね。人件費の増加に売上高がついてきていないということです。背景について考えてみましょう。金融機関であれば、企業に電話して理由を聞けば、教えてくれることも多々ありますが、現在、金融機関を退職している私も含めて、個人投資家が実際の理由を詳細まで知ることは難しい場合が多いです。しかし、結果的に事実がわからないからと言って、考えなくていいということではありません。背景となる複数の仮説を考えておけば、将来の動きを予測できるようになります。話を戻すと、スギホールディングスの人件費はなぜ上がっているのでしょうか。私が考える仮説は、「近年の人材不足を受けて、アルバイトの時給が上昇している」、「店舗出店に伴い、相対的にアルバイトの時給が安い中部地域の比率が低下している」、「薬剤師の人材不足で、薬剤師にかかる費用が増加している」、「物流施設など新しい部門への投資に伴って従業員数が増加している」などです。私は正解を知りません。もしかしたらスギホールディングスが認識している背景は、これ以外のものかもしれません。しかし仮に私が考えた仮説のどれかが正しいとすると、当面、売上高に対する人件費の比率の上昇は続きそうだと考えられます。

　では、他の項目も見てみましょう。広告宣伝費は大きく変わっていませんが、景品費の売上高比は下がってきています。恐らく景品費は、会員が商品を購入した際につくポイントに関する費用だと思います。「購買者の中の会員比率が下がっている」もしくは、「会員に対して景品をかけてもあまり意味がないから意図的に下げている」のかもしれません。後者の理由であれば経営上の判断なのでいいのですが、仮に意図せず下がっているのなら、注意しなくてはいけない低下の可能性があります。引き続き見ていきましょう。賃借料については、大きく上昇しています。ここについては、「近年の不動産市場の好調」、「人材難などによる建設費用の増加」、「ドラッグストア業界の出店競争の激化」などが考えられます。これが正しければ、中長期の構造的な背景であることから、賃借料の増加はしばらく続きそうです。

最後に販管費全体を見てみましょう。過去 5 年間で、売上高販管費率は 1.7 ポイントも上昇しています。売上総利益率も 1.6 ポイント改善していることから、販管費の下にある営業利益に対する売上高販管費率上昇によるネガティブなインパクトは大きくありません。売上総利益率の改善と売上高販管費率上昇には、それほど関係があるようには思えず、費用項目ごとに売上高比率を考えると中期的に上昇傾向が想定されることから、今後の売上高販管費率の動向には注意が必要でしょう。売上高販管費率についてはこのように考えていきます。イメージはできたでしょうか。

＜売上高営業利益率＞

$$売上高営業利益率 = \frac{営業利益}{売上高}$$

　売上高営業利益率は、**営業利益を売上高で割った比率**です。売上高営業利益率は長いので、単に「営業利益率」と呼ぶことが多いです。英語で営業利益率が「Operating Profit Margin」であることから、「OPM」と略すことも多いです。営業利益は、売上総利益（粗利）から販管費を差し引いた利益であり、「本業から稼ぎだした利益」でしたね。売上高営業利益率は「本業の収益性」を判断することができます。売上高営業利益率が高ければ、商品・製品・サービスの収益率が高く、販売活動や管理活動が効率的に行われているということです。つまり、**「事業全体（本業全体）の収益力」** が表れているのです。

　図表 3.3 はスギホールディングスの売上高、営業利益、売上高営業利益率をグラフにしたものです。

図表 3.3

スギ薬局グループ

（百万円）

■ 売上高　■ 営業利益　― 営業利益率

　売上高営業利益率の水準感はビジネスモデルによって異なりますが、優良企業と言われるには、8〜10% が必要だと思います。たくさんの企業を分析していくうちに、「このビジネスモデルなら営業利益率〇％は欲しいな」というイメージが持てるようになります。ただし、入門段階である最初のうちは、まずは**「同業他社と比べて営業利益率はどうか、その背景は何か」、「5〜10 年前と比べて水準が変わった背景は何か」**といった点で分析をしていくのがいいでしょう。クロスセクション分析と時系列分析をしましょう、ということです。

　加えて、事業分野や地域分野ごとに営業利益を開示している場合は、事業別もしくは地域別の営業利益率を計算しましょう。より深く企業の実情を理解することができます。特に事業セグメントごとの数字は必ず確認しましょう。連結財務諸表上で「セグメント情報」を示すことになっていますので、まず決算短信を確認してください。ただし、「当社グループの事業セグメントは、〇〇事業のみの単一セグメントであり、重要性が乏しいため、セグメント情報の記載を省略しております」という風に、決算短信にセグメントに関する数値を開示していない企業もあり

ます。決算短信に開示がない場合でも、諦めてはいけません。「決算説明会資料」や「アニュアルレポート」などに記載している場合があります。決算短信のセグメント情報とは異なる追加的な情報が、それらの資料に記載されていることもあります。また、経営実情に合った細かい事業区分や地域区分で記載されていることもあります。繰り返しになりますが「使えるものはとことん使って分析する」が鉄則です。セグメント情報は、企業分析にとって「宝の山」です。有益な情報がないか、丁寧に探しましょう。

　スギホールディングスの場合、決算短信を見ると、「当社の事業セグメントは単一セグメントですので、セグメント別の記載は省略しております。」とあります。そこで、決算短信以外の情報を探しましょう。「Data File」や「決算説明会資料」を見ても、残念ながら営業利益段階ではセグメントごとの数字の開示はなさそうです。しかし、売上総利益の分析のところで述べたように、売上総利益段階では「事業主体ごと」と「商品ごと」の数字が取得できます。スギホールディングスの場合は、セグメント別で営業利益率の分析はできませんが、売上総利益段階では細かく分析して、経営実態を把握することが重要になります。

　営業利益をセグメント情報で開示している例を見たいと思います。広島を代表する小売企業「イズミ（証券番号：8273）」を参考までに見てみましょう。まず決算短信です。図表3.4のように「小売事業」、「小売周辺事業」、「その他」の開示があります。この「セグメント利益」は、営業利益に対応した利益となっています。それぞれの事業ごとに営業利益率を計算し、時系列分析するのも意味があるでしょう。

図表3.4

3．報告セグメントごとの営業収益、利益又は損失、資産その他の項目の金額に関する情報

前連結会計年度（自　平成28年3月1日　至　平成29年2月28日）

（単位：百万円）

	報告セグメント			その他 （注1）	計	調整額	連結財務諸表計上額 （注5）
	小売事業	小売周辺 事業	計				
営業収益							
外部顧客への営業収益	682,069	16,802	698,872	3,248	702,121	−	702,121
セグメント間の内部 営業収益又は振替高	621	79,722	80,344	1,687	82,031	△82,031	−
計	682,691	96,524	779,216	4,936	784,152	△82,031	702,121
セグメント利益	31,272	3,902	35,175	976	36,151	（注2）△480	35,670
セグメント資産	411,044	63,092	474,137	18,645	492,783	（注3） △15,897	476,885
その他の項目							
減価償却費	14,731	651	15,382	165	15,548	△341	15,206
有形固定資産及び 無形固定資産の増加額	22,021	1,428	23,450	91	23,541	（注4） △641	22,900

（注1）　「その他」の区分は、衣料品などの卸売事業等を含んでいます。
（注2）　セグメント利益の調整額△480百万円は、セグメント間の未実現利益の調整額等を含んでいます。
（注3）　セグメント資産の調整額△15,897百万円は、全社資産5,277百万円及びセグメント間消去等△21,174百万円
　　　　を含んでいます。全社資産は主に、報告セグメントに帰属しない本社の土地建物です。
（注4）　有形固定資産及び無形固定資産の増加額の調整額△641百万円は、セグメント間消去等を含んでいます。
（注5）　セグメント利益は、連結損益計算書の営業利益と調整を行っています。

売上高収益性のクロスセクション分析と時系列分析

　売上高収益性の分析について、ここで一旦、整理したいと思います。ここまで説明したことを整理すると、売上高収益性の分析とは**「損益計算書項目の対売上高比率分析」**と言えますね。売上高を 100 として、損益計算書項目の比率を求めているのです。具体的には、スギホールディングスの事例を見て、時系列の動きを分析してきました。

　皆さん、思い出してください。比較法には、時系列分析とクロスセクション分析がありましたね。クロスセクション分析は、同一時点または同一期間における同業他社の財務データ（財務指標）を比較する方法でした。時系列分析に加えて、クロスセクション分析もしていきましょう。売上高に対する利益・費用の比率が同業他社とどう違うかを見ることで、「ビジネスモデルの違い」や「企業の収益力の優劣」を鮮明に評価することもできます。

　図表 3.5 は、ドラッグストア事業を中心とする企業に関して、「売上総利益率（粗利率）」と「営業利益率」を比較したものです [35]。クロスセクション分析と時系列分析の両方ができるようにまとめてあります。各社の数字は連結財務諸表の数字を使っています。

35　会計基準の差があるため、本来は単純な比較を行ってはいけません。ドラッグストア業界のクロスセクション分析は、会計基準を踏まえると、営業利益より経常利益のほうが厳密な比較に適しているという考え方もあります。ただし、本書は入門書であることから、細かいことは捨象して、営業利益でクロスセクション分析しています。

図表 3.5

売上総利益率（%）	2015 年	2016 年	2017 年	2018 年	2019 年
スギホールディングス	27.5%	27.9%	27.9%	28.8%	29.1%
ツルハホールディングス	28.2%	28.3%	28.7%	28.6%	28.6%
マツモトキヨシ ホールディングス	28.9%	29.0%	29.6%	30.3%	31.2%
サンドラッグ	24.3%	24.6%	24.7%	25.0%	25.0%
コスモス薬品	19.1%	19.4%	19.9%	19.8%	19.9%

営業利益率 (%)	2015 年	2016 年	2017 年	2018 年	2019 年
スギホールディングス	5.4%	5.6%	5.3%	5.4%	5.3%
ツルハホールディングス	6.1%	5.9%	6.1%	6.0%	5.3%
マツモトキヨシ ホールディングス	3.6%	5.1%	5.3%	6.0%	6.3%
サンドラッグ	5.8%	6.6%	6.4%	6.4%	6.0%
コスモス薬品	4.2%	4.2%	4.4%	4.1%	4.1%

（注）期末の年を各企業の年とした。例えば、2019 年 3 月期の決算であれば 2019 年、2018 年 5 月期の決算であれば 2018 年とした。
（注）スギホールディングスは 2 月決算、ツルハホールディングスは 5 月決算、マツモトキヨシホールディングスは 3 月決算、サンドラッグは 3 月決算、コスモスは 5 月決算である。
（注）利益率の値は、連結ベースの財務データを用いて、算出した。

　まず売上総利益率を見てみましょう。2019 年度を見ると、スギホールディングスは 29% でした。他の会社を見ると、コスモス薬品とサンドラッグの粗利率が低いのがわかります。なぜでしょうか。コスモス薬品は宮崎県で創業された九州を中心にしたドラッグストアです。売上規模ではスギホールディングスよりも大きく、店舗名は「ディスカウントドラッグコスモス」となっています。特徴は、「郊外中心の大型店（店舗面積が大きい）」、「低価格戦略（EDLP 戦略：Everyday Low Price）」、「食品販売の構成比が大きい」です。売上総利益率の低さは、後者の 2 つが大きな理由と考えられます。徹底的な低価格戦略を採用していることから、利幅は小さくなります。そして、スギホールディングスの商品別粗利率を思い出してください。食品の粗利率は低かったですね。コスモ

ス薬品については、食品の構成比が高いことから、全体の売上総利益率は低くなってしまいます。ビジネスモデル上、相対的に低くなるのは問題がないことなのです。ただし、仮にコスモス薬品の経営分析をしているのなら、「顧客がついてきているのか」、「食品販売の構成比を上げることで顧客増加につながっているか」、「人件費などの売上高販管費率を低く抑えられているか」などを通して、「低価格戦略（EDLP戦略）」が機能しているかは確認しなくてはいけません。加えて、食品販売の構成比が高いことにも、別途注意が必要です。食品、特に生鮮食品については管理ノウハウが難しく、うまく販売できないと大きな損失が発生するリスクがあります。食品の管理については、高いノウハウが必要なため、新規参入者が簡単に扱えるものではありません。私は実際にコスモス薬品の店舗に行ってみたのですが、食品については冷凍食品など管理ノウハウが比較的簡単なものが中心でした。食品に関する管理はうまく機能しているように感じました。また、サンドラッグについても、ディスカウントストアを運営しています。コスモス薬品とサンドラッグの売上総利益率が相対的に低いのは、ディスカウントストアというビジネスモデルから説明ができるのです。

　次に営業利益率の比較をしてみましょう。営業利益率を見ると、コスモス薬品以外は概ね5〜6%の水準です。コスモス薬品とサンドラッグについては、ディスカウントストア事業を持っていることから、売上総利益率は相対的に低めでした。コスモス薬品については、売上高販管費率を相対的に低めに抑えることはできているのですが、ドラッグストア業界の平均的な営業利益率の水準までは挽回しきれてはいません。サンドラッグについては、ディスカウントストア事業を持っているにもかかわらず、平均的な営業利益率の水準となっています。私が同社のホームページなどから総合的に分析する限り、サンドラッグは卓越した物流機能を持っていることが背景にあるようです。たとえば、採用ページに「小売業界でのサンドラッグ」という項目があります。そこには、「最先端テクノロジーを駆使した極めて効率が良い物流・配送システムの実現や、長期的かつ高水準に行われる社員教育、トレンドを先取りする業態開発

など、幅広い視点で先駆的な企業経営を行っております」と記載されています。これらについて、一つひとつ丁寧に調べていくと、私の中ではコストコントロール及び店舗運営が卓越しているドラッグストア企業であることが、高い営業利益率に結びついているとの結論に至りました。

「ディスカウント事業があると売上総利益率は低くなる」例などを示してきました。ここからわかるのは、「ビジネスモデルによって利益率の水準が決まる」ということでした。その点で業界の利益率の水準を頭に入れておくことも重要です。ビジネスモデルの似た集団（企業）をまとめているのが「業界」です。ビジネスモデルが似ているので、業界内で企業間の差異はあるとはいえ、他の業界と比べると同じ業界に属する企業の利益率は似た水準になります。下記の図表 3.6 は、日本政策金融公庫が開示しているデータを使ってまとめたものです。個別企業と、その企業が所属する業界の水準を比較する際などに参考になります。

　ただし、時代やビジネスモデルによって業界平均の利益率水準は変わっていきます。あくまで議論の出発点として使ってください。もちろん中小企業と大企業でも水準は異なるでしょう。そのため、水準感については変動することを理解して、常に各自でアップデートするようにしてください。

図表 3.6　中小企業の利益率のイメージ（2017 年度）

	売上高総利益率	売上高営業利益率	売上高経常利益率
情報通信業	69.0%	5.0%	4.9%
運輸業	51.1%	3.6%	3.6%
卸売・小売業	34.2%	2.7%	2.4%
飲食店・宿泊業	70.0%	3.7%	3.6%
医療・福祉	92.0%	5.7%	6.1%
教育・学習支援	91.7%	4.8%	4.9%
サービス業	68.3%	5.2%	5.2%
建設業	32.4%	3.7%	3.5%
製造業	40.7%	4.4%	4.1%

※「黒字かつ自己資本プラス企業平均」の値。
（出所）日本政策金融公庫

＜売上高経常利益率＞

$$売上高経常利益率 = \frac{経常利益}{売上高}$$

　売上高収益性の分析の続きです。各段階の利益において、営業利益まで見ていきました。次の利益は何でしたか。そうですね。経常利益です。経常利益は、「財務活動を含めた経営活動全体の利益」でした。本業以外の活動も加味された利益ということです。売上高経常利益率は経常利益と売上高の比率であり、具体的には経常利益を売上高で割って計算されます。売上高経常利益率は、**企業の経営活動全体の収益性（収益力）を判断する指標**です。「企業の経営全体の実力」を測ることができます。営業利益率と同様に、とても重要な指標ですので、企業を分析する際には必ず確認しましょう。

　分析の仕方は、これまでと同様に、「クロスセクション分析」、「時系列分析」の２つで見ていくのが基本です。クロスセクション分析で、対象企業のビジネスモデルを意識しながら、業界平均や同業との比較を行いましょう。時系列分析では、過去の経営環境やビジネスモデルの変化を考えながら、時間を追って経常利益率の推移を分析することが大切です。

＜売上高当期純利益率＞

$$売上高当期純益率＝\frac{当期純利益}{売上高}$$

　売上高当期純利益率は、当期純利益を売上高で割って算出する指標です。当期純利益は、当該期間の企業の活動から得られた最終的な利益でした。見方を変えると、売上高から（株主以外の）すべてのステークホルダーに分配されたものを除いた利益であり、「株主に帰属する利益」となります。そのため、企業のすべての活動という視点で、収益性を判断する指標と言えます。株主に帰属する利益であることから、株主にとって重要な指標であることは言うまでもありません。加えて、一会計期間におけるすべての期間損益が加味された包括的な収益力を表した指標です。

　ただし、当期純利益は、特別損益などにより変動が大きいことには注意が必要です。企業の実力ではない一時的な要因によって、高い利益率水準になっていることもあれば、低い水準になっていることもあります。売上高当期純利益率は、しっかりと変動要因を考えながら見ないといけません。分析目的が将来の事業活動を予測することにある場合、当期純利益率の値ばかり見てしまうと、判断を見誤ってしまうということです。株主にとって重要であることは間違いありませんが、分析目的を明確にして、注意して分析するようにしましょう。

3-2　損益計算書に直接記載されていない利益

　ここで、損益計算書に直接記載されていない利益を2つ紹介したいと思います。「**事業利益**」と「**EBITDA**」です。この2つの利益については、様々な財務指標で出てきますので、頭に入れておきましょう。損益計算書には記載されていないので、自分で計算しないといけません。

<事業利益>

　事業利益は、経常利益と営業利益の中間にあたる利益です。「本業の儲けを示す営業利益」に、「金融収益」を加味した総合的な利益です。金融収益とは、財務活動から獲得した成果の合計です。具体的には、「事業利益 ＝ 営業利益 ＋ 受取利息 ＋ 配当金 ＋ 持分法による投資利益」で計算されます。有価証券売却益は含めないことが一般的です。もう一度、事業利益の式を見てください。金融上の利益を含め、企業が事業から生み出したすべての利益を指しているのがわかりますね。つまり、事業利益は、「**本業と財務活動を含めた経営活動全体の利益**」ということです。

　正直なところ、面倒くさがり屋の私は、わざわざ自分で計算する手間をかけてまで、財務分析で事業利益を使う意義は感じていません。事業利益を使うのではなく、損益計算書に記載されている「営業利益」もしくは「経常利益」を使えばいいのではと思っています。しかし少なくとも存在は知っておいたほうがいいと思いますので、事業利益について紹介しました。加えて、厳密に財務分析をしたい人は「事業利益」は色々な場面で使うことになります。特に総資本利益率（ROA）においては、厳密には（理屈上は）「事業利益」を利益として使うべきです。詳細は、第6章の総資本利益率（ROA）で説明しますが、簡単に言うと資金提供者（株主と債権者）に分配する前の利益を表すのが事業利益です。営業利益では、財務活動から得られる収益が含まれておらず、企業全体の

経営活動の利益としては不十分です。一方で、経常利益は、支払金利を控除した後の利益で、債権者に対して分配した後の利益になります。債権者に分配する前の利益ではない点で、適切ではありません。そのため、営業利益に、財務活動から得られる収益を加味した事業利益は、存在意義があるのです。

事業利益 = 営業利益 + 受取利息 + 配当金 + 持分法による投資利益

<EBITDA>

　EBITDA について説明します。アルファベットが並んでいますね。もうここで「嫌だな」と思った方は、いったん飛ばして次に進んでも構いません。第7章で説明するキャッシュフロー計算書の理解を深めるために本当は知っておいたほうがいいのですが、貸借対照表などの理解には支障ありませんので、入門段階では飛ばしてください。

　EBITDA というのは、英語で言うところの「Earnings Before Interest, Tax, Depreciation, and Amortization」の略になります。日本語訳すると、「利払い前・税引き前・減価償却前利益」となりますが、日本語訳が使われることはほとんどありません。アルファベットで覚えてください。読み方は、「イービットディーエー」もしくは「イービットダー」です。私の感覚では、日本では「イービットディーエー」という呼び方をよく聞きますが、海外で外国人と話している時は「イービットダー」が使われることが多いと思います。実は計算式はいくつもあります。簡便的には、「営業利益 + 減価償却費[36]」で計算されます。

　「減価償却費」という言葉が出てきました。減価償却とは、「長期間の利用のために取得した資産に対して、耐用年数に応じて毎年減った分の価値を費用として計上していく処理」のことです。減価償却に伴って処

36　M&A を繰り返している場合などは、「営業利益 + 減価償却費 + のれん償却費」としてください。

理される費用を減価償却費と言います[37]。たとえば、ある製造業の企業が100億円の製造装置を購入すると、貸借対照表の資産に100億円が計上されます。購入に際して出費はあったのですが、損益計算書には100億円の費用として記載されません。費用は耐用年数に応じて、少しずつ計上されていくのです。これが減価償却の考え方です。仮に減価償却の考え方がなければ、購入した時に一気に多額の費用が計上され、赤字となってしまいます。減価償却の考え方により、事業で使われている期間で費用を案分し、実質的に事業から生み出された付加価値としての利益をあぶりだすことができるようになっているということです。利益を平準化する効果もあります。このことから、実質的な事業から生み出された付加価値を見たいという分析目的があれば、減価償却の考え方に基づいて記載された利益は使い勝手がいいのです。しかし、減価償却費は現金の支出を伴わない非資金費用です。会計上は費用と計上されますが、実際の現金の支出は購入時に行われています。費用計上の時点では、現金の支出はありません。そうすると、各時点各時点の時間を明確にして分析するファイナンスの考え方にはそぐわない面があります。過去の経済活動が、複数年にわたって影響を及ぼしていることになります。会計上の費用であることから、費用計上の方法選択などにおいて経営者の恣意性が入る余地があります。現金だけを見ていけば嘘はないが、会計の選択により利益が大きく見せられている可能性もあるということです。それらのことを踏まえると、分析目的によっては現金だけの動きを見ることも大切になります。

　EBITDAの式をもう一度見ると、簡便的には「営業利益」に「減価償却費」を足していますね。端的に言えば、EBITDAは「現金ベースの利益」もしくは「キャッシュフローベースの利益」を簡便的に導いているのです。そのため、EBITDAは、簡便的な「営業活動によるキャッシュフロー」と言われることがあります。「営業活動によるキャッシュフロー」

37　多くの財務分析の教科書では、減価償却処理の計算方法について会計上の解説を行います。理解しておくことは重要なのですが、本書の主旨を勘案して割愛します。

は、第7章のキャッシュフロー計算書で出てくる用語ですので、詳細はそちらで説明しますが、「EBITDA」と「営業活動によるキャッシュフロー」の両者を、5～10年分程度、時系列で並べて比較して、両者が概ねプラスであるかは投資を実行する前に確認するようにしてください。投資する理由にもよるのですが、基本的にはマイナスが続いている企業には投資しないほうが賢明です。

　最後にEBITDAを算出するための減価償却費が記載されている場所について説明します。減価償却費は、第7章で解説するキャッシュフロー計算書に記載されている数値を使ってください。損益計算書にも記載されていますが、損益計算書では売上原価と販管費の両方の中に計上されています。販管費に計上される減価償却費については、決算短信の注記に金額が記載されていることもあります。売上原価に記載される減価償却費は、工場などの生産部門で生じたもので、製造原価に含められます。これらの合計値を使ってもいいのですが、キャッシュフロー計算書に記載されている数値を使うのが簡単でいいでしょう。

3-3 固定費・変動費の分析

　損益計算書を使った分析の最後に、固定費・変動費の分析を紹介したいと思います。実は、『外資系アナリストが本当に使っているファンダメンタル分析の手法と実例』にて詳しく紹介しているので、同じ例を使うこととします。固定費・変動費を把握することで、利益構造を理解することができます。

　一般的に、利益変動の要因は、(1)価格効果、(2)数量効果、(3)変動費効果、(4)固定費効果の4つに分解して考えます。順に理解しましょう。以下のように、売上・費用は4つに分解することができます。

169

$$利益 \ = \ 売上 \ - \ 費用$$
$$= \ （数量 \ × \ 単価）-（変動費 + 固定費）$$

　売上は、販売数量（volume）と単価に分解できます。どれだけの数がいくらで売れたのかということです。費用は、変動費と固定費に分けることができます。変動費は、売上の増減に比例して増減する費用であり、固定費は、売上の増減にかかわらず一定にかかる費用です。一般に「人件費」、「家賃」、「減価償却費」、「研究開発費」が固定費です。

事例：お好み焼き屋の利益構造

　ここで、また「広島風お好み焼き屋」の例を考えてみましょう。お好み焼き屋の売上を見る時には、何枚のお好み焼きをいくらで売ったのかが大事になります。本来であれば、平日・休日と昼・夜に分けて月次で見ていくのがいいと思いますが、ここではシンプルに考えましょう。1日あたり30人のお客が来店して（1人1枚食べると30枚）、平均単価1,000円だとしましょう。すると、年間の売上は、30枚 × 1,000円 × 365日 = 1,095万円になります。

　次に費用を見ていきましょう。費用の中で大きな割合を占めるものは、「食材費」、「水道光熱費」、「販売促進費」、「人件費」、「家賃」、「減価償却費」等です。食材費と水道光熱費は、お好み焼きを焼けば焼くほどかかる費用です。売上の増減に比例して増減する費用が変動費でしたから、食材費と水道光熱費は変動費になります。お好み焼きの販売枚数が増えれば、当然ですが、材料費も増えていきます。一方の固定費は、売上の増減にかかわらず一定にかかる費用でした。一般的には「人件費」、「家賃」、「減価償却費」が固定費です。「人件費（アルバイトやボーナス）」「販売促進費」は内容によって固定費にも変動費にもなりえます。アルバイトを使うことが多いお好み焼き屋の人件費も変動費としてとらえるほうがいいかもしれませんが、一旦、固定費としておきます。このように分けたところ、変動費が売上の40%程度で、固定費は600万円だったとしましょう。まとめると、

数量：　　　365 日 × 30 枚

単価：　　　1,000 円

売上：　　　365 日 × 30 枚 × 1,000 円 = 1,095 万円

変動費：　　売上 × 40%

固定費：　　600 万円

利益：　　　1,095 万円 −（1,095 万円 × 40%）− 600 万円
　　　　　　= 57 万円（営業利益率：5%）

となります。

　ここで、利益変動の要因である (1) 価格効果、(2) 数量効果、(3) 変動費効果、(4) 固定費効果の 4 つの効果について、見ていきます。

　(1) 価格効果とは、販売数量や費用前提が同じという条件のもとで、単価だけが変動した場合に生じる影響です。たとえば、このお好み焼き屋はとても人気があり、2,000 円に値上げしても販売数量は変わらなかったとします。販売数量や費用は変わっていないので、変動費は 1,095 万円 × 40% のままです。この時、利益は (365 日 × 30 枚 × 2,000 円) −（1,095 万円 × 40%）− 600 万円 = 1,152 万円となり、上記の例の 57 万円から 1,095 万円増えています。この利益増は、値上げした 1,000 円 × 30 枚 × 365 日分の額です。つまり、価格効果においては、売上の変動分が 100% 利益増減につながるということになります。

　(2) の数量効果は、販売単価や費用前提は同じという条件のもとで、販売数量が伸びた場合の影響のことです。この場合のポイントは、販売数量が変わるとその変動に応じて変動費も変わるということです。一方、販売数量が変わっても固定費は変わりません。たとえば、1 日当たりの販売数量を 2 倍の 60 枚に伸ばした場合の利益は、(365 日 × 60 枚 × 1,000 円) −（365 日 × 60 枚 × 1,000 円 × 40%）− 600 万円 = 714 万円です。利益は、当初の 57 万円から 714 万円へと、657 万円増加しています。つまり、売上は 2 倍となり、1,095 万円増えているのですが、

価格効果とは異なり変動費も同時に上昇した結果、売上の変動幅よりも小さい利益増減となっているのが特徴です。ただし、利益率は 5% から 33% に上昇していることに注目してください。

　そして、数量効果を計算する時に使えるのが、限界利益率です。限界利益率は、販売数量が 1 単位増えることで増える利益の率です。数式で書くと、

　　限界利益率 ＝（ 売上 － 変動費 ）÷ 売上

です。今回のケースの限界利益率を計算してみましょう。

　　限界利益率 ＝（1,095 万円 －（1,095 万円 × 40%））÷ 1,095 万円
　　　　　　　　＝ 60%

となります。

　この例では、売上が 1,095 万円伸びており、それに限界利益率 60% を掛けた 657 万円が利益の増加分になります。このように、限界利益率は、企業の売上増加に対する利益増減を考える上で便利な概念です。

　ちなみに、固定費が大きい企業、つまり限界利益率が高い企業のイメージは持てるでしょうか。固定費が大きい企業の例として、鉄道会社をイメージしてください。多くの乗客が乗っていたとしても、乗客がほとんど乗っていなかったとしても、基本的に列車は予定通り動いていますよね。まさに売上に連動せずに動いているのですから、固定費が大きいビジネスです。

　仮に、400 円の運賃を払う乗客が予定より 1 万人増えて、売り上げが 400 万円増えたとします。コストが全く変わらないのであれば、利益も 400 万円増えることになります（限界利益率 100% を想定）。

　実際の鉄道ビジネスでは、長期的に見れば、乗客が増えるとタイヤの摩耗や新たな安全投資によりコストが増えるので、限界利益率100%は言いすぎです。しかし、短期的に見ると、限りなく100%に近づく利益構造と言ってもいいのではないでしょうか。

　(3) の変動費効果は、変動費と売上（数量）の関係の変化による利益への影響です。たとえば、お好み焼き屋では、キャベツが値上がりした場合は変動費が上がり、利益を圧迫することになります。

　(4) の固定費効果は、固定費の増減による利益への影響です。たとえば、人件費が上がれば、利益を圧迫することになります。なお、研究開発費の上昇や従業員の積極採用などの固定費の増減は、経営の意思決定が絡んでいることが多いです。

　以上から、利益増減を考える上で固定費・変動費を考えることが必要であることがわかったのではないでしょうか。利益構造を理解することは、とても大切なことです。
　上記までの議論を理解できると、損益分岐点売上高も計算することができます。損益分岐点売上高とは、利益がゼロとなる場合の売上高です。文字通りですが、損失と利益の分岐点となる売上高です。違う言い方をすれば、利益を生み出すために最低限必要な売上高はいくらか、ということです。この水準よりも売上高が大きくなれば黒字、少なければ赤字となります。売上高に関係なく発生する費用である固定費があるために、低い水準の売上高では赤字になってしまうのです。そのため、固定費をまかなうことに加えて、変動費と売上高の関係も考慮した上で、黒字になるのに必要な売上高を求めることになります。損益分岐点売上高は次のような式で計算できます [38]。

38　簡単に計算できますが、人によっては公式として暗記している人もいます。

$$\text{損益分岐点売上高} \ = \ \text{固定費} \div (1 - (\text{変動費} \div \text{売上高}))$$
$$= \ \text{固定費} \div (1 - \text{変動比率})$$
$$= \ \text{固定費} \div \text{限界利益率}$$

　損益分岐点を計算して、現在の売上高と比較することは、安全性分析にとって有意義です。しかしながら、上場企業で開示されている財務データだけで、損益分岐点を導くのは困難なのが実情です。アナリストは無理やり計算していますが、実務上どこまで使えるかは議論の余地があります。もちろん景気感応度の高いコンテナ船事業などを持つ海運業界への投資を行う場合など、損益分岐点分析が必要な時もありますが、上場企業への株式投資（少数株主としての投資）において、実務上の有用性は高くないように感じます。実際には、費用を固定費と変動費に分類することは難しいことに加えて、固定費が変動費化することもあるのです。私が実際に経験したこととして、企業が危機に直面した場合、給料、つまり人件費の支払いが滞ります。すると、もともと固定費だと思っていた費用が変動することになります。つまり、無理やり固定費と変動費に分けて分析することはできるのですが、実務的に有用性を維持することは難しいのです。ただし、概念を知らなくていいということではありません。株式に投資した場合、株主総会などで経営者と話す機会があると思いますが、その際には概念だけは知っておいたほうがいいでしょう。重要な分析手法であることは間違いありません。情報量が豊富な銀行員や企業経営者（や財務担当者）は必ず行う分析手法です。彼らと話す時に正確な情報を得るためにも、概念は理解しておいたほうが望ましいと思います。

問5.

　任天堂株式会社の損益計算書（連結）の数値を使って、2018年3月期と2019年3月期の以下の5つの売上高収益性の指標を計算してみましょう。

(1) 売上高売上総利益率　　(2) 売上高販管費率
(3) 売上高営業利益率　　　(4) 売上高経常利益率
(5) 売上高当期純利益率

（単位：百万円）	2018年3月	2019年3月
売上高	1,055,682	1,200,560
売上原価	652,141	699,370
売上総利益	403,540	501,189
販売費及び一般管理費	225,983	251,488
営業利益	177,557	249,701
営業外収益	23,509	28,315
経常利益	199,356	277,355
特別利益	3,240	1
特別損失	1,507	5,584
税金等調整前当期純利益	201,090	271,772
法人税等合計	60,144	77,204
当期純利益	140,945	194,568

任天堂株式会社・2019年3月期有価証券報告書より（連結）
https://www.nintendo.co.jp/ir/pdf/2019/security_q1903.pdf

▶ 解答は314ページ

第4章

ファーストリテイリングの
分析事例

本章では、さらにもう1つ、実際の上場企業を分析した実例を紹介します。第2章では、スギホールディングスの事例を使いながら、財務分析の方法を丁寧に解説してきました。1つ企業を深堀して分析した事例を通して、財務分析の全体像がイメージできたのではないでしょうか。一方で、1社の説明を読むだけでは、自信を持って「財務分析ができる」とは言えないと感じているのではないでしょうか。そこで、上場企業であるファーストリテイリング（証券番号：9983）の分析事例を追加で紹介します。スギホールディングスほどの丁寧な説明ではなく、ポイントを絞って解説したいと思います。

4-1 ビジネスモデルの理解

もしかすると「ファーストリテイリング」という企業名を聞いたことがない人もいるかもしれません。しかし日本に住んでいる方で「ユニクロ」の名前を聞いたことがない方はいないのではないでしょうか。ファーストリテイリングは、ユニクロ事業を行っている上場企業です。1984年に広島市中区にユニクロ1号店（ユニーク・クロージング・ウエアハウス（略称：ユニクロ））が開業されました。メインバンクは広島銀行であり、1994年に広島証券取引所に上場しました。広島や山口を代表する企業の1社です。広島人の私にとって、高校時代に初めてジーンズを買ったお店が「ユニクロ矢賀店」です。当時のユニクロが扱

っていたエルビス・ジーンズ[39]を私は購入して、愛用していました。広島銀行の行員時代もファーストリテイリングにかかわる出来事があったのですが、詳細は書けないのが残念です。良くも悪くも広島人にとって、なじみがある企業です。もちろん全国的に知名度の高い企業でもあるので、本書の実例として取り上げることとしました。

それでは、財務分析によって、ファーストリテイリングの経営実態を明らかにしていきましょう。本書のキーワードは、「ビジネスモデルの中で行う財務分析」でした。ビジネスモデルを踏まえて財務分析を行うことで、企業の経営実態を深く把握することができるようになります。

まずファーストリテイリングのビジネスモデルから考えていきます。ファーストリテイリングのビジネスモデルを一言でいうと、「SPAモデルを採用して、国内外において運営しているカジュアル衣料品店のユニクロなどにおいて、機能性素材を使った高品質でベーシックなカジュアルウェアを比較的低価格で販売する企業」となります。一言で、と言いながら、少し長い文章になってしまいました。しかし、この文章に書かれていることを理解すれば、ファーストリテイリングのビジネスモデルの本質（エッセンス）を把握できます。

まず、ビジネスモデルの説明文の前半に出てくる概念である「SPAモデル」について解説します。SPAは、Specialty Store Retailer of Private Label Apparel の略であり、SPAモデルとは、「企画・生産・販売を一貫して行う製造小売りモデル」のことです。従来のアパレル企業は、すでに製造されている衣料品を仕入れてきて販売するのが一般的でした。自社ブランドの企画を行う企業も一部ありますが、基本的には製造や物流は行っていません。SPAモデルを採用している企業は、自社ブランドの商品について、企画・製造・物流・販売をすべて自社内で行っています。自社内で一貫して行う場合、自社で計画した必要な量の商

---

39 「リーバイス」、「エドウイン」を着ていた高校の友人たちから「お前は？」と聞かれ、「わしは、エルビスじゃ！」と言って笑われたのをよく覚えています。腹が立ったので、その後も「エルビス・ジーンズ」を愛用し続けようと心に決意したのですが、最近のユニクロでは販売されなくなってしまいました。寂しい限りです。このエルビス・ジーンズ、インターネットで検索する限り、「仕入品」だったようです。

品を計画したタイミングで投入できるメリットがある一方で、自社内で製造した商品についてのリスクをすべて負っているビジネスモデルです。加えて、大量生産を行えば、規模の経済を効かせることもできます。

SPAモデルを採用している代表的な企業は、ファーストリテイリング、ZARA（ザラ）ブランドを運営しているインディテックス（ティッカーコード：ITX）などです。後ほどクロスセクション分析の比較対象企業として扱う国内の競合である、しまむら（証券番号：8227）は、SPAモデルではなく、基本的に仕入販売を行っています。またユナイテッドアローズ（証券番号：7606）は、仕入れ商品とオリジナル商品とがある「セレクトショップ型SPA」と呼ばれるモデルです。

図表4.1　SPAの概念図

次はビジネスモデルの説明の中間部分の「国内外において運営しているカジュアル衣料品店のユニクロなどにおいて」という点を見てみましょう。2018年8月期において、ファーストリテイリングの売上高構成比（図表4.3）を見ると、国内ユニクロ事業が41％、海外ユニクロ事業が42％、ジーユー事業が10％、その他の事業が7％となっています。海外と国内のユニクロ事業を合計すると、連結売上高に対して83％を

占めています。ユニクロ事業が、ファーストリテイリングの中核事業と言えます。以下、断りのない限り、本書内の分析は、ユニクロ事業についての分析と考えてください。

　ビジネスモデルの説明の後半部分の「機能性素材を使った高品質でベーシックなカジュアルウェアを比較的低価格で販売する企業」を説明します。ベーシックなカジュアルウェアとは、トレンド（流行）に左右されず、毎シーズン変わらない、デザインを加えない基本的なウェアのことです。ユニクロの提供する商品の特徴は、ベーシックなカジュアルウェアに加えて、機能性素材を使うことで品質を高める一方で、品質に対して比較的低価格となっていることがあります。フリースやエアリズムなどの商品を思い出すと、後半部分の意味がわかるのではないでしょうか。ユニクロの商品は、高品質と低価格のバランスで顧客からの支持を得ています。そして、その顧客層は、トレンド性を排除したシンプルなデザインとすることにより、世の中のすべての人が対象となっています。ファッションに敏感な顧客であったとしても、シンプルなデザインのベーシックウェアを、顧客のスタイルで自由に組み合わせて、選択してもらうことができます。いわば、ファッションの部品（パーツ）を提供しているのです。加えて、ファッションに敏感でない顧客層にも受け入れられる特徴があり、「誰でも着られる」という裾野の広い顧客層を実現しているのです。

　以上がビジネスモデルの説明になります。次節以降で実際に財務分析を行っていきます。財務分析では、「ビジネスモデル通りの結果となっているか」、そして、「ビジネスモデルが現在の経済環境に合っているのか」といった点を見ていきましょう。本書では、ファーストリテイリングの将来の業績予想は作成しませんが、ファーストリテイリングのビジネスモデルは将来も機能するのかという点を意識しながら、読むようにしてください。

4-2 売上高分析

　まず売上高の動向を見ます。2018年8月期の売上高は、2,130,060百万円でした。図表4.2は、直近5年間の売上動向をまとめたグラフです。右肩上がりの成長となっています。

図表4.2

売上高（連結）

（百万円）

　第2章で行ったようにできる限り分解して、売上動向の背景を考えてみましょう。ファーストリテイリングの決算資料を見ると、事業ごとの数字を開示しています。具体的には、「国内ユニクロ事業」、「海外ユニクロ事業」、「ジーユー事業」、「グローバルブランド事業」の4つです。過去5年間の数字を見ると、国内ユニクロ事業は1桁台の成長、海外ユニクロ事業は2桁成長しているのがわかります。ジーユー事業とグローバルブランド事業の事業セグメントは2017年8月期から開示が始まったものの、これらの事業の成長も高そうです。

図表 4.3

（億円）	8/2014	8/2015	8/2016	8/2017	8/2018
売上高（連結）	13,829	16,818	17,865	18,619	21,301
前年比	21%	22%	6%	4%	14%
前年差	2,400	2,988	1,047	754	2,681

売上高内訳

	8/2014	8/2015	8/2016	8/2017	8/2018
国内ユニクロ事業	7,156	7,801	7,998	8,107	8,647
海外ユニクロ事業	4,136	6,036	6,554	7,081	8,963
ジーユー事業	2,512	2,953	3,285	1,991	2,118
グローバルブランド事業				1,410	1,544

前年比		8/2014	8/2015	8/2016	8/2017	8/2018
	国内ユニクロ事業	5%	9%	3%	1%	7%
	海外ユニクロ事業	65%	46%	9%	8%	27%
	ジーユー事業	22%	18%	11%	-	6%
	グローバルブランド事業				-	10%

構成比		8/2014	8/2015	8/2016	8/2017	8/2018
	国内ユニクロ事業	52%	46%	45%	44%	41%
	海外ユニクロ事業	30%	36%	37%	38%	42%
	ジーユー事業	18%	18%	18%	11%	10%
	グローバルブランド事業				8%	7%

　事業ごとの成長傾向に加えて、事業別の売上構成比を見ることも重要です。いくら大きく成長している事業があったとしても、構成比が小さいと、企業全体に与える影響は軽微なものにとどまります。また、圧倒的に大きい構成比の事業の動向次第で、企業全体の動きが決まることも多々あります。成長率と構成比はセットで見るようにしましょう。2018 年 8 月期は、国内ユニクロ事業が 41%、海外ユニクロ事業が 42%、ジーユー事業が 10%、グローバルブランド事業が 7% でした。5 年前の2014 年 8 月期は国内ユニクロ事業が 52% で、海外ユニクロ事業が

30% にすぎませんでした。2018 年 8 月期は、国内ユニクロ事業よりも、海外ユニクロ事業の売上高が大きくなっています。

　以上のことを踏まえると、ファーストリテイリングの売上成長を牽引しているのは、主に海外ユニクロ事業であると言えます。5 年前は構成比が 30% 程度でしたが、すでにファーストリテイリングの連結売上高の 42% の規模まで大きくなっているのです。ファーストリテイリングが高い売上成長（増収）を継続できるかという点で、海外ユニクロ事業の分析は重要です。加えて、引き続き構成比が 41% と大きい国内ユニクロ事業の動向も重要です。すでに成熟化しており、売上成長は低水準となっていますが、仮にマイナス成長となれば、構成比が大きい分インパクトがあります。ですので、国内ユニクロ事業の動向にも目が離せません。一方で、ジーユー事業とグローバルブランド事業は構成比が小さく、まだ動向が全体の企業業績に与える影響は限定的と考えられます。

　ここまでで、ファーストリテイリングの売上動向を見る上では、「海外ユニクロ事業」と「国内ユニクロ事業」の 2 事業を重点的に分析することが大切だとわかりました。本書では「国内ユニクロ事業」を掘り下げてみたいと思います。本書がファーストリテイリングの分析事例を紹介するのは、あくまで分析方法を解説することが目的であることから、皆さんのイメージが持ちやすい国内ユニクロ事業に絞ることにしました。海外ユニクロ事業については、紙面の都合で割愛しますが、ファーストリテイリングの全容を明らかにして将来予測を行う上では、海外ユニクロ事業の分析は必須です。本書で説明した国内ユニクロ事業の説明を踏まえて、海外の事例に応用して、ぜひ自分で考えてみてください。

　図表 4.4 は、国内ユニクロ事業についてまとめたものになります。

図表 4.4(1)

国内ユニクロ事業 （億円）		8/2014	8/2015	8/2016	8/2017	8/2018
売上高（連結）		7,156	7,801	7,998	8,107	8,647
	前年比	5%	9%	3%	1%	7%
	前年差	323	645	197	109	540

売上内訳

直営店	6,786	7,294	7,331	7,352	7,696
その他の売上	370	507	667	755	951

（億円）		8/2014	8/2015	8/2016	8/2017	8/2018
直営店・売上高		6,786	7,294	7,331	7,352	7,696
	前年比	4.8%	7.5%	0.5%	0.3%	4.7%
	前年差	309	507	37	22	344

既存店伸び率と内訳	8/2014	8/2015	8/2016	8/2017	8/2018
客数	-2.4%	-2.9%	-4.6%	2.9%	1.7%
客単価	4.5%	9.4%	5.8%	-1.8%	4.4%
既存店伸び率	1.9%	6.2%	0.9%	1.1%	6.2%

図表 4.4(2)

		8/2014	8/2015	8/2016	8/2017	8/2018
平均稼働店舗数（店）		841	821	815	798	792
	前年比	0.9%	-2.5%	-0.7%	-2.0%	-0.9%
	前年差	7	-20	-6	-17	-6

	8/2014	8/2015	8/2016	8/2017	8/2018
⇒ 1 店舗当たり売上 (億円)	8.1	8.9	9.0	9.2	9.7
⇒ 1 店舗当たり面積 (㎡)	882	912	917	925	938

	8/2014	8/2015	8/2016	8/2017	8/2018
期末売場面積 (㎡)	732,822	739,570	732,128	730,835	735,690
前年比	4%	1%	-1%	0%	1%

	8/2014	8/2015	8/2016	8/2017	8/2018
⇒ 1㎡当たり売上 (万円)	93.0	98.5	97.8	99.7	104.1
⇒ 1㎡当たり在庫 (万円)	10.9	10.3	10.6	10.3	24.7

（注）2018 年 8 月期に「在庫の計上タイミングを変更」とある。従来は国内倉庫から店舗へ商品を出庫した時点で、在庫として B/S に変更。今期より商社との契約の一部変更に伴い、海外から国内倉庫に到着した時点で B/S に計上。

　2018 年 8 月期において、国内ユニクロ事業は、連結ベースで 8,647 億円の売上高を持つ事業です。直近 5 年間の平均売上成長率（年率）は 5.9% であり、1 桁ペースで安定的に成長している事業です。連結売上高の約 90% を占める直営店において、既存店の売上高成長も継続しています。直近 3 年間は、全店ベースの売上高成長率よりも、既存店の成長率が上回っています。つまり、ユニクロ事業において、店舗の魅力は継続していると考えられます。一方で、店舗数を見ると、直近 5 年間で 43 店舗（平均稼働店舗数ベース）減っており、純減率（年間）は概ね 1〜2% でした。ただし、売場面積自体は減っていないことから、1 店舗あたりの売場面積は拡大していることがわかります。以上のことから、「1 店舗あたりの売上高」は増加傾向にあり、さらに重要なことは「売場面積あたりの売上高」に関しても増加傾向となっていることです。後者に関しては、売上効率が上がっているということです。結果的に、既

存店が好調に推移していると考えられます。

　ここでビジネスモデルから、近年の「1店舗あたり売場面積の拡大」について考えてみましょう。ユニクロのビジネスモデルは、「SPAモデルを採用して、国内外において運営しているカジュアル衣料品店のユニクロなどにおいて、機能性素材を使った高品質でベーシックなカジュアルウェアを比較的低価格で販売する」でした。後半部分に焦点をあてて、「1店舗あたり売場面積の拡大」について考えてみましょう。ユニクロは、「トレンド（流行）に左右されず、毎シーズン変わらない、デザインを加えない基本的なウェア」を販売して、ファッションの部品（パーツ）を提供しているブランドでした。つまり、顧客のスタイルで自由に組み合わせて部品（パーツ）を選択してもらうことで、ファッションの敏感性にかかわらず嗜好されるということです。その際に重要になるのは、「高品質と低価格の実現」と「品ぞろえ」です。「1店舗あたり売場面積の拡大」と関係が深いのは、後者の「品ぞろえ」です。老若男女、全方位的な顧客層に対して、部品（パーツ）を提供する以上、商品ラインナップに加えて、各部品（パーツ）のサイズや色の種類を増やしていく必要があります。商品ラインナップとは、フリース、エアリズムなど様々な衣料を、下着から上着まですべてのパーツを提供するということです。そして、顧客ごとのスタイルで選んでもらうのですから、それぞれの商品の色の種類も豊富にあったほうがいいでしょうし、全方位的に顧客層を取り込むことから様々なサイズを用意しておく必要があります。つまり、「商品ラインナップの充実化」に加えて、各商品の「色やサイズなどのバリエーションの充実化」の2つの軸が必要なのです。店舗に来店した顧客の潜在ニーズを引き出すためにも在庫は豊富に用意したほうがいいでしょう。「店舗の中に欲しい商品が確実にある」というイメージを作ることも、固定客獲得につながります。

　通常、アパレル業界においては、ファッションの流行に敏感な商品の場合、その流行の継続性に不透明な部分もあり、売れ残った商品が不良在庫化してしまう懸念があります。ユニクロは大丈夫なのでしょうか。

ビジネスモデルを踏まえると、ユニークな形で不良在庫化を回避していることがわかります。ユニクロの場合は、「部品（パーツ）提供のモデル」を構築することで、「多くの商品を普遍的な定番にすること」を通して在庫リスクを低減しているのです。ユニクロの場合は、資金繰り上の観点（キャッシュマネジメント）を考えなければ、お店の魅力を高めるために、在庫を豊富に置いておくほうがいいのです。以上の議論をまとめると、商品ラインナップが充実化しているのならば、「1店舗あたり売場面積の拡大」はビジネスモデル上、理にかなった経営方針と言えるのです。

　もう一歩、進んだ議論をしたい読者の方は、「消費行動の変化」という点でトップダウンアプローチをすることも大切です。トップダウンアプローチを忘れた方は第2章のコラムを読み返してください。このコラムでは、「女性の労働参加の高まり」という社会潮流を取り上げました。その社会潮流の変化が、「居住地の変化（都心居住）」と「時短化のライフスタイル」を引き起こすことに触れましたね。それを踏まえて、ユニクロの「1店舗あたり売場面積の拡大」を考えてみましょう。ユニクロは、衣食住の衣（ベーシックなカジュアルウェア）という必需品を提供するブランドです。このような必需品を提供するお店は、「住んでいる人の購買行動に大きく左右されるビジネス」です。お店のあるエリアの居住者に張り付いているビジネスと言えます。「そのエリアの人がどのように行動するのか」、「そのエリアの人口はどうなのか」などをしっかりと見ていかなければなりません。現在の「都心居住化の流れ」と「時短化のライフスタイル」を踏まえると、「立地の優れた駅近の商業施設」や「魅力的な大型ショッピングセンター（ショッピングモール）」が選択されやすくなります。女性の社会進出に伴い都心居住化が進むと、平日は使える時間が少なく、利便性の高い駅近の商業施設が選択されやすくなります。一方で、平日は時間がなく、時間節約型の共働き世帯などは、休日に大型ショッピングセンターでまとめ買いをします。子どもがいるならば、子どもの遊べる場が豊富な大型ショッピングセンターが嗜好され

ます。ゆめタウン、イオンモール、LECT（レクト）[40]などを想像してください。ショッピングセンターの大型化により、来店する顧客の住んでいるエリアは拡大することになります。広いエリアから顧客を集めるようになるということです。これらの「大型ショッピングセンター（ショッピングモール）」とユニクロのビジネスモデルは親和性が高いと言えます。「大型のショッピングセンター」の大型店舗では、在庫を豊富に持った場合のユニクロのビジネスが展開しやすいということです。そして、大型ショッピングセンターには老若男女が来店するという点でも、全方位型のユニクロのビジネスモデルに合致しています。ユニクロは郊外のロードサイドの店舗も多いのですが、ショッピングセンターや駅近の商業施設に出店できると強みが生きてきます。大型のショッピングセンターという点では、「1店舗あたり売場面積の拡大」と方向性が一致していることはおわかりでしょう。このような形で、ビジネスモデルを踏まえた分析やトップダウンアプローチによる議論は、ユニクロの業績を解釈する上で重要なのです。

40　2017年に広島市西区でオープンしたショッピングセンターです。あの有名な「海と島の博覧会」の跡地に立地しています。

4-3 収益性の分析

　ここでは、ファーストリテイリングの売上収益性について見ていきましょう。まず、売上総利益率（粗利率）を見ます（図表4.5）。2018年8月期の売上総利益率は49%でした。ファーストリテイリングはSPAという製造小売りのモデルで事業展開をしていました。一般的には、SPAモデルが機能している場合、50%前後の売上総利益率になると言われます。商品企画・製造から販売まで自社で行うSPAの場合、無駄を削ることができ、高い売上総利益率を達成することができるのです。加えて、ファーストリテイリングは、素材メーカーと直接交渉して、原材料を大量に投入して、協力工場で製品を大量に仕上げています。協力工場は中国やベトナムの人件費の安い国であることに加えて、規模の経済も働いているはずです。ビジネスモデルが機能していれば、セール販売（安売り）も抑えることができ、高い利益率を維持することができます。結果的に、カジュアル衣料品でありながら、安定的に50%程度の高い売上総利益率を維持しています。

　次に営業利益率を見ると、2018年8月期は11%でした。10%の営業利益率を超えており、高い水準と言えます。さらにポイントとなるのは、数年間の比較を行うと、緩やかに利益率が改善していることです。

図表 4.5

連結（億円）	8/2014	8/2015	8/2016	8/2017	8/2018
売上高	13,829	16,818	17,865	18,619	21,301
売上総利益	6,998	8,485	8,650	9,092	10,499
営業利益	1,304	1,645	1,273	1,764	2,362
当期純利益	793	1,174	541	1,289	1,694

前年比	売上高	21%	22%	6%	4%	14%
	売上総利益	24%	21%	2%	5%	15%
	営業利益	-3%	26%	-23%	39%	34%
	当期純利益	-26%	48%	-54%	138%	31%

利益率	売上総利益率	51%	50%	48%	49%	49%
	営業利益率	9%	10%	7%	9%	11%
	当期純利益率	6%	7%	3%	7%	8%

販売管理費比率	41%	41%	41%	39%	38%

　その背景を見るために、事業ごとの営業利益率の推移を見たいと思います。図表4.6を見てください。国内ユニクロ事業は高い水準が維持されているのがわかると思います。加えて、海外ユニクロ事業の営業利益率が改善傾向にあります。売上高の構成比が上昇している中で、営業利益率も大きく改善していることは、全体の営業利益率にプラスに効いています。本書では、海外ユニクロ事業の分析は行いませんでしたが、背景について、ぜひご自身で考えてみてください。

図表 4.6

営業利益の分解（億円）	8/2014	8/2015	8/2016	8/2017	8/2018
国内ユニクロ事業	1,063	1,172	1,024	959	1,190
海外ユニクロ事業	329	433	374	731	1,188
ジーユー事業	-41	144	95	135	117
グローバルブランド事業				5	-41

前年差	8/2014	8/2015	8/2016	8/2017	8/2018
国内ユニクロ事業	111	109	-148	-65	231
海外ユニクロ事業	205	104	-59	357	457
ジーユー事業	-207	185	-49	-	-18
グローバルブランド事業				-	-46

前年比	8/2014	8/2015	8/2016	8/2017	8/2018
国内ユニクロ事業	12%	10%	-13%	-6%	24%
海外ユニクロ事業	165%	32%	-14%	95%	63%
ジーユー事業	-	-	-34%	-	-13%
グローバルブランド事業				-	-

構成比	8/2014	8/2015	8/2016	8/2017	8/2018
国内ユニクロ事業	79%	67%	69%	52%	48%
海外ユニクロ事業	24%	25%	25%	40%	48%
ジーユー事業	-3%	8%	6%	7%	5%
グローバルブランド事業				0%	-2%

利益率	8/2014	8/2015	8/2016	8/2017	8/2018
国内ユニクロ事業	15%	15%	13%	12%	14%
海外ユニクロ事業	8%	7%	6%	10%	13%
ジーユー事業	-2%	5%	3%	7%	6%
グローバルブランド事業				0%	-3%
連結	9%	10%	7%	9%	11%

　最後に、売上収益性について、クロスセクション分析を行いたいと思います。クロスセクション分析とは、「同一時点または同一期間におけ

る同業他社の財務データ（財務指標）と比較する方法」でしたね。比較するのは、国内の競合であるしまむら（証券番号：8227）、国内外の競合であるインディテックス（ティッカーコード：ITX）、アパレルという点で競合であるユナイテッドアローズ（証券番号：7606）です。売上収益性についてまとめたものが、図表4.7です。

図表4.7

売上総利益率	FY2014	FY2015	FY2016	FY2017	FY2018	FY2019
ファーストリテイリング（連結）	51%	50%	48%	49%	49%	
しまむら	32%	32%	32%	33%	34%	32%
ユナイテッドアローズ	53%	52%	51%	51%	51%	51%
INDITEX(← ZARA)	59%	58%	58%	57%	56%	57%

（注）ファーストリテイリングは8月決算。シマムラは2月決算。ユナイテッドアローズは3月決算。

販管費率	FY2014	FY2015	FY2016	FY2017	FY2018	FY2019
ファーストリテイリング（連結）	41%	41%	41%	39%	38%	
しまむら	24%	25%	24%	25%	26%	27%
ユナイテッドアローズ	43%	43%	43%	45%	45%	44%
INDITEX(← ZARA)	41%	41%	40%	40%	39%	40%

営業利益率	FY2014	FY2015	FY2016	FY2017	FY2018	FY2019
ファーストリテイリング（連結）	9%	10%	7%	9%	11%	
国内ユニクロ事業	15%	15%	13%	12%	14%	
海外ユニクロ事業	8%	7%	6%	10%	13%	
しまむら	8%	7%	7%	9%	8%	5%
ユナイテッドアローズ	11%	9%	8%	6%	7%	7%
INDITEX(← ZARA)	18%	18%	18%	17%	17%	17%

（注）表上部の年は決算期を表しています。期末日の年を当該年として扱っています。例えば、2018年12月期と2018年3月期は、ともに2018年（FY2018）としています。

売上総利益率を見ると、2018年度はファーストリテイリングが49％、しまむらが34％、ユナイテッドアローズが51％、インディテックスが56％でした。しまむらは、仕入販売を行い、比較的低価格な商品を販売しています。ユナイテッドアローズは、比較的高価格なトレンド商品を、仕入販売とSPAモデルが混在した形で事業展開しています。インディテックスはトレンド商品のSPAモデルでした。そして、ファーストリテイリングは比較的低価格なベーシックカジュアル商品のSPAモデルです。これらを踏まえると、薄利多売のしまむらが最も売上総利益率が低い水準となるのがわかりますね。ユナイテッドアローズは、高額価格帯の高付加価値な商品を扱っていることから、売上総利益率は基本的に高いと考えられます。セレクトショップ型のSPAモデルの商品だけに焦点を絞ると、比較企業の中では最も高い売上総利益率になっている可能性はありますが、仕入販売品と混在した企業全体の売上総利益率は51％となっています。インディテックスは、トレンドファッションの商品をSPAモデルで販売していますが、ユナイテッドアローズより価格帯は低く、ユナイテッドアローズのSPAモデルの商品よりは利益率が低い可能性はあるものの、総じて高くなると考えられます。インディテックスは、スピーディーなオペレーションにより商品を高速回転させ、トレンドファッションなのにもかかわらず、在庫の不良化を抑えるビジネスモデルにより、安売り（セール販売）をあまり行っていません。そのことも売上総利益率の高さにつながっていると考えられます。結果的に、売上総利益率の順位は「インディテックス ＞ ユナイテッドアローズ ＞ ファーストリテイリング ＞ しまむら」となっています。概ね違和感のある順序ではなく、各社ビジネスモデル通りの事業を展開していると解釈できます。

　営業利益率に関しては、ファーストリテイリングが11％、しまむらが8％、ユナイテッドアローズが7％、インディテックスが17％です。薄利多売モデルのしまむらは第2章で紹介したコスモス薬品同様に販管費を節約しており、結果的に営業利益に関しては、ファーストリテイリングとの差は小さくなっているのがわかると思います。一方のユナイ

テッドアローズは、都心部の商業施設や一等地に立地した店舗において、内装にもお金をかけており、営業利益率は 7% となっています。ファーストリテイリングは 11% と、営業利益は両社よりも大きく高い水準です。海外ユニクロ事業も改善傾向が続いており、事業環境は悪くありません。ただし、インディテックスと比較すると、営業利益率は見劣りします。仮にファーストリテイリングがインディテックスと同じ利益率水準になろうとすると、規模の経済を効かせて売上高を同水準に成長させることに加えて、商品品質を高める研究開発を行っている効果を出して、もう少し売上総利益率を改善する必要があると思います。しかし「品質と比べると低価格」が競争優位性の源泉であることや、国内外の競争環境を加味すると、商品の値上げは簡単ではないでしょう。インディテックスと同水準の営業利益率は難しいかもしれません。このようにクロスセクション分析を行っていきます。

第 2 部

損益計算書以外も
利用した財務分析

貸借対照表を使った財務分析

5-1 貸借対照表とは

　第2章と第3章では、損益計算書（P/L）の説明と、それを使った分析を行いました。第5章では、損益計算書に次ぐ重要な財務諸表である「貸借対照表（たいしゃくたいしょうひょう）」を紹介します。貸借対照表の呼び方ですが、英語では「バランスシート（Balance Sheet）」ということから、頭文字をとって「ビーエス（B/S）」と呼ぶことも多いです。どれも同じ意味ですから、慣れてくださいね。確かに「たいしゃくたいしょうひょう」と呼ぶと長いですね。舌をかみそうです。そのためか、「ビーエス」や「バランスシート」と言うほうが一般的です。

　貸借対照表は、一時点の企業の財政状態を表していると言われます。ある時点で区切った時に「企業が何を保有しているのか」、「どういう資金調達をしてきたのか」という財政状態を表します。ある時点で区切っていることから、「ワンショットを写した写真（snapshot）」とたとえられることもあります。

　ここまでの話を聞いても、まだピンときませんよね。貸借対照表の構造を見て、理解を深めましょう。図表5.1を見てください。貸借対照表の構造をまとめた図です。

図表 5.1　貸借対照表の構造

　この図からわかるように、貸借対照表は、「資産の部」、「負債の部」、「純資産の部」という3つの部分から成ります。3つの箱にそれぞれ数字が入ります。資産は、企業が保有している財産を表します。企業は生産設備、土地、在庫など、事業を行う上で必要な資産を多数、保有しています。これらの資産を左側の箱の中に記載していきます。右上の負債は、銀行からの借入金など「外部から借りてきたもの」です。右下の純資産は「自己の手で調達したもの」で、株主からの出資金などです。端的に言えば、負債は返済しなくてはいけない資金調達手段で、純資産は返済する必要のない資金調達手段です。純資産については、負債以外の資金源から得られた資金により構成されています。以前は「自己資本」と言われていました。したがって、右側の負債や純資産は資金の調達方法を示しており、左側の資産は資金の使用使途を示していると言えます。

図表 5.2

また、「資産 ＝ 負債 ＋ 純資産」の関係式が必ず成り立ちます。調達した資金（負債 ＋ 純資産）をどのように使っているのかを「資産」で表していることから、この関係式（貸借対照表等式）が成立します。この関係式は常に成立しており、左側と右側が常に同じ大きさになります。そのため、貸借対照表は、「バランスシート」と言われます。

　まだイメージはわかないでしょうか。簡単な例を使って、考えていきましょう。600 万円の預金を持っている T さんがお好み焼き屋の開店を決意した場合を想定しましょう。まず自己資金で 600 万円を出資することで、会社を設立しました。その場合の貸借対照表は図表 5.3 のようになります。この時点では、会社に 600 万円の現金があることから、左側の「資産の部」に現金 600 万円が記載されます。資金の調達方法を表す右側には、自己資金で出資したことから、「純資産の部」に資本金 600 万円と記載されます。

図表 5.3

（資産の部）	（純資産の部）
現金 600 万円	資本金 600 万円

　Ｔさんは、お好み焼き屋を開店するために、設備やお店を準備しよう
と始めました。しかしながら、600 万円では全く足りないということが
判明しました。そこで、銀行に融資をお願いしに行きました。銀行は「実
績がない企業にお金は貸せません」と追い返しました。困ったＴさんは、
政策金融公庫に行き、なんとか 400 万円の融資を約束してもらいました。
その場合の貸借対照表は下記のようになります。お好み焼き屋が保有す
る現金は、融資の 400 万円が加算され、「資産の部」に現金 1,000 万円
と記載されます。一方で、「負債の部」に借入金として 400 万円が記載
されます。右側と左側の合計金額は、1,000 万円とバランスしているの
がわかると思います。

図表 5.4

（資産の部）	（負債の部） 借入金 400 万円
現金 1,000 万円	（純資産の部） 資本金 600 万円

お金の準備が整いました。いざ、Ｔさんは、この現金 1,000 万円を元手にお好み焼き屋の準備を始めます。店舗のための敷金、内装費、備品、食材などのために、現金を使っていきました。その場合の貸借対照表は下記の通りです。様々な準備にお金を使った結果、「資産の部」に動きがありました。そば、キャベツ、ソースなどの原材料や、備品、建物、敷金などが記載されました。800 万円を使ったので、現金は 200 万円となっています。一方で、資金調達を示す右側については、特に変更はありません。この場合も、右側と左側の合計は、1,000 万円でバランスしています。

図表 5.5

（資産の部） 現金 200 万円 原材料 300 万円 備品 200 万円 建物 200 万円 敷金 100 万円	（負債の部） 借入金 400 万円
	（純資産の部） 資本金 600 万円

　イメージがつかめてきたでしょうか。左側の資産の部には、この時点で企業が保有している資産が記載されます（ただし、基本的に取得価格で記載されていることには注意が必要）。一方で、右側では、企業がどのように資金調達したかがわかるようになっています。貸借対照表は一時点のスナップ写真（静止画）ですが、その時点の企業の財務状況が一目瞭然でわかるようになっています。くどいのですが、企業経営の定義を思い出してください。企業経営とは「**資金を調達して、設備・人などへの投資を行い、その結果として、保有する資産（無形資産を含む）を有効に活用して、利益（キャッシュフロー）を獲得していく活動**」でした。前半の「資金を調達して」というところは、右側に該当するということがわかると思います。次にある「設備・人などへの投資を行い、そ

の結果として、保有する資産」という箇所は、左側の資産に該当します。
企業経営の定義の前半部分が、まさに貸借対照表の領域だということが
わかったでしょうか。

図表5.6

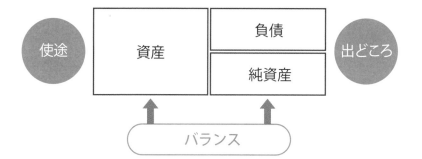

図表 5.7

・財務分析とは、企業の経営実態を分析することでした。
・企業経営とは「資金を調達して、設備・人などへの投資を行い、そ
の結果として、保有する資産（無形資産を含む）を有効に活用して、
利益（キャッシュフロー）を獲得していく活動」である。

分析の位置づけは？

・B/S ⇒ 特に前半部分「資金を調達して、設備・人などへの投資を行い、
その結果として、保有する資産（無形資産を含む）」
・P/L ⇒ 特に後半部分「利益（キャッシュフロー）を獲得していく活動」
・C/S ⇒ 特に後半部分「利益（キャッシュフロー）を獲得していく活動」

※ C/S は「キャッシュフロー計算書」のこと。詳細は第7章参照

もちろん B/S、P/L、C/S は相互に関連しているものの、直接的な分析において
は、上記のように分けることができる。

ここで、スギホールディングスの貸借対照表を見てみることにします。図表 5.8 がスギホールディングスの決算短信の貸借対照表です。一番上には、損益計算書と違い、一時点の日付が記載されています。当連結会計年度（2019 年 2 月 28 日）となっています。貸借対照表の一時点は、会計期間の最終日である期末の日付となっています。

図表5.8(1)

3．連結財務諸表及び主な注記
(1) 連結貸借対照表

（単位：百万円）

	前連結会計年度 （2018年2月28日）	当連結会計年度 （2019年2月28日）
資産の部		
流動資産		
現金及び預金	75,676	65,311
売掛金	17,258	19,797
有価証券	16,000	13,000
商品	52,728	59,674
繰延税金資産	1,478	1,517
その他	10,285	11,580
貸倒引当金	△1	△15
流動資産合計	173,426	170,866
固定資産		
有形固定資産		
建物及び構築物	66,414	76,544
減価償却累計額	△29,427	△32,816
建物及び構築物（純額）	36,986	43,728
土地	5,931	7,248
建設仮勘定	1,572	2,359
その他	23,134	27,013
減価償却累計額	△16,117	△18,648
その他（純額）	7,017	8,365
有形固定資産合計	51,507	61,702
無形固定資産	2,965	2,998
投資その他の資産		
投資有価証券	357	1,247
長期貸付金	6	4
繰延税金資産	5,198	5,749
差入保証金	17,941	19,829
その他	2,643	3,119
貸倒引当金	△58	△36
投資その他の資産合計	26,089	29,914
固定資産合計	80,562	94,615
資産合計	253,989	265,481

図表 5.8(2)

（単位：百万円）

	前連結会計年度 （2018年2月28日）	当連結会計年度 （2019年2月28日）
負債の部		
流動負債		
買掛金	51,165	58,241
未払法人税等	4,822	4,223
賞与引当金	1,371	1,339
その他	22,018	21,606
流動負債合計	79,377	85,410
固定負債		
退職給付に係る負債	5,144	5,692
資産除去債務	4,516	4,960
その他	2,904	2,854
固定負債合計	12,565	13,507
負債合計	91,943	98,918
純資産の部		
株主資本		
資本金	15,434	15,434
資本剰余金	24,632	24,632
利益剰余金	122,102	135,661
自己株式	△47	△9,296
株主資本合計	162,121	166,431
その他の包括利益累計額		
その他有価証券評価差額金	113	251
退職給付に係る調整累計額	△189	△119
その他の包括利益累計額合計	△75	131
純資産合計	162,046	166,563
負債純資産合計	253,989	265,481

図表 5.9

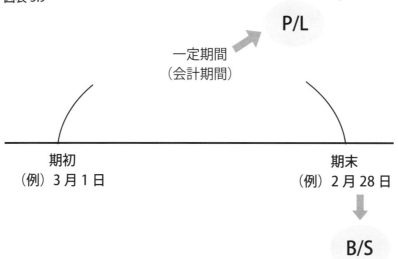

P/L

一定期間
（会計期間）

B/S

期初
（例）3月1日

期末
（例）2月28日

スギホールディングスの貸借対照表を見ると、ここまで説明してきた構造図の形では記載されていませんね。決算短信内では「資産→負債→純資産」の順に記載されています。主要項目を抜粋して、構造図の形にまとめたのが図表 5.10 です。資産の全体は 265,481 百万円でした。後ほど詳細は説明しますが、資産を「流動資産」と「固定資産」に分けて記載しています。負債合計は 98,918 百万円で、純資産合計は 166,563 百万円です。負債純資産合計は、265,481 百万円となります。結果として、資産合計と負債純資産合計は同じ値となっています。数字については、決算短信などの決算書を使って、ご自身で必ず確認しておいてください。

図表 5.10

貸借対照表
（2019 年 2 月 28 日）

流動資産	170,866	流動負債	85,410
		固定負債	13,507
固定資産	94,615	純資産	166,563
資産合計	265,481	負債純資産合計	265,481

（注）単位は百万円

5-2 資産とは

この節から、もう少し細かく貸借対照表を見ていきましょう。まず、資産にはどういうものがあるか見ていきたいと思います。貸借対照表の左側の資産の部についてです。前節で説明したように、資金の運用を示したのが資産でした。お金をどのように使っているか、資金使途ごとに集計したものになります。

『外資系アナリストが本当に使っているファンダメンタル分析の手法と実例』の中では、「**企業価値を考える時には、企業が持っている資産を有効に使うことによって生み出されるであろう将来のキャッシュフローに注目することが必要**」と説明しています。事業を行う上で、設備をはじめとする資産はとても重要になり、企業は資産を使って、売上高や利益を生み出していると考えるべきです。この点で、貸借対照表の資産の部を分析することには大きな意味があると考えてください。

前節のお好み焼き屋において、開店前の設立当初は、現金（お金）のみが資産でした。事業を開始するにあたり、現金が事業を行う上で必要な資産に変わっていきました。その後、その資産を実際に使って事業を行う、つまりお好み焼きを販売します。その結果として、利益を獲得することができます。利益は、現金として入ってきますね。事業をすることで、現金に戻っていくわけです。資産は、事業を行う中で「現金→もの→現金→もの→…」と「お金が姿を変えるサイクル」を描いています。将来にわたる「資産のサイクル」を考えることが、企業の将来像を見通すことと言えるでしょう。企業分析において、資産を見ることがいかに大切かわかりましたでしょうか。

図表5.11　資産の変化

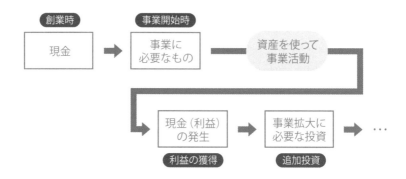

　少し視点を変えて見てみましょう。資産の分類についてお話しします。資産を大きく2つに分類することがあります。2つとは、「**流動資産（りゅうどうしさん）**」と「**固定資産（こていしさん）**」です。「どうやって分けるのか」という基準が大切です。簡単に言うと、「1年以内に現金化できるかどうか」という「1年基準」により分類されます[41]。すぐに現金化できるものを「流動資産」、すぐにはできないものが「固定資産」として分類されます。通常は、資産の部は、流動資産を上に記載し、その下に固定資産が記載されます[42]。現金化しやすい資産ほど上に記載されているということです。

41　厳密に言うと、「1年基準」に加えて、本来は「正常営業循環基準」を説明しないといけません。財務分析の実践においては、いったん「1年基準」を知っていれば、なんとか理解を進めることができますので、本書の趣旨から、あえて割愛しています。ただし、本来は勉強すべき事項であることは間違いありません。中級以上を目指す読者は、他の教科書で必ず「正常営業循環基準」についても確認してください。

42　流動性配列と言います。

図表 5.12

【流動項目と固定項目】
貸借対照表

流動資産	流動負債
	固定負債
固定資産	純資産

　流動資産には、「現金」、「預金」、「売掛金」、「受取手形」、「棚卸資産」などがあります。「売掛金」と「受取手形」は、販売したものの現金を回収していないものです。いわば、つけ払いの約束で、販売したものです。この未回収の現金を表す「売掛金と受取手形の合計」を**「売上債権」**と言います。**「棚卸資産」**は、商品や製品の在庫です。将来、販売することで売上につながる資産です。これらの資産は、近い将来、現金化できるものと言え、流動資産とされます。さらに分類すると、流動資産の中において、「棚卸資産」を除いて、特に換金性のかなり高い資産を**「当座資産」**と言います。もう少し厳密に言えば、当座資産は「販売過程を経ることなく、短期間にかつ容易に現金化可能な資産」のことです。

　固定資産には、「建物」、「機械及び装置」、「土地」などがあります。事業では使うものですが、すぐには現金化できそうにないですね。つまり、固定資産は、流動資産の逆の意味で、すぐには現金化できない資産と覚えましょう。違う視点で言えば、固定資産は「長期間にわたって保有（使用）される資産」と考えてください。

図表 5.13

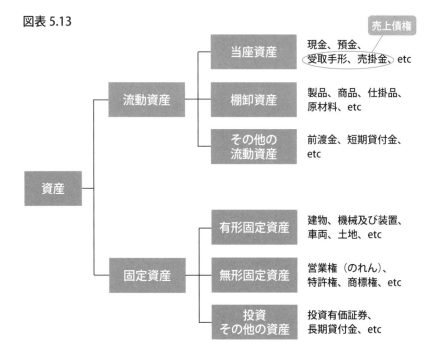

このように固定資産と流動資産に分類する意義は何でしょうか。私は大きく2つの意義があると考えています。一つ目は、先ほどの「資産のサイクル」の中で、**「頻繁に姿を変えているもの」**と**「長期にわたり姿を変えないもの」**という考え方です。頻繁に姿を変えているものが流動資産であり、事業を行うにあたり、事業の中で「現金→材料→製品在庫→（販売後）現金→…」とクルクル姿を変えています。まさに、「事業における現場の動き」、そのものです。一方で、固定資産は長期間、姿を変えず、事業の根幹を支えています。流動資産と固定資産は、事業活動の中で全く性質の異なるものです。貸借対照表を使って事業動向を分析する時に、現場の中での位置づけを踏まえて見ることができる点で、この分類は意義があります。

二つ目の意義は、「安全性」の観点です。安全性分析については後ほど説明しますが、企業が危機に陥った時に必要になるのは現金です。そ

こで、**すぐに現金化できる資産をどれくらい持っているか**が重要になります。すぐに現金化できない資産は、有事の際に使えません。現金が枯渇して、支払が滞ったところで、企業は倒産するのです。そのため、流動資産の額を把握していることは、資金繰りの観点から重要になります。

5-3　負債・純資産とは

　負債についても、「流動負債」と「固定負債」に分類されます。資産の分類と同様に、簡単に言うと「１年基準」により分類されています[43]。１年基準においては、「原則として１年以内に返済期限が到来する負債」を「流動負債」と考えてください。端的に言うと、短期的に返済義務のある資金調達源泉です。支払手形、買掛金、短期借入金から構成されます。買掛金と支払手形は、購入したものの現金を支払っていないものです。いわば、つけ払いの約束で、購入したものです。この未払いの現金を表す「買掛金と支払手形の合計」を**「仕入債務」**と言います。借入金は、借りたことで生じた返済義務のことです。固定負債は、流動負債の逆をイメージしてください。そうですね。「１年以内に返済する必要のない負債」です。返済義務はあるが、長期的な資金調達源泉ということです。

43　資産の場合と同様に、厳密には「１年基準」と「正常営業循環基準」の２つから分類されます。資産の場合と同様の理由で、本書では「正常営業循環基準」の説明は割愛しています。

図表 5.14

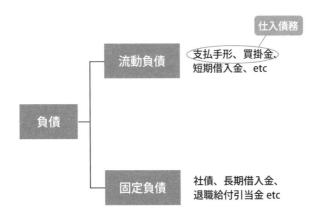

　純資産については、財務分析をする際には「返済義務のない資産の調達源泉」と考えてください。純資産は、資産から負債を引いた残りの部分であり、「**企業の正味価値（正味の財産）**」を表します。純資産は、「株主資本」、「その他の包括利益累計額」、「新株予約権」、「少数株主持ち分（非支配株主持ち分）」の４つから構成されます。多くの企業において、「株主資本」が純資産の大半を占めています。さらに株主資本は、「資本金」、「資本剰余金」、「利益剰余金」、「自己株式」から構成されます。利益剰余金は、当期純利益の過去からの蓄積を表しています。

　ただし、貸借対照表の「純資産の部」を扱った財務分析において、入門段階では、細かい違いは特に意識する必要はありません。純資産は、「企業の正味価値」を意味しており、「過去の利益の蓄積も含まれている」ということを理解してください。ここで、「入門段階では」と書いたのは、「純資産を使うべきか」、「株主資本を使うべきか」、さらに追加的な概念を言えば「自己資本を使うべきか」ということを本来は考えなくてはいけないからです。「純資産」、「株主資本」、「自己資本」はすべて「企業の正味価値」を表す数値ですが、厳密には異なります。関係式を書けば、「株主資本 ＋ その他の包括利益累計額 ＝ 自己資本」、「自己資本 ＋ 新株予約権 ＋ 少数株主持ち分 ＝ 純資産」となります（図表 5.15）。厳密な

アカデミック（学術的）な世界では大切な話ですが、正直、実務上は「どちらでも構わない」と私は考えています。純資産の大半が株主資本ですし、少なくとも入門段階では、「株主資本」、「自己資本」、「純資産」を明確に意識する必要はないと思います。他の教科書では、「純資産」ではなく、「株主資本」や「自己資本」を使って財務指標を定義している場合が多いです。しかし、本書では基本的には「純資産」で定義することとしています。具体的には「自己資本比率」や「自己資本利益率」など、「自己資本」が指標の名称に使われていても、「純資産」と定義しているということです。中級以上の財務分析を目指す方は、他の教科書で「解釈の違い」を勉強してください。

図表 5.15

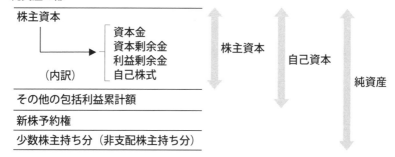

⇒下記の関係式が成立します
① 株主資本＝資本金＋資本剰余金＋利益剰余金－自己株式
② 自己資本＝株主資本＋その他の包括利益累計額
③ 純資産 ＝自己資本＋新株予約権＋少数株主持ち分
④ 自己資本＝純資産－新株予約権－少数株主持ち分
（注）④は③の変形ですが、自己資本を計算する際によく使います。

貸借対照表だけを使った財務分析

　ここからは、貸借対照表だけを使った財務分析について紹介します。貸借対照表だけを使った財務分析は、「**安全性分析**」が中心となります。序章で少し触れましたが、安全性の分析は「企業の資金繰りの健全度などの倒産に陥る危険性を分析すること」です。財務分析の他の書籍を見てもわかるのですが、安全性分析に関する数多くの指標が提示されています。それぞれ見ているポイントが違っており、どれも重要であることは変わりません。しかし世の中に存在するすべての指標を紹介すると大変ですので、「重要性」と「理解しやすさ」の2つの観点で取捨選択して紹介していきます。

　安全性分析の重要性について、改めて説明したいと思います。当たり前ですが、特別な理由がない限り、倒産するかもしれないような企業に投資するべきではありません。最近は、事業再生を専門に行っている金融機関もあり、倒産寸前の企業を安く買って、建て直して大きなリターンを得る手法も普及してきました。しかしながら、これらの投資手法が機能するには、対象企業の経営に関与して、事業を建て直すことが必要です。私は創業期の企業で働いたこともありますし、企業のコンサルティングをしたこともありますが、事業の建て直しは簡単ではありません。相当の実力、感性、運などが必要です。本書の読者は、少数株主として株式市場に参加する入門者を想定しています。入門者が開示情報のみで企業分析する場合、倒産する可能性が高まった企業への投資には慎重になったほうがいいと思います。リスクを承知の上で投資するのなら、私に止める権利はありませんが、念のため注意点として触れておきます。

　では、安全性分析の前提として、「企業がつぶれる」とはどういう状態でしょうか。企業が倒産する場合は、大きく分けて2つあると考え

てください[44]。**(1) 債務超過が続き法的に倒産する場合、(2) 資金繰り
が悪化し、キャッシュショート（資金支払いができなくなる）場合**の2
つがあります。(1) の債務超過とは、貸借対照表に記載されている負
債総額が、資産の総額よりも大きくなる場合です。資産の総額について
は、本来は時価ベースと簿価ベースの区別が必要ですが、イメージで言
えば、「企業が持っている資産をすべて売却しても負債を返済すること
ができない状態」のことを債務超過と考えてください。利益の赤字が続
いている時に、純資産が小さくなり、債務超過に陥ることが多いです。「債
務超過になったからすぐに倒産」ということはないのですが、倒産する
リスクが高まっているということで、債務超過を放置すると、金融機関
から新たな借り入れができなくなります。さらに言えば、現在、融資し
てもらっている部分についても、早期に回収を求められたり、借り換え
ができなくなったりする場合があります。一方で、政治的な理由などか
ら銀行がお金を貸し続けた場合、債務超過に陥っているにもかかわらず、
倒産しないこともあります。「こぎ続けなければ倒れる（つぶれる）」と
いう点で、いわゆる自転車操業状態ですが、お金さえ注入し続ければ、
倒産しないことも頭に入れておくべきです。銀行員になれば、否応なく、
このような事例を見ることになります。あまり大きな声では言えません
が、すでに多額の融資をしている場合、倒産されると困るので、借り換
えを甘くするようなこともあったりします。

　(2) の資金繰りの悪化の状態とは、要はお金が足りなくて、債務を
支払えない状態のことを言っています。「キャッシュフローがショート
する」とか、「キャッシュフロー赤字」などとも言われます。(1) は利
益の赤字が続いている場合に多いと述べました。もちろん利益の赤字が
続いている場合には (2) の資金繰りの悪化が起きることも多いのは確
かです。しかし注意すべきは、利益が黒字の場合でも資金繰りが悪化す
ることがあり、その場合は、黒字であろうと倒産してしまいます。いわ
ゆる「黒字倒産」というものです。つまり、企業の血液であるお金がな

44　この2つ以外に該当する場合もありますが、まずは大きくは2つと考えてください。

くなり、事業は好調にもかかわらず、取引先や銀行に支払いができず倒産してしまうケースです。倒産しないかどうかの分析をする安全性分析では、（1）と（2）に関するリスクを分析することになります。

図表 5.16

		債務超過	
		問題なし	債務超過
資金繰り	問題なし	○	△
	資金赤字	倒産	倒産

債務超過に陥っているのにもかかわらず、何らかの理由で資金繰りは問題ない。自転車操業に陥っているかは注意が必要。近いうちに倒産するかもしれないと意識するべし。

黒字倒産のケース。本来は倒産すべきでない企業が倒産する場合もある。金融マンとしては何とかしたい事例もある。

倒産すべき企業であり、実際に倒産する。

「安全性分析に関する財務指標はすべて覚えるべきか」「安全性分析において、どの財務指標が重要か」とよく聞かれます。本書においても、これから、たくさんの安全性分析の指標を紹介していきます。読み進めるとわかるのですが、確かに数が多いと思います。入門者からすると、覚えられなくて財務分析が嫌いになる理由の１つになっていると思います。私もそうでした。そこで、「安全性分析において、どの財務指標が重要か」について、先に私の意見を述べておきたいと思います。「どの財務指標が重要か」という正確な回答は、「その時の事業環境と企業のビジネスモデルによって考えなくてはいけない」となるわけですが、それでは話が進みません。財務分析に慣れてきたら、この正確な回答を

思い出してください。入門段階では、安全性分析において、次の3つの指標だけは必ず確認してください。**（1）自己資本比率、（2）平均借入利率、（3）有利子負債・キャッシュフロー比率**です。私の経験から特に意識している3つの安全性指標です。それぞれの指標の詳細は各指標のところで説明します。財務分析に慣れるまでは、これ以降たくさん紹介する安全性分析の財務指標はスキップして読んでもらっても構いません。各財務指標のタイトルに、（安全性分析）とつけておくようにしますので、すでに混乱しそうだと考えている方は飛ばしてください。

　ただし、財務分析に慣れた後には、再び戻ってきて安全性分析について勉強してもらえると嬉しいです。私が銀行員出身で安全性指標になじみがあることから、たくさんの指標を紹介しているというわけではありません。安全性分析もビジネスモデルと密接に結びついており、経営実態を把握する際に必要であることは間違いありません。あくまで学習上、安全性分析の指標数は多すぎるので、あえて3つに絞ったにすぎないのです。

5-5 流動比率（安全性分析）

$$流動比率 = \frac{流動資産}{流動負債}$$

　流動比率は、「**短期的な債務返済能力**」を表す指標です。債務返済能力は、債務を支払う能力という意味です。簡単に言えば、1年以内に現金化できる流動資産と、1年以内に返済しなければならない債務である流動負債を比較した比率です。

図表 5.17

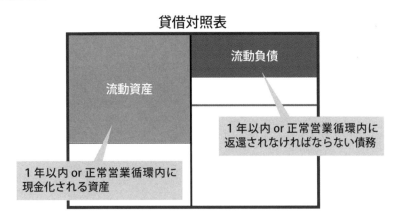

貸借対照表

流動資産

流動負債

1年以内 or 正常営業循環内に現金化される資産

1年以内 or 正常営業循環内に返還されなければならない債務

　「1年以内に返済しろと言われても、今ある流動資産で支払えるのか」ということです。**流動比率の値が高いほど、安全性は高い**です。一般的に、流動比率は200%以上あることが望ましい（理想的）と言われてい

ます。スギホールディングスの流動比率の過去 5 年間の推移を見ると、概ね 200% を超えています。ですので、問題のある水準ではないと判断します。

図表 5.18

スギホールディングス	2/2014	2/2015	2/2016	2/2017	2/2018	2/2019
流動比率	210%	197%	214%	223%	218%	200%

　一点、注意すべきことがあります。流動資産は棚卸資産を含んでいることから、製造業の流動資産は大きくなりやすい傾向があります。業種によっては、200% を超えやすい業界もあります。業種間の差異が大きいため、異業種間の比較は意味がありません。加えて、200% を下回っていたとしても直ちに問題だと決めつけるのではなく、200% を下回っている理由を調べるようにしてください。たとえば、棚卸資産が少ない電力会社の流動比率は 200% どころか 100% を下回ります。しかし、それで直ちに債務返済能力に問題があるというわけではありません。ガス会社や鉄道会社も低いことが一般的です。棚卸資産が少ないことが、流動比率の低さの背景としてあり、加えて、ビジネスモデルを見ると、資金化が早い事業であることから、良好な業績を維持できているならば（保有するインフラを維持するのに十分な利用者が安定的にいるならば）、債務返済能力に問題はないのです。流動比率が低い場合には、ビジネスモデルを考慮した上で、低い理由を総合的に判断することが必要です。200% を基準に短絡的に結論を出すのではなく、あくまで目安だと考えてください。

当座比率（安全性分析）

$$当座比率＝\frac{当座資産}{流動負債}$$

　当座比率は、「**短期的な債務返済能力**」を表す指標です。流動比率と関係が深い指標です。流動比率の分子であった流動資産には、いわゆる在庫である棚卸資産が含まれていました。しかし棚卸資産は販売が行われて初めて現金化可能な資産であることから、扱いには注意が必要となります。安全性に懸念がある企業においては、棚卸資産が不良在庫である場合や、不良在庫とまでは言わなくても、セールなどの安売りをしないと販売できない在庫の場合があります。そこで、棚卸資産を含めず、換金性が極めて高い資産のみで返済能力を見る当座比率の指標が意義を持ちます。

図表 5.19

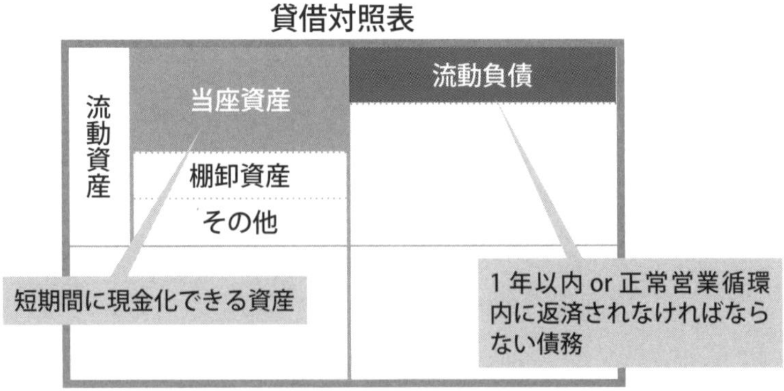

貸借対照表

| 流動資産 | 当座資産 | 流動負債 |
| 棚卸資産 |
| その他 |

短期間に現金化できる資産

1年以内 or 正常営業循環内に返済されなければならない債務

当座資産の計算方法

・貸借対照表の資産部において、「換金性が高い資産（販売過程を経ることなく、短期間にかつ容易に現金化可能な資産）」を合計します。

・具体的には下記の資産です。

　現金、預金、受取手形、売掛金、短期保有の有価証券など

　当座比率は、一般的には 100% 以上が望ましいと言われています。当座比率の値が高いほど、安全性は高いということになります。スギホールディングスの当座比率の過去 5 年間の当座比率は、100% を超えており、基本的に問題はありません。

図表 5.20

スギホールディングス	2/2014	2/2015	2/2016	2/2017	2/2018	2/2019
当座比率	123%	123%	136%	137%	137%	115%

（注）貸倒引当金を差し引く場合 (考え方) もあるが、当座比率の本質をとらえて欲しいことから、本書では貸倒引当金の取扱方の議論はしておらず、数値は差し引いていない値である。

　ここで、5-4 節で説明した視点で指標を見ていきます。流動比率と当座比率の両指標は、（2）の資金繰りの視点を通して、債務返済能力を見た指標と言えます。企業はキャッシュがなくなった時に倒産することから、手元にある資金がどれだけあるかという点で、両指標は重要だということがわかるでしょう。

5-7 固定比率（安全性分析）

$$固定比率 = \frac{固定資産}{純資産}$$

　固定比率は、固定資産を純資産で割った比率であり、「**長期的な安全性**」を表す指標です。固定資産が、返済の必要がない純資産でまかなわれているかどうかを見る指標として使われます。つまり、長期間にわたって使われる資産である固定資産が、返済義務のない純資産の範囲内で調達されているかを確認しているのです。固定資産は長期にわたって使われる資産ですから、必要のない固定資産を保有しすぎると長期的に資金が滞留してしまいます。ビジネスモデル上、必要のない固定資産であることに加えて、不良資産化して換金が難しくなっている場合は、会社経営上の重大な問題ですので、固定資産の状態には注意しなくてはなりません。この指標が意味するところは、「**長期で使用される固定資産が純資産の範囲内で調達されていれば、いったんは安全**」ということです。

　固定比率は 100% 以下が望ましいと言われます。固定比率は低いほうが安全と言えます。100% を超える場合は、次の固定長期適合率を確認するようにしましょう。

図表 5.21

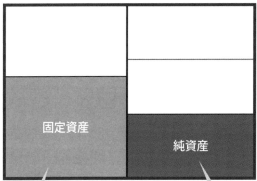

貸借対照表

固定資産

純資産

長期的に使用される資産
（1 年以上）

返済義務のない資金

図表 5.22

スギホールディングス	2/2014	2/2015	2/2016	2/2017	2/2018	2/2019
固定比率	50%	49%	48%	49%	50%	57%

固定長期適合率（安全性分析）

$$固定長期適合率 = \frac{固定資産}{純資産 + 固定負債}$$

　固定長期適合率は、固定比率と同様に「**固定資産投資の安全性を見る指標**」です。固定比率との違いは、分母が「純資産＋固定負債」となっているところです。つまり、固定長期適合率は、「長期にわたり使用される固定資産」が、「短期的な返済の必要ない固定負債」と「返済義務のない純資産」の範囲内で調達されているかを示しているということです。特に設備投資の大きい製造業は純資産だけで設備投資をまかなえない場合もあると考えるのが現実的です。 あくまでビジネスモデルを踏まえて財務比率を見るべきということです。

図表 5.23

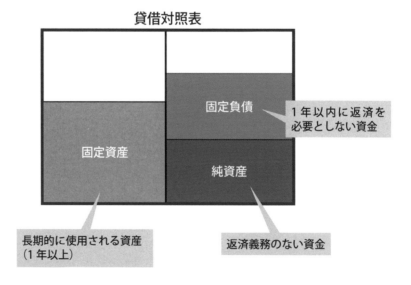

貸借対照表

固定負債

1 年以内に返済を必要としない資金

固定資産

純資産

長期的に使用される資産（1 年以上）

返済義務のない資金

　固定比率が100%以上になっていても、少なくとも固定長期適合率は100%以下であることが望ましいです。固定長期適合率が100%を超えている場合は、過剰投資の可能性があるので、長期借入金などの返済状況も確認して返済に支障がないかを確認しておいたほうがいいでしょう。加えて、株式投資においては情報開示の問題がありますが、固定資産の中身を見て不良資産化していないか、状況を確認することもおすすめします。ちなみに、貸借対照表の構造上、流動比率が100%の時、固定長期適合率も100%となります。

　日本企業において、固定長期適合率が比較的重視される背景について説明します。日本企業は、歴史的に銀行からの借入によって設備投資を行うことが多かったので、その実情を踏まえると、日本企業の安全性を確認するには、固定比率ではなく固定長期適合率で十分と考える場合があります。これは戦後の日本経済が、金融面においては銀行主体で成長を遂げたことが背景にあります。「営業利益 vs 経常利益」の時もそうでしたが、企業の資金調達行動を通じて、歴史的背景が「日本において、一般的にどの財務指標を使うべきか」に関係しています。「歴史でひも解く財務分析」とでも言いましょうか。本当に興味深いですね。

図表 5.24

スギホールディングス	2/2014	2/2015	2/2016	2/2017	2/2018	2/2019
固定長期適合率	47%	45%	45%	46%	46%	53%

5-9 負債比率（安全性分析）

$$負債比率 = \frac{負債}{純資産}$$

　負債比率は、**純資産に対する負債の割合**を示した指標です。負債比率の値は低いほど安全性が高くなります。負債比率は、100％以下が望ましいとされます。

図表 5.25

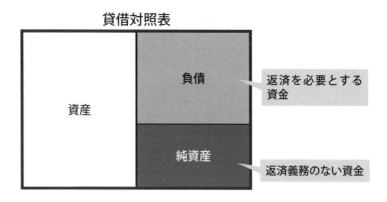

　また、分子を負債ではなく、「有利子負債」の値にした場合を「**D/Eレシオ**」と言います。読み方は「ディーイーレシオ」であり、英語の「Debt Equity Ratio（デットエクイティレシオ）」の略です。有利子負債とは、「返済期限があり、利子支払いが必要な負債」です。「負債の中で利子をつけて返済しなければならないもの」と覚えてください。具体的には、

銀行からの借入金、社債、転換社債などがあります。また、負債の中には、買掛金など利子のつかない「無利子負債」が含まれていることは頭に入れておく必要があります。会社にとっては、無利子負債よりも有利子負債が多ければ多いほど、資金的には負担になります。特に景気停滞局面ほど、注意が必要になります。そのため、負債比率よりも、「D/Eレシオ」を重視するアナリストも多いです。

図表 5.26

スギホールディングス	2/2014	2/2015	2/2016	2/2017	2/2018	2/2019
負債比率	59%	69%	59%	55%	57%	59%

5-10 自己資本比率（安全性分析）

　自己資本比率は、**総資本に占める純資産の割合**を示す比率です。返済義務のない純資産の比率が高いほど資金安定性が高いことから、自己資本比率は高いほど安全であると言えます。負債は総資本（総資産）から純資産を引いたものであることから、自己資本比率が高いほど、返済義務のある負債への依存が低いことを意味するとも言えます。その点で、負債比率と自己資本比率は表裏一体の関係ということです。

図表 5.27

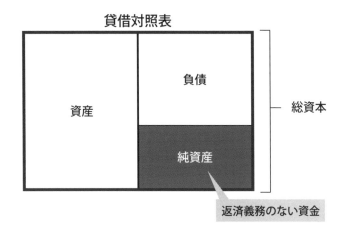

　安全性分析だけの視点では、自己資本比率は 50% 以上が望ましいとされます。ただ、現実的には 30% くらいを 1 つの基準として持っておくとよいのではないかと私は考えています。もちろん業界によって違いますし、基本はビジネスモデルから考えないといけません。たとえば、自己資本比率が「10% の企業」と「30%の企業」があったとします。通常は自己資本比率が高い企業の倒産リスクは低いと考えられるものの、本来は細かく見ていかないと結論は出せません。「自己資本比率だけでは一概には言えず、個別の事情がある」ということです。仮に自己資本比率 10% の企業はしっかりと安定した利益（キャッシュフロー）を生み出すビジネスモデルであり、自己資本比率 30% の企業がそうでないならば、自己資本比率が低い企業のほうが安全な場合もあるでしょう。他の指標でも言えるのですが、基準となる数字を過度に信用してはいけません。あくまで目安と考えて、目安と比べて悪い場合には理由を考える、という手順がいいでしょう。特に入門段階のうちは、水準感とその理由を考える癖をつけましょう。

　また、「株主資本」、「自己資本」、「純資産」のどれを分子に使うべきか議論される場合があります。本書では、実務上の入門者を対象にしていることから、「どれを使っても構わない」というスタンスです。そのため、本書では、一律に「純資産」を使って定義しています。

図表 5.28

スギホールディングス	2/2014	2/2015	2/2016	2/2017	2/2018	2/2019
自己資本比率	63%	59%	63%	65%	64%	63%

問6.

貸借対照表の左側と右側の意味はそれぞれ何でしょう。

資金の【　A　】　　　　　　　　　　　　　　　　資金の【　B　】

問7.

以下の貸借対照表において、資本金はいくらでしょう。

| （資産の部）
現金 150万円
原材料 70万円
備品 100万円
建物 250万円 | （負債の部）
借入金 350万円 |
| | （純資産の部）
資本金【　　】万円 |

▶ 解答は 315 ページ

問8.

　任天堂株式会社の 2019 年 3 月期の貸借対照表（連結）の数値を使って、以下の 6 つの安全性分析の指標を計算してみましょう。

(1) 流動比率　　　(2) 当座比率　　(3) 固定比率
(4) 固定長期適合率　(5) 負債比率　　(6) 自己資本比率

（単位：百万円）

資産の部	
現金及び預金	844,550
受取手形及び売掛金	78,169
有価証券	238,410
たな卸資産	135,470
その他	48,453
貸倒引当金	△ 82
流動資産合計	1,344,972
有形固定資産	81,550
無形固定資産	14,090
投資その他の資産	249,690
固定資産合計	345,331
資産合計	1,690,304

負債の部	
流動負債	245,009
固定負債	30,496
負債合計	275,505

純資産の部	
株主資本	1,422,260
その他の包括利益累計額	△12,548
非支配株主持分	5,086
純資産合計	1,414,798

任天堂株式会社・2019年3月期有価証券報告書より（連結）
https://www.nintendo.co.jp/ir/pdf/2019/security_q1903.pdf

▶ 解答は 316 ページ

第 6 章

損益計算書と貸借対照表を
組み合わせた財務分析

6-1 損益計算書と貸借対照表の関係

　ここからは、損益計算書と貸借対照表の関係について考えていきます。貸借対照表の説明で用いた例を思い出してください。Ｔさんがお好み焼き屋を設立する例です。Ｔさんは自己資金 600 万円で会社を設立しました。その時の貸借対照表は、以下のものでしたね。

図表 6.1

（資産の部）	（純資産の部）
現金 600 万円	資本金 600 万円

　この貸借対照表を期初のものと考えましょう。その後、自己資金だけではお金が足りないことがわかり、政策金融公庫から 400 万円の融資を受けました。その時の貸借対照表は、図表 6.2 のようになりました。

図表 6.2

（資産の部）	（負債の部） 借入金 400 万円
現金　1,000 万円	（純資産の部） 資本金 600 万円

　この現金 1,000 万円を元手にお好み焼き屋の開店準備を行いました。その時の貸借対照表は、図表 6.3 のようになりましたね。

図表 6.3

（資産の部） 現金　　200 万円 原材料 300 万円 備品　　200 万円 建物　　200 万円 敷金　　100 万円	（負債の部） 借入金 400 万円
	（純資産の部） 資本金 600 万円

　ここまでが第 5 章で紹介した例でした。この時点でいつでも開店できる状態です。開店する時点で設立からすでに半年経っていたとします。すると、この時点の貸借対照表は期中のものということです。期末まで残り半年のタイミングで、T さんはお好み焼き屋を開店しました。開店して、半年間営業した後の期末の貸借対照表は図表 6.4 のようになっていました。

図表 6.4

（資産の部）		（負債の部）	
現金	450 万円	借入金 400 万円	
原材料	100 万円		
備品	200 万円	（純資産の部）	
建物	200 万円	資本金 600 万円	
敷金	100 万円	利益 50 万円	

　ぱっと見て、目につくところはどこでしょうか。そうですね。純資産の部にある「利益50万円」というところでしょう。半年間、お好み焼きをお客さんに提供して、Tさんの会社は50万円の利益（当期純利益）を出すことができました。当該会計期間に発生した当期純利益は、会社の利益として純資産の中の利益剰余金に蓄積されます。当期純利益は株主に帰属する最終利益でした。端的に言うと、毎年稼いだ利益は株主に帰属する利益であることから、利益剰余金に積み重ねられていきます。貸借対照表と損益計算書の関係が見えてきましたね。**当期純利益と純資産（利益剰余金）こそが、貸借対照表と損益計算書を結びつけている**のです。

図表 6.5

（資産の部）	（負債の部）
現金　　450 万円 原材料　100 万円 備品　　200 万円 建物　　200 万円 敷金　　100 万円	借入金 400 万円
	（純資産の部） 資本金 600 万円 利益　　　50 万円

利益 50 万円の増加の背景を明らかに
するのが P/L である。
⇒ 利益増加の補足説明

（P/L）

売上高	500 万円
売上原価	200 万円
営業費用	250 万円
当期純利益	50 万円

B/S の純資産の部において、設立時に利益が 0 円であったが、1 年後の期
末には 50 万円となっている。その 50 万円の背景を P/L で確認できる。

　企業が 1 年間、事業を行ってきた成果を表すのが損益計算書であり、
結果としての財政状態を表すのが期末の貸借対照表でした。期初と期末
の貸借対照表を比べると、純資産の部は、当期純利益の増減により変動
します。企業の正味の財産である純資産は、株主にとって最大の関心事
の 1 つです。したがって、当期純利益の増減によって引き起こされて
いる純資産の変動の背景を知ることも大切になります。損益計算書を見
れば、なぜ利益が出ているのかを知ることができます。つまり、貸借対
照表の純資産の変動を引き起こす利益増減の補足説明をしているのが損
益計算書ということです。

図表 6.6

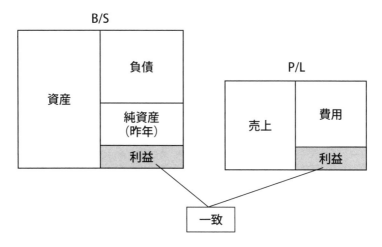

　上の図における B/S の「利益」は、実際には「利益剰余金」という科目で表示されています。また、「利益剰余金」は毎年、前年からの繰越分と当年分が足し合わされたものの累積となります。

6-2 貸借対照表の数字は 期中平均を使う

　損益計算書と貸借対照表の数字を組み合わせて使う時の貸借対照表上の数字の取り扱いについてお話しします。貸借対照表上の数字に関しては、期初と期末の平均を使うことが一般的となっています。

　損益計算書は、一時点ではなく、会計期間の全体を通した値でした。フローの数字とも言われます。一方で、貸借対照表の値は、一時点の値です。両者を組み合わせて使う場合、貸借対照表において、期初と期末を平均することで、期間平均で損益計算書との整合性をとろうとしています。このとき、期初の数字として、前期末の貸借対照表の数字を使います。期初と期末の平均をとることを期中平均と言います。このことを、貸借対照表の「疑似フロー化」とも言います。意図は、できるだけフロー情報同士を比較しようとしているということです。

　実務上、正式な書類を作成する際は、期中平均を使うのが一般的です。学生であれば、卒業論文を作成する時には、期中平均を使ったほうがいいでしょう。証券会社、銀行やシンクタンクの方も、レポートを作成する際には、期中平均を使いましょう。本書においても、期中平均を使うことで数字を計算しています。ただし、自己チェックなどの内部利用の際には、計算を簡単にするため、貸借対照表の期末の数字だけを使うことも多いと思います。面倒くさがり屋の私は、場合に応じて、期中平均ではなく、期末の値をそのまま使うこともあります。

　また、期中平均ではなく、期初の数字を使うという考え方もあります。たとえば、「期初にあった資産が△△円であり、その資産を使って1年間事業を行うと、××円の利益となった」と考えると、貸借対照表上の期初の数字を使うことには意味がありますね。しかし「期中に追加的に購入した資産も使って事業活動をしている」以上、期初の数字だけを使うことには問題があります。また、期末の数字を使うことについても、

自分で自分を説明するような事態が生じています。「稼いだ利益が含まれた結果である期末資産を使って、過去の1年間の利益がどれだけ生み出されたかを比較している」と考えれば、論理がおかしいことがわかるでしょう。そのため、貸借対照表の期末の数値と損益計算書の数字を組み合わせて使うことは、オフィシャルな場では少ないでしょう。結果的に、オフィシャルな場所では、完全にフロー化できているわけではなくても、期中平均の値を使うこととなるのです。

図表 6.7

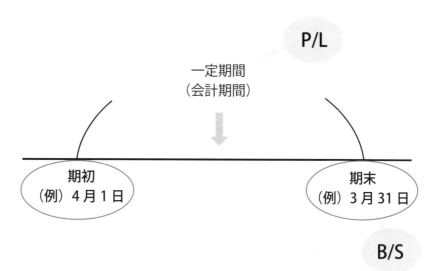

6-3 総資本利益率

　第3章で売上高収益性の分析を紹介しました。その際に、収益性分析には、「資本収益性の分析」と「売上高収益性の分析」の2つがあると説明しました。ここで説明する「総資本利益率」は、資本収益性に関する代表的な財務指標です。

図表6.8

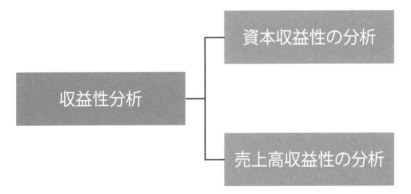

　まず資本収益性の全体像について考えていきましょう。一般的に、資本収益性は、「資本利益率」や「資本収益率」と言われます。前者の「資本利益率」は、「資本」と「利益」の2つの言葉から構成されていますね。そのことからもわかるのですが、「資本利益率（資本収益性）」は「資本と利益の関係」を表したものです。具体的には、資本利益率は「利益を資本で割ったもの」になります。

$$資本利益率 = \frac{利益}{資本}$$

　資本利益率の計算式を見てください。分子の利益は、損益計算書のところで勉強したのでわかりますね。分母の資本については、まだ詳しく説明していませんでした。資本とは、簡単に言うと、**「事業を行うための資金」**と考えてください[45]。「事業の元手となる資金」と言い換えても構いません。少し難しい言葉を使うと、企業に投下されている調達源泉の金額を示しています。具体的には、「銀行借入などの負債」と「株主からの出資金などからなる純資産」の2つを指しています。前者の負債は、借入金など外部から調達した資金であることから、「他人資本」と言われます。後者の純資産は、企業の元々の出資額と事業活動から生み出された利益からなることから、他人資本に対して「自己資本」とも言います。そして、「他人資本」と「自己資本」を足した合計を「総資本」と言います。貸借対照表は右側と左側でバランスしていることから、「総資本＝総資産」となります。

こう覚えましょう！
　他人資本 ＝ 負債の部
　自己資本 ＝ 純資産の部
　総資本 ＝ 他人資本 ＋ 自己資本

　もう一度、資本収益率の計算式に戻ってください。分子が利益で、分母が資本です。企業が事業の元手として投下した資金によって、どれだけの利益を獲得したのかを表しています。もっと言えば、**「どれだけ少**

45　基本的に、財務分析ではこの定義で覚えてください。ただし、経済学を勉強していて、今回初めて財務分析を勉強する方は、混乱するかもしれません。学問の深い部分では同一の意味から派生しているのですが、一般的には会計学と経済学における「資本」の定義は異なります。いったん「会計学における資本」と考えて読み進めてください。

ない資本で効率的に利益を稼いでいるか」という点で「収益性」を表しています。投下された資本の運用効率を見ることで、会社の経営状態を判断できます。資本利益率が高いと、より少ない資金を投下したとしても、獲得できる利益は大きくなり、収益性が高いと評価されるのです。

　「利益」と「資本」の組み合わせにより、様々な資本利益率があります。代表的な資本利益率は、分母に総資本を使った「**総資本利益率（ROA）**」と、分母に自己資本を使った「**自己資本利益率（ROE）**」の２つです[46]。前者の「総資本利益率（ROA）」においては、「経常利益、事業利益、当期純利益など、どの利益を使うか」という点で、いくつかの種類があります。「理論的な理屈付け」に加えて、分析の目的を踏まえて、どの組み合わせを使うべきか考えなくてはいけません。ちなみに「自己資本利益率（ROE）」で使われる利益は「当期純利益」だけですので、結果として、１つの組み合わせしかありません。

　本節で学ぶのは、「総資本利益率（ROA）」でしたね。ここからは、「総資本利益率（ROA）」に絞って、説明していきます。総資本利益率は分母に「総資本」を使いますが、貸借対照表において「総資本＝総資産」であることから、「総資産利益率」と同じ値になると考えてください。英語で書くと「Return On Asset」であり、ROA（アールオーエー）とも言われます。「使用総資本利益率」と言われることもあります。本書の中では、文脈によって、「総資本利益率」、「総資産利益率」、「ROA」と表記することがありますが、すべて同一のものと考えてください。

　次に分子の利益ですが、大きく４つの利益が使われることがあります。具体的には「営業利益」、「事業利益」、「経常利益」、「当期純利益」のどれかが使われます。どの利益を使うべきか、まず理屈から考えてみます。総資本は「企業が事業を行う元手となる資金全体」であることから、総資本利益率は「企業全体が投じた資金全体から、どれだけの利益を獲得

46　「代表的」と述べたのは、「経営資本利益率」など他にも資本利益率は存在するからです。しかし、入門段階ではこの２つを知っていれば十分です。

することができたか」という「経営全体に対する総合的な収益性」を見ることになります。そうすると、理屈上、総資本利益率の利益は、「経営全体を表す利益」とならなくてはなりません。加えて、通常、企業経営から生み出された利益は、資金提供者に返済・分配されることになります。そのため、他人資本の資金の出し手である債権者に対して、利益の一部を返済する必要があり、返済する前の利益を見なくてはいけません。資金提供してもらった資金を使ってどれだけ利益を獲得したかを見るためには、分配・返済前の原資となる利益が使われるべきだということです。逆に言えば、資金提供者に利益分配をした後の利益を使ってしまうと、分母の総資本と整合性がとれないということです。そこで、理屈上は、経営全体を表し、債権者に対しても分配・返済が行われていない「事業利益」が適切な利益となります。3-2節で説明しましたが、事業利益は「営業利益に金融収益を加えた利益」でしたね。事業利益を使った総資本利益率は、「総資産事業利益率」や「総資本事業利益率」と言われます。

　ただし、実務上は、損益計算書に記載されていない事業利益は使いにくいのが正直なところです。少数株主の立場では、金融収益の情報を取得できない場合もあります。外部から財務分析をする立場では、情報取得に限界があり、事業利益は使いづらいのです。そこで、理屈上は整合性がとれていない面もあるのですが、実務上は利益として「経常利益」を使うことが多いです。経常利益が使われる場合、「総資産経常利益率」や「総資本経常利益率」と言われます。本書では、何も断りがなければ、経常利益を使って「総資本利益率（ROA）」を計算しています。

　ここまで「総資本利益率」は、株主や債権者などが提供した資金を使って、どれだけの利益を獲得したかという指標だと説明してきました。その点では、資金調達を含めた事業成果を評価する指標と解釈できます。それはその通りなのですが、「総資本 ＝ 総資産」を踏まえて、もう少し掘り下げていきましょう。本書において企業経営とは、「資金を調達して、設備・人などへの投資を行い、その結果として、保有する資産（無形資産を含む）を有効に活用して、利益（キャッシュフロー）を獲得し

ていく活動」であるということを思い出してください。元手となった資金である総資本は、経営上は、「（総）資産」に変換され、そしてその資産を使って事業活動することで利益を獲得していくことになります。利益と直接的に関係があるのは、総資本というよりも、総資産とも言えます。そのため、総資本利益率を見る場合は、**「資産を使ってどれだけの利益を獲得したのか」**という視点も忘れないようにしてください。「保有する資産全体から見た収益性」という意識が大切だということです。

図表6.9

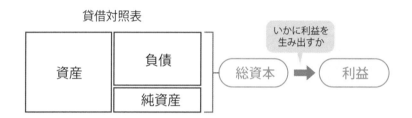

それでは、スギホールディングスの総資産経常利益率を計算してみましょう。56ページの図表1.2によれば、2019年2月期の経常利益は27,237百万円であり、202ページの図表5.8(1)によれば、総資産は2019年2月期末が265,481百万円、2018年2月期末が253,989百万円です。総資産の期中平均を計算すると、259,735百万円となります。27,237百万円を259,735百万円で割ると、総資産経常利益率は10.5％となります。

近年、株式市場では**「資本コスト」**という言葉にますます注目が集まっています。「資本コスト」は昔からファイナンス論の中では最も重要な言葉の1つだったのですが、個人投資家にも浸透してきつつあることを感じています。実は、ここで紹介している総資本利益率（ROA）は、資本コストと密接にかかわる指標です。資本コストについては、『外資系アナリストが本当に使っているファンダメンタル分析の手法と実例』で解説していますので、気になる方はそちらで確認してください。

6-4 総資本回転率

　前節で解説した「総資本利益率（ROA）」は、「総資本」に関連する指標でした。本節でも「総資本」を使った指標を説明します。総資本回転率という指標です。「使用総資本回転率」や「総資産回転率」とも言います。後者については、「総資本 ＝ 総資産」であることから、「総資本回転率」と「総資産回転率」は同じ値になるということです。本書の中では、文脈に応じて、どちらの言い回しも使っていますが、「結果的には数値は同じだ」と考えてください。また、後ほど解説しますが、総資本回転率は、「総資本利益率（ROA）」と密接な関係がある指標となります。

　総資本回転率の計算式は、「**総資本回転率 ＝ 売上高 ÷ 総資本**」で表されます。売上高を総資本で割って計算される指標です。分母に「総資本」と書いていますが、実務上は「総資産」を使って計算することが多いです。そのため、「総資産回転率」と表記されている教科書が多いと思います。また、「率」と書いてありますが、単位は％（パーセンテージ）ではなく「回（かい）」を使いますので、注意してください。

$$総資産回転率 = \frac{売上高}{総資産}$$

　総資産回転率の解釈について、説明します。**総資産回転率は、「経営活動において、資産の有効な利用度」**を示す指標となります。別の言い方をすれば、「資産の効率性」を表す指標とも言えます。企業経営に使われている総資産に対して、1年間の売上高がどれほどかということです。「売上高が資産に対して何回転しているか」とも言われます。企業経営を考える際、「顧客との接点」は売上高に現れます。利益は売上高から費用を引くことで算出されますが、最初に売上高が生まれることが出発点となります。その点で、総資産が年間にどれくらいの売上高を生み出しているかを見ることは重要です。この指標が効率性を見る指標となるのは、**回数が大きいほど、少ない資産で大きい売上高をあげている**ことになるからです。つまり、総資産回転率は、資産が効率的に利用されているかを評価するために使用されます。

　総資産回転率を使って企業を評価する時には、業種やビジネスモデルを意識することが重要です。労働集約型のサービス業など、所有する資産が少なくてもすむ業種では、比較的容易に高い総資産回転率を達成できます。経営上、人的資本（従業員など）は重要な資産であるものの、会計上は資産に計上されていないことから、人が中心の事業については、総資産回転率は高くなる傾向があるということです。したがって、業種によって、水準は大きく異なります。業種やビジネスモデルを踏まえた上で、それでも総資産回転率が過度に低い場合は、資本効率に無駄があることを意味します。総資産回転率が低いということは、売上高に対して総資産が大きすぎるということなので、資産の中に売上高に結びつかない不必要なものが含まれています。端的に言えば、企業が肥満体ということです。その場合は、不要資産を処分して負債を減らすことを検討しなくてはいけません。たとえば、総資産は、棚卸資産、固定資産などに分割されるので、資産ごとにそれぞれの回転率を算出することも可能です。総資産回転率の高低の背景を詳しく知りたい時は、資産ごとに回転率を見て、個々の資産の効率性を考えることも大切です。一方で、総資産回転率が低い企業の場合でも、当該企業は資産をたくさん保有していて、いざという時の売却可能資産が多いため、安全性が高いと評価さ

れることもあります。事業上の効率性はないけれど、倒産しにくく安全性は高いということです。このように、**効率性と安全性はトレードオフの関係にあり、バランスが重要**です。結論を出す際には、分析目的に戻って、自分が何を評価したいのかを考えて結論を出さなくてはいけません。

　目安となる数字についてです。業界やビジネスモデルによるので、「それぞれの事情で異なる」というのが正確な回答です。ただし、入門段階の出発点としては、「基本的に総資産回転率が1回より低い場合は、理由を考える」という癖を持つといいと思います。

　スギホールディングスの総資産回転率を計算してみましょう。56ページの図表1.2によれば、2019年2月期の売上高は488,464百万円であり、202ページの図表5.8(1)によれば、総資産は2019年2月期末が265,481百万円、2018年2月期末が253,989百万円です。総資産の期中平均を計算すると、259,735百万円となります。488,464百万円を259,735百万円で割ると、総資産回転率は1.88回となります。

6-5　総資本利益率の分解

　総資本利益率（ROA）の話に戻ります。ROA の変動や水準を見る場合、売上高収益性との関係を踏まえて、牽引役を分析することが多いです。具体的には、売上高を介することで、売上高利益率と総資本回転率の 2つに分解します。計算式で書くと、以下のようになります。

図表 6.10

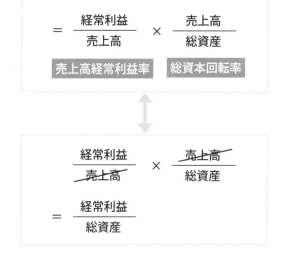

　総資本経常利益率（ROA）が 2 つに分解されていますね。厳密な言い方をすれば、「**総資本経常利益率（ROA）は、売上高経常利益率と総資本回転率の積で表せる**」ということです。

　分解された総資本経常利益率の構成要素である「売上高経常利益率」

と「総資本回転率」は、すでに説明した概念ですね。売上高経常利益率
は、第3章において「売上高収益性」の箇所で説明しました。ビジネ
スモデルによって、どちらが牽引役になっているかは異なります。たと
えば、薄利多売のビジネスモデルであるディスカウントショップを考え
ましょう。安く売ることで、たくさんの顧客を引き寄せて、大量に販売
するビジネスモデルです。その場合は、売上高収益性が低くなるという
ことは前に述べましたね。売上高は大きくなりますので、総資本回転率
は高くなります。ディスカウントショップは、総資本回転率が牽引役と
なるビジネスモデルです。もっと言えば、売上高収益性をある程度犠牲
にしてでも、総資本回転率という「資産に対してより高い販売力（資産
効率性）」が牽引役として機能しているかを見なくてはいけないという
ことです。株式投資の目的以外でも、事業が悪化している企業に対して
経営助言（コンサルティング）を行う場合、ビジネスモデルを踏まえな
がら、どこを改善させるべきか検討する際の有意義な情報になります。
たとえば、地域住民にディスカウントショップとしての認知が不足して
いる場合には、なんらかの方法で顧客認知を高めて、結果として総資本
回転率を高めることができれば、ROAを上昇させることができるとい
うことです。もちろん今述べたことは、厳密には「売上高収益性が一定
であるならば」という条件付きの話であり、顧客認知を高めるために宣
伝広告費を上げると売上高収益性はさらに低下するので、現実は有機的
に考察しなくてはいけません。ただし、ROAを高めるアプローチにつ
いて検討する議論の出発点として有意義な情報であることは間違いない
でしょう。

図表6.11

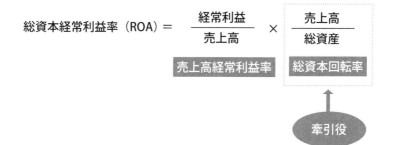

<ディスカウントショップにおける牽引役>

$$総資本経常利益率（ROA）＝ \frac{経常利益}{売上高} \times \frac{売上高}{総資産}$$

売上高経常利益率　　　総資本回転率

牽引役

　ディスカウントショップの例を説明しました。せっかくなので、ディスカウントドラッグストアであるコスモス薬品と、スギホールディングスを比較して見てみましょう。図表6.12は、総資本経常利益率（ROA）を分解した三角形です。一番上にある総資産を使って、事業を行うことで左下の売上を作っていきます。その後、売上高からコストを引くことで、右下の経常利益につながります。左上の総資産から、右下の経常利益の直接的な関係は総資本経常利益率（ROA）を表します。スギホールディングスの総資本経常利益率（ROA）は10.5％であり、コスモス薬品が10.4％と概ね同じ水準です。ただし、総資産回転率はコスモス薬品が相対的に高く、売上高収益性はスギ薬局が相対的に高いのがわかると思います。

図表6.12

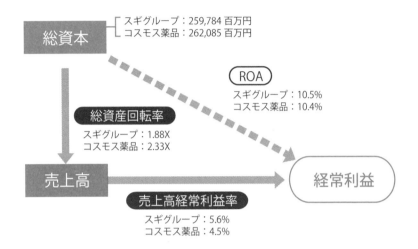

（注）上記の数字は、スギホールディングスが 2019 年 2 月期、コスモス薬品が 2019 年 5 月期の値を使った。また、総資本の値は、期中平均である。

コスモス薬品との比較の話はクロスセクション分析でした。では、クロスセクション分析と対になる時系列分析も行いましょう。図表 6.13 はスギホールディングスの ROA の推移を時系列で表にまとめたものです。2015 年 2 月期の ROA は 11.2% であり、2019 年 2 月期は 10.5% まで低下しているのがわかります。一時的な要因で低下している場合もあるので注意すべきですが、スギホールディングスの場合は、傾向として低下しているようです。過去 5 年間の「売上高収益性」と「総資産回転率」の推移を見てください。売上高経常利益率は概ね変化していませんが、総資産回転率は低下傾向にあります。ここは注意が必要です。スギホールディングスが物流機能の拡充を進めていることは、第 3 章の売上高収益性のところで言及しましたが、それが背景になっているかなど、注意して見る必要があります。仮に「店舗の競争力が落ちている」もしくは「高い出店コストを払って、採算度外視で無理に出店している」などが背景になって、「資産（店舗資産）に対する販売力」が落ちてい

るのなら大変な問題です。ただし、財務分析の情報だけでは、これらの
背景を分析することは難しいのが実情です。様々な情報を組み合わせな
がら、複数の視点で分析を行い、最終的な結論を導くことが重要となり
ます。各自で、背景について考えてみてください。

図表 6.13　スギホールディングスの売上高利益率、総資産回転率、ROA

（百万円）	2/2015	2/2016	2/2017	2/2018	2/2019
総資産	196,259	214,091	224,300	242,327	259,785
売上高	383,644	414,885	430,795	457,047	488,464
経常利益	21,901	23,810	23,875	25,900	27,237

（注）B/S の数字は、当年度と前年度の平均値を期中平均として用いている。

	2/2015	2/2016	2/2017	2/2018	2/2019
売上高利益率	5.7%	5.7%	5.5%	5.7%	5.6%
総資産回転率	1.95	1.94	1.92	1.89	1.88
ROA	11.2%	11.1%	10.6%	10.7%	10.5%

（注）売上高利益率は、経常利益を使って計算している。

図表 6.14

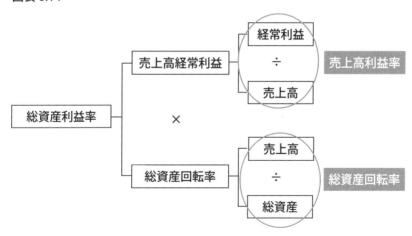

6-6 自己資本利益率（ROE）

　総資本利益率（ROA）と同様、代表的な資本収益性の指標として、自己資本利益率があります。自己資本利益率は、英語で書くと「Return On Equity」であり、略称は ROE です。一般的に、会話の中では「アールオーイー」と表現することが多いです。自己資本利益率は、「株主資本利益率」、「自己資本当期純利益比率」とも言います。本書では、「自己資本利益率」と表記しますが、どの名称を使っても構いません。

　自己資本利益率は、「純資産に対する当期純利益の比率」であり、当期純利益を純資産で割って計算されます。当期純利益は株主に帰属する利益でした[47]。純資産と当期純利益を比較することにより、株主の持ち分である純資産が、事業を通じてどれだけ増えたのかを見ています。つまり、「株主のお金をいかに有効に使っているか」、「株主から見た収益性」や「株主から見た投資の効率性」を測る指標なのです。「株主から見た」という点がポイントです。その点において株式投資家にとっては、重要な指標です。株主資本利益率を見ずに、株式投資を行うことは考えられません。読者の皆さんも投資を行う前に必ず確認しましょう。

47　自己資本利益率に使われる利益は、当期純利益だけです。株主に帰属する利益を使わなくてはいけないことから、営業利益や経常利益を使って計算してはいけません。ただし、当期純利益は変動が激しいので、オフィシャルな提出物でない分析では、営業利益や経常利益を使って計算することもあります。

図表6.15

貸借対照表

また、自己資本比率などの場合と同様に、自己資本利益率でも、「株主資本」、「自己資本」、「純資産」のどれを分母に使うべきか議論される場合があります。貸借対照表で説明したのですが、本書の対象読者は実務上の入門者であることから、「どれを使っても構わない」というスタンスです。そのため、本書では「純資産」を使って定義しています。

　ここで**総資本利益率（ROA）と自己資本利益率（ROE）の関係**についても考えてみたいと思います。簡単に両者の関係を考えたいので、ここでの議論において、総資本利益率（ROA）に使用する利益は「当期純利益」とします。自己資本利益率（ROE）に使う利益である当期純利益を、総資本利益率（ROA）でも使うということです。まず、自己資本利益率を3つの要素に分解します。一般的に、「デュポンシステム」と言われる分解方法です。具体的には、以下のように分解します。

$$\text{ROE} = \frac{\text{当期純利益}}{\text{純資産}}$$

$$= \frac{\text{当期純利益}}{\text{売上高}} \times \frac{\text{売上高}}{\text{総資産}} \times \frac{\text{総資産}}{\text{純資産}}$$

$$= \text{売上高当期純利益率} \times \text{総資本回転率} \times \text{財務レバレッジ}$$

「売上高」と「総資産」を使うことにより、自己資本利益率が3つの要素に分解されています。3つの要素とは、「売上高当期純利益率」、「総資産回転率」、「財務レバレッジ」です。「総資本における負債の割合」を「財務レバレッジ」といいます。英語で言うと、「Financial Leverage」です。財務レバレッジは「負債への依存度（利用度）」を表しますが、計算式を見ると「自己資本比率の逆数」とも言えますね。関係性を言葉で表現すると、「負債の依存度（利用度）が高くなると、財務レバレッジが高くなり、自己資本比率は低くなる」ということです。たとえば、負債の項目の1つである借入金を増加させると、財務レバレッジが高くなることは覚えておきましょう。

　さらに自己資本利益率（ROE）の分解式をよく見てください。前半部分の「売上高当期純利益率 × 総資産回転率」については、6-5節で説明した「総資本利益率（ROA）の分解」で出てきましたね。それを踏まえると、前半部分は「総資本利益率（ROA）」ですね[48]。つまり、「自己資本利益率（ROE）」は、「総資本利益率（ROA）」と「財務レバレッジ」に分解できるということです。このことを計算式で見ると、図表6.16のようになります。

48　6-5節では「経常利益」を使っていますが、本節では「当期純利益」で「総資本利益率（ROA）」を定義していることには注意してください。

図表 6.16

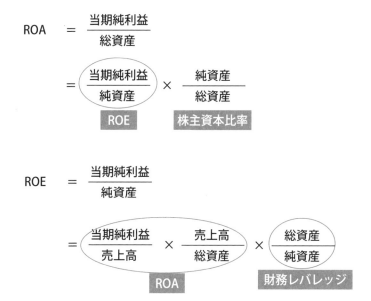

　「総資本利益率（ROA）」と「自己資本利益率（ROE）」の関係がわかりましたね。この関係式を踏まえると、以下のことが言えます。「資本構成（財務レバレッジの比率）が一定であれば、総資本利益率（ROA）が高い場合に、自己資本利益率（ROE）は高くなる」、「総資本利益率（ROA）が低いにもかかわらず、財務レバレッジが高い資本構成であれば、結果的に自己資本利益率（ROE）が高くなる[49]」などです。後者を強調すると、「負債の依存度が高くなると、自己資本利益率（ROE）が高くなる」ということを言っています。企業分析を行う時に、自己資本利益率（ROE）を上げる目的で「負債の依存度を高める企業」には注意が必要です。「負債の依存度が高まれば、安全性に懸念が生じる（倒産する確率が高まる）」ということに加えて、「経営者としての姿勢」に問題があると思うからです。事業の価値を高めることこそが、経営者に求めら

49　厳密には、「ROA＞負債利子率」という条件が必要ですが、本書では割愛します。

れることだと私は考えています。小手先の「負債の依存度の調整」を使うことによって、「ROEの向上」を最終目標に経営をする姿勢には魅力を感じません。ただし、忘れてはいけないのは、「事業上の必要性から財務レバレッジを引き上げて、企業成長を志向している企業」を、「財務レバレッジの上昇」だけをもって、否定的に見てはいけないということです。「負債を増やすこと自体が悪」というのではなく、安全性と成長性のバランスの中で適切に負債を利用している場合もあることを頭に入れておいてください。

　それでは、スギホールディングスの「自己資本利益率（ROE）」の動きについて、時系列分析を行いたいと思います。図表6.17を見てください。「自己資本利益率（ROE）」の水準は、直近5年間で大きく違いはありません。一方で、デュポンシステムによる分解式を使って分解された3つの要素の動きを見てみると、指標に動きがあります。「自己資本利益率（ROE）」の水準は概ね変化していませんが、「売上高利益率」が上昇し、「総資産回転率」と「財務レバレッジ」が低下しています。結果的に、各要素の動きが相殺しあって横ばいの推移となっているのです。「売上高利益率」と「総資産回転率」の動きの背景については、「総資本利益率（ROA）」で言及したので、ここでは割愛したいと思います。スギホールディングスは、有利子負債をほとんど持たず、無借金経営を志向しているので、財務レバレッジは低下傾向にあると考えられます。

図表 6.17

スギホールディングスのデュポンシステム

（百万円）	2/2015	2/2016	2/2017	2/2018	2/2019
純資産	119,545	130,532	142,782	155,414	164,305
総資産	196,259	214,091	224,300	242,327	259,785
売上高	383,644	414,885	430,795	457,047	488,464
当期純利益	12,862	14,605	14,947	16,411	17,940

（注）B/S の数字は、当年度と前年度の平均値を期中平均として用いる。

	2/2015	2/2016	2/2017	2/2018	2/2019
売上高利益率	3.4%	3.5%	3.5%	3.6%	3.7%
総資産回転率	1.95	1.94	1.92	1.89	1.88
財務レバレッジ	1.64	1.64	1.57	1.56	1.58
ROE	10.8%	11.2%	10.5%	10.6%	10.9%

（注1）売上高利益率は、当期純利益を使って計算している。
（注2）上記の表は ROE を算出するために作成したため、「総資産」と「純資産」の値は期中平均の値である。

　次に「自己資本利益率（ROE）」のクロスセクション分析を行います。「総資本利益率」の時と同様に、コスモス薬品と比較したいと思います。258 ページの図表 6.18 を見てください。2019 年度の「自己資本利益率（ROE）」は、スギホールディングスが 11.2% であり、コスモス薬品が 16.3% でした[50]。両社の違いは、どこから来るのでしょうか。図表 6.18 を見ると、一目瞭然です。財務レバレッジが違うのです。財務レバレッジは、スギホールディングスが 1.58 倍、コスモス薬品が 2.33 倍でした。当期純利益で計算した「総資本利益率（ROA）」については、概ね同一の水準でした。

50　スギホールディングスが 2019 年 2 月期決算の値で、コスモス薬品は 2019 年 5 月期決算の値です。

図表6.18

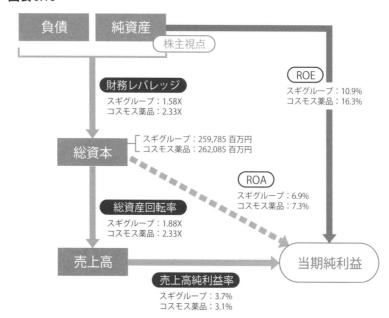

（注1）上記の数字は、スギホールディングスが2019年2月期、コスモス薬品が2019年5月期の値を使った。また、総資本の値は、期中平均である。

（注2）ROEを説明するための図であることから、このROAの値は、分子に当期純利益を使って算出した。図表6.12におけるROAと値が違うことには注意が必要である。

　財務レバレッジの違いは、どこから来るのでしょうか。財務レバレッジを引き上げることを、安全性の懸念を考慮して「すぐによくないこと」と判断してはいけません。背景を考えてみることが大切です。「負債の構造」をまとめた図表6.19と図表6.20を見てください。

図表 6.19

（百万円）

スギホールディングス		2/2015	2/2016	2/2017	2/2018	2/2019
資産		210,246	217,936	230,664	253,989	265,580
	現金・預金	63,758	67,458	66,425	75,676	65,311
	売掛金	12,631	15,147	15,208	17,258	19,797
	棚卸資産	45,321	45,259	49,990	52,728	59,674
	その他	88,536	90,072	99,041	108,327	120,798
負債		85,965	81,152	81,881	91,942	98,917
	買掛金	52,287	46,194	48,661	51,165	58,241
	有利子負債	-	-	-	-	-
	その他	33,678	34,958	33,220	40,777	40,676
純資産		124,281	136,782	148,782	162,046	166,563

構成比

資産		100%	100%	100%	100%	100%
	現金・預金	30%	31%	29%	30%	25%
	売掛金	6%	7%	7%	7%	7%
	棚卸資産	22%	21%	22%	21%	22%
	その他	42%	41%	43%	43%	45%
負債		41%	37%	35%	36%	37%
	買掛金	25%	21%	21%	20%	22%
	有利子負債	-	-	-	-	-
	その他	16%	16%	14%	16%	15%
純資産		59%	63%	65%	64%	63%

（注）負債と純資産の構成比は、負債・純資産合計にて計算した。

負債の中の買掛金比率	61%	57%	59%	56%	59%

図表 6.20

(百万円)

コスモス薬品		5/2015	5/2016	5/2017	5/2018	5/2019
資産		168,918	202,595	225,691	250,609	273,561
	現金・預金	18,635	27,282	27,728	21,668	19,022
	売掛金	25	28	22	91	398
	棚卸資産	34,863	38,227	40,038	48,749	53,289
	その他	115,395	137,058	157,903	180,101	200,852
負債		103,862	126,416	132,638	141,719	147,271
	買掛金	70,773	82,472	91,735	105,062	110,796
	有利子負債	12,192	21,185	16,233	11,747	8,547
	その他	20,897	22,759	24,670	24,910	27,928
純資産		65,055	76,179	93,053	108,888	126,289

構成比

資産		100%	100%	100%	100%	100%
	現金・預金	11%	13%	12%	9%	7%
	売掛金	0%	0%	0%	0%	0%
	棚卸資産	21%	19%	18%	19%	19%
	その他	68%	68%	70%	72%	73%
負債		61%	62%	59%	57%	54%
	買掛金	42%	41%	41%	42%	41%
	有利子負債	7%	10%	7%	5%	3%
	その他	12%	11%	11%	10%	10%
純資産		39%	38%	41%	43%	46%

（注）負債と純資産の構成比は、負債・純資産合計にて計算した。

負債の中の買掛金比率	68%	65%	69%	74%	75%

　コスモス薬品の場合、買掛金が非常に高い水準になっています。負債・純資産合計において 41% を占めており、負債の中の 75% が買掛金です。買掛金は「購入したものの現金を支払っていないもの」でした。事業上、仕入れを行ってから、代金支払いを完了するまでは、買掛金で計上されることになります。詳細は、6-10 節の「仕入債務回転日数」や 6-11 節の「キャッシュコンバージョンサイクル（CCC）」で説明しますが、買掛金が大きいことは資金繰りの観点から言えば望ましい状態です。支払いまでの期間が長くなることから、「運転資金が少なくてすむ」ということです。取引先との関係で交渉力が高い企業は、支払いまでの期間を

長くしようとして、買掛金を増やそうとすることがあります。買掛金を
増やすことで、事業活動において資金的に余裕ができるのです。この点
を踏まえると、買掛金が大きいのは必ずしも悪いことではないのです。
もちろん買掛金も負債であることには変わりなく、将来の支払い義務が
発生します。ビジネスモデルが機能せず、事業状態が悪化するような負
のサイクルになっているならば、買掛金が多いのも問題です。ただ、コ
スモス薬品の事業状態が負のサイクルに入っているようには見えません。
むしろ、近年のコスモス薬品は、買掛金が大きいことが積極的な出店姿
勢を資金面からサポートしています（6-11 節を読むと意味がわかりま
す）。コスモス薬品の場合は、この買掛金が大きい結果として、相対的
に財務レバレッジが高くなっています。買掛金と純資産の構成比合計は、
スギ薬局が 85%、コスモス薬品が 87% でした。買掛金の大きさが、両
者の財務レバレッジに関係しています。結果として、自己資本利益率
（ROE）の差につながっています。

　以上の話から、「自己資本利益率（ROE）の高い背景が、財務レバレ
ッジだけなので、コスモス薬品は魅力的ではない」といった結論は出さ
ないでほしいと思います。一方で、「自己資本利益率（ROE）について、
コスモス薬品が高いから、コスモス薬品が魅力的」といった結論も短絡
的すぎます。現時点での事業環境では、コスモス薬品のビジネスモデル
は機能していることから、コスモス薬品は積極的な出店姿勢が可能にな
っています。その出店攻勢の中で、資金繰り上プラスに作用しているの
が、大きな比率を占める買掛金です。今はプラスの循環に入っていると
いうことです [51]。しかし仮に将来の事業環境において、コスモス薬品の
ビジネスモデルが機能しなくなった場合、逆回転が始まる可能性があり
ます。株式投資においては、「どちらが持続的な成長が可能な経営か」
など、総合的に企業分析をしなくてはいけません。スギホールディング
ス、コスモス薬品、そして他のドラッグストアの競争が、10 年後にど

---

51 「自己資本利益率（ROE）」と成長率の関係については、もっと深堀して解説する必要があ
　ります。しかし、中級以上の財務分析のテーマであり、入門段階では混乱させる恐れがある
　ことから、本書では割愛します。

のように決着しているか、最終的な結論はその時にわかるでしょう。将来の各社の動きについて、各自で考えてみてください。

ROAとROEのどちらが大事？

　最近は、ROA や ROE という言葉をよく聞くようになったのではないでしょうか。ROA や ROE が注目され始めて、よく講演などで聞かれるようになった質問に「ROA と ROE のどちらが大切か？」というものがあります。正直、私は「どちらも大切です」と回答したいのですが、あえてどちらかを選べというのなら、「ROA」と考えています。ROA は企業全体（債権者と株主両方から見た収益性）の話で、ROE は株主視点だけに立った収益性を見るものだからです。私は「企業全体の状況を見た上で投資をするのが金融マンとしての使命だ」と考えています。たとえ株式投資家の立場であっても、株主視点“だけ”に基づく企業経営には魅力を感じません。

　一方で、実は ROE に注目しなくてはいけない理由があるのもわかっています。歴史的に見ると、メインバンク制を通して、日本企業は株主軽視の経営をする傾向がありました。日本企業が債権者（銀行）の視点ばかりを重視していたということです。本来は、債権者と株主両方の視点からバランスをとりながら経営をしなくてはいけないのに、極端な言い方をすれば、債権者のほうばかりを向いてきたということです。本来の適切なバランスから逸脱していたことを前提に、**「債権者視点と株主視点の適切なバランスを促すべき」**という議論が成り立ちます。その点では、経営上、適切なバランスになるまで ROE 重視に舵を切ることも正当化されるとは思っています。皆さんは、どう考えるでしょうか。これも正解のない問題です。「一般的な議論」、「現在の状態」、「将来のあるべき状態」などを踏まえて、各自で考えてみてください。

6-7　回転数と回転期間

　6-4節にて、総資本回転率を紹介しました。この言葉を見ると、「回転率」とあります。実は、財務分析において「○○回転率」という概念はたくさん出てきます。そして、「回転率」から計算できる概念として、「回転期間」があります。本節では、「回転率」と「回転期間」という2つの概念について説明します。

　回転率と回転期間はどちらとも「資本（資産）を有効に活用できているか」を見る指標です。具体的な計算式は、以下の通りです。

$$回転率\left(回\right) = \frac{年間の売上高}{資産の額}$$

$$= \frac{12\,ヵ月}{回転期間（月数）}$$

$$回転期間\left(月数\right) = \frac{資産の額}{1\,ヵ月あたり平均売上高}$$

$$= \frac{12\,ヵ月}{回転率}$$

　まず回転率を見てください。**回転率は、「一定期間（1年間）に、資産（資本）が売上高を通して何回転したか」を示した指標**です。単位は「回」です。回転率が高ければ高いほど、資金の動きが活発で、資産（資本）を有効活用していると言える指標です。回転率が低い（もしくは低

下傾向の）場合、不要資産が多いこと、もしくは販売不振が疑われます。

　一方の回転期間ですが、回転率とは逆数の関係にあります。片方の数字を見れば、もう一方の水準がわかる「表裏一体の関係」と言っていいでしょう。**回転期間は、「資産が1回転するのに要する期間」**を表します。回転期間は、「売上の何ヵ月分の資金（資産）を事業に投じているか」を見ることができます。投下資本の回収期間とも言えます。**期間が短ければ短いほど効率性が高く、資金の循環が速い**と言えます。回転期間は、使用する「売上高の期間」によって「年数、月数、日数」と単位が異なります。上記の計算式は、分母に「1ヵ月あたり平均売上高」としていることから、単位は「月数」となります。分母に「1日あたり平均売上高」とすれば、単位は「日数」となります。「年単位、月単位、日単位」があることに注意しましょう。

　ここまでの説明でもイメージがわきにくいのではないでしょうか。図表6.21は、「総資産回転率」と「総資産回転月数」の異なる2社（A社とB社）を想定した例です。A社は、総資産が1,000万円であり、年間の売上高が3,000万円でした。「総資産回転率」は、売上高を総資産で割ったものですので、3回となります。回転期間として「総資産回転月数」を考えます。1ヵ月あたりの平均売上高は、3,000万円を12で割ることで計算できます。250万円ですね。総資産回転月数は、1,000万円の総資産を250万円で割り、4ヵ月となります。ちなみに、月単位では4ヵ月ですが、年単位では0.3年です。

　では、B社を見てみます。総資産は同様に1,000万円ですが、年間の売上高はA社より1,000万円少なく2,000万円でした。回転率と回転期間を計算すると、総資産回転率が2回、総資産回転月数は6ヵ月となります。

　総資産回転率は、A社が3回に対して、B社が2回となります。同じ総資産の額でも、売上高が大きいA社の総資産回転率は高くなります。「回転率が高いほうが、資産を有効活用している」ということがわかるのではないでしょうか。一方で、総資産回転月数を見ると、A社が4ヵ月であるのに対して、B社は6ヵ月でした。「売上の何ヵ月分の資産を

事業に投じているか」を見る指標である回転期間は、売上高が相対的に小さいB社が長くなります。

図表 6.21

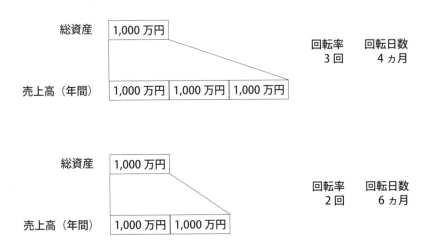

　ここまで、回転率と回転期間について説明してきました。両者は表裏一体の関係であり、片方がわかれば、もう片方の水準は計算することができます。では、財務指標としてどちらを使うべきでしょうか。表裏一体の関係であることから、「どちらの指標を使ってもいい」というのが答えになります。ただし、**「分析目的や直観的な理解のしやすさによって、適宜、使い分ける」**というのが実務上の私の回答です。実務では、「数字のイメージ」をつかむということが非常に大切になります。「ビジネスモデルを勘案すると、これくらいの水準かな」と判断できるということです。理論的にはどちらで見てもいい、というのが結論ですが、解釈しやすい指標を使うようにしましょう。本書では、ROA や ROE の分解で使用することを重視して、総資産回転期間ではなく、総資産回転率を説明しました。また、次節で説明する棚卸資産については、回転期間のほうが解釈しやすいため、本書では「棚卸資産回転日数」を解説しています。もちろん「この分析では、棚卸資産回転率のほうが解釈しやすい」

ということもあるので、その時は棚卸資産回転率を各自で計算できるようにしておいてください。

6-8 棚卸資産回転日数

　棚卸資産回転日数とは、「棚卸資産に関する回転期間」を表す指標です。「回転日数」としていますが、「回転月数」もあれば、「回転年数」も存在します。もちろん、前節で説明したように逆数をとれば、「棚卸資産回転率」を計算することも可能です。

　「棚卸資産回転日数」は、「棚卸資産」を「1日あたり平均売上原価[52]」で割ることで計算されます。「何日分の棚卸資産を保有しているか」を示しています。

$$棚卸資産回転日数 = \frac{棚卸資産}{1日あたり売上原価}$$

$$= \frac{棚卸資産}{\left(売上原価 \middle/ 365日 \right)}$$

　棚卸資産は、いわゆる「商品や製品の在庫」のことで、将来に販売することで売上につながる資産のことでした。つまり、棚卸資産回転日数は「商品や材料を仕入れてから、販売されるまでの日数」を表しているということです。製品や商品に投下される資本の効率性を示している財務指標なのです。また、棚卸資産回転日数は、「在庫回転日数」とも言われます。

　本書では、棚卸資産回転日数の分母として「売上原価」を使っています。これについては、「売上原価」ではなく、「売上高」を使って説明し

52　売上原価を365日で割ることで、1日あたりの平均値を計算できます。

ている書籍もあります。ただし、売上高は、仕入原価に利益を乗せて販売したものですので、理屈を言えば、売上原価を使うほうが正確だと思います。棚卸資産を構成する製品、材料などを、取得原価で評価するということです。本書では、その点を踏まえて、「売上原価」を使っています。一方で、場合によっては「売上高」を使うべき時があることは頭に入れておいてください。たとえば、他の資産の回転期間についての要因分析を行うために、棚卸資産回転日数の値を確認する場合などは、売上高を使ったほうが分析上わかりやすくなります。加えて、実務上は、売上高を使うことが多いという感覚もあります。分析目的などを踏まえて、「売上高」と「売上原価」のどちらを使うべきかを考えるようにしてください。

　次に「棚卸資産回転日数」の数字の目安についてです。あまりに在庫が多いと資金効率が悪くなるということを覚えておいてください。商売の現場では、「在庫はお金が姿を変えたもの」と言われます。在庫を持つと、その分、倉庫代などのコストがかかるという面もあります。さらに言えば、「在庫が販売され、現金として回収されない限り、企業は資金不足になる」ということを意味しています。企業は、「在庫を持つことによって生じる余分なコスト」についてはしっかりと管理しなくてはいけないのです[53]。加えて、在庫として長く保有しつづけると、物理的な劣化や世の中のニーズの変化に乗り遅れることもあります。いわゆる、不良在庫化の問題です。不良在庫は、セールなどで安売りをするか、廃棄するしかなくなります。それらのことから、在庫の増加傾向には注意しなくてはいけません。棚卸資産回転日数が増加しているのは、「在庫（棚卸資産）が増えている時」、もしくは「売上原価が減少している時（＝売上高が減少している時）」です。後者の売上原価が減少している時は、「販売不振と不良在庫の積み上がり」が同時に起こっている可能性もあるので、経営上の危機がないか、確認しなくてはいけません。

　一方で、「棚卸資産回転日数の値が低ければ低いほど、望ましい」と

53　たとえば、在庫管理のために、架空の金利（在庫金利）を設定することもあります。

いうわけではありません。資金繰りだけを考えれば低いほうが望ましいのですが、顧客満足を高めるためには、ある程度の在庫は業務上必要になります。過度に在庫を圧縮してしまうと、潜在的な顧客を競合他社に奪われてしまうこともあります。要は、売り損じをしてしまうということです。顧客からの信頼を勝ち得るためには在庫は必要であり、資金繰り上の在庫圧縮圧力との適正なバランスを考えなくてはいけません。つまり、「製品・商品・サービス、そしてビジネスモデルによって、適正な棚卸資産回転日数は変わる」というのが結論になります。しかも、在庫には季節性もあることから、時期によっても変わることになります。結局のところ、ビジネスモデルを踏まえて、「何日分の在庫を保有しているか」ということを突き詰めれば、企業にとって適正な「棚卸資産回転日数」を考えることができます。

　棚卸資産回転日数の目安については、あくまでバランスの問題なのですが、企業によって適正水準が違うという点で、入門者にとっては扱いづらく感じるかもしれません。そこで、私が銀行員時代に先輩から聞いた事例を紹介します。銀行員のＴさんは、融資の申し込みのあった「卵の加工工場を営む企業」の分析を試みました。実はこの工場の経営は傾いており、いわゆる自転車操業の状態でした。自転車操業は「こぎ続けないと倒れる」という意味で、お金が入ってこなくなった時点で倒産という経営状態でしたね。販売不振に陥っており、同社の商品はあまり売れておらず、財務諸表は粉飾だらけだったそうです。しかしながら、Ｔさんは経営悪化を見抜けず、銀行は融資を実行してしまいました。その後、この企業は倒産してしまい、銀行は多額の損失を負うことになりました。Ｔさんは改めて同社の財務諸表を見直して、「棚卸資産回転日数」について考えなかったことを後悔したそうです。同社の棚卸資産回転日数は 30 日を超えていました [54]。よく考えてください。缶詰でもない限り、通常、加工した卵は 2 週間もすれば腐るでしょう。原材料を入れ

54　本書は入門書ですので指摘しませんが、中級者を目指すなら「在庫数値を使った利益調整」についても同時に理解するのがいいと思います。ぜひ他の書籍で勉強してください。

たとしても、15 日程度が妥当だったのかもしれません。Tさんは「棚卸資産回転日数」の数値自体は見ていたのですが、実際の事業と照らして、財務分析の結果を考えていなかったのでした。この失敗例を聞いて、少し棚卸資産回転日数のイメージができたのではないでしょうか。本来はビジネスモデルも踏まえて適正水準を考えるべきなのですが、入門段階では、「扱っている商品を見ると、何日くらいの在庫がいいかな」という問いからスタートしてください。たくさんの事例にあたるうちに、徐々に適正在庫のイメージが持てるようになってくると思います。

　それでは、スギホールディングスの棚卸資産回転日数を見てみましょう。

（（52728 + 59674）/ 2）/（346164 / 365）＝ 59.25 日です。6-2 節で説明したように、貸借対照表の数値については期中平均を使うので、分子の棚卸資産は 2 期分の平均を出します。コスモス薬品の棚卸資産回転日数は、38.1 日と、スギホールディングスよりも短くなります。背景として、コスモス薬品は食品の販売に積極的であることが考えられます。一般的に食品は在庫の回転が速くなるのです。

棚卸資産の計算方法
・棚卸資産とは、「将来に販売することで売上につながる資産」です。注意点としては、生産過程の途中にある資産（たとえば、仕掛品、原材料など）も含むことです。
・具体的には下記の資産を合計することで計算されます。
　商品、製品、仕掛品、半製品、原材料、貯蔵品など

　ここまで棚卸資産回転日数の概念を説明してきました。「わかったような気がする。でもどう役に立つのかな？」という感想を持っている方もいるのではないでしょうか。そこで、もう少し事例を紹介します。

ファーストリテイリングの棚卸資産回転日数

　第3章のファーストリテイリングの分析事例の中で、在庫の議論をしました。ユニクロの場合は、資金繰り上の観点（キャッシュマネジメント）を考えなければ、お店の魅力を高めるために、在庫を豊富に置いておくほうがいい、という話でしたね。その延長で、ファーストリテイリングの棚卸資産回転日数を分析しておきましょう。図表6.22は、SPAという点では同一のビジネスモデルであるファーストリテイリングとインディテックスの棚卸資産回転日数を比較したものです。棚卸資産回転日数は、「何日分の棚卸資産を保有しているか」を示した指標です。棚卸資産は、いわゆる「商品や製品の在庫」のことでしたね。

図表 6.22

棚卸資産回転日数	FY2014	FY2015	FY2016	FY2017	FY2018
ファーストリテイリング（連結）	104	106	105	107	127
INDITEX (← ZARA)	90	90	91	93	88

（注1）2018年8月期のファーストリテイリングの棚卸資産回転日数が急に増加しているのは、在庫の計上タイミングを変更したことが主な理由である模様。従来は国内倉庫から店舗へ商品を出庫した時点で在庫として計上していましたが、2018年8月期より海外から国内倉庫に到着した時点で在庫として計上する方針を発表しました。
（注2）表上部の年は決算期を表しています。期末日の年を当該年として扱っています。例えば、2018年12月期と2018年3月期は、ともにFY2018としています。

　ファーストリテイリングの棚卸回転日数は2018年8月期（2018年度）で127日と、インディテックスの88日と比べて、45％多い水準です。それではファーストリテイリングの状況は悪いのでしょうか。答えは、「NO」です。ビジネスモデルを思い出してください。ファーストリテイリングは、「トレンド（流行）に左右されない基本的なウェアを部品（パーツ）として提供している会社」でした。そのビジネスモデルを踏まえると、在庫を豊富に持つことには意味がある、ということになり

ます[55]。

　一方で、インディテックスのほうは、棚卸資産回転日数が短くなるべきビジネスモデルを選択しています。インディテックスは、ファーストリテイリングと同じ SPA モデルですが、根本にあるビジネスモデルは全く異なっています。インディテックスが展開するブランドである ZARA は、「売れる服を、必要な量だけ生産して、売り切る」ということに徹しています。ユニクロは部品（パーツ）を提供することでファッショントレンド（流行）からの影響を受けにくくしていますが、ZARA は「売れる服を作る」ことでトレンドリスクを避けようとしています。ZARA は店頭に商品を並べて、顧客の動向を踏まえた需要がある商品を作ります。流行は変わるかもしれませんが、ZARA のすごいところは、わずか 2〜3 週間で店頭に必要な量を提供することができるということです。SPA モデルにより、スピーディーに商品を提供できるようにしているのです。加えて、ZARA はトレンドリスクを避けるために、同じ商品は一定数しか作らないことにも徹しています。同じ商品を何度も生産・販売しているうちに、トレンドが変わり、在庫リスクを伴う可能性があるので、「売れる分だけを作り、売り切る」ということを行っています。ZARA はトレンドファッションの商品を提供していますが、スピードを高めた SPA モデルで、トレンドリスクを避けたビジネスを展開しているのです。ユニクロはベーシックなカジュアルウェアにより需要予測をしなくてもトレンドリスクを避けようとするビジネスモデルですが、ZARA はスピーディーなオペレーションでトレンドファッションの需要予測を外さないビジネスモデルとなっています。アパレル業界において重要なファッショントレンドを両社ともうまくコントロールしていますが、発想が全く違いますね。

　ZARA の場合、スピーディーに作り、必要な量だけ生産・販売するのですから、在庫は少なくなります。スピーディーなオペレーションによ

55　もちろん「不必要な在庫まで待つべき」ということではありません。意味のある在庫が豊富にあるということです。また、資金繰り上の在庫リスクの分析は、本書では行っておりません。中級者以上の読者は、資金繰り上の分析を各自で行ってみてください。

り在庫リスクを避けているのです。したがって、ビジネスモデルを踏まえると、棚卸資産回転日数は短い数値となるはずで、実際、90日程度と短い日数となっています。

　ここまでの話を理解すると、ビジネスモデルを踏まえて棚卸資産回転日数を見ることの意味がわかってきたのではないでしょうか。「棚卸資産回転日数が短いインディテックスのほうが優れた企業だ！」と短絡的に決めつけてはいけないということです。もう一歩踏み込んで「今、もしくは将来の環境下だと、どちらのビジネスモデルがいいのか」、「ビジネスモデルが機能しなくなりつつある兆しはあるのか」などについて、各自で考えてみてください。

ユナイテッドアローズの棚卸資産回転日数

　ユナイテッドアローズの棚卸資産回転日数を使った分析事例も紹介します。

　ユナイテッドアローズは、1989 年に設立され、「United Arrows」などのブランドのアパレル専門店を展開する企業で、いわゆる「セレクトショップ」です。一般的に、セレクトショップは、メーカーなどから商品を買い付けて、販売するタイプの業態です。ユナイテッドアローズはセレクトショップが中心ですが、一方で SPA の事業も行っています。SPA は、自社で商品を企画・製造し、販売までを自社で行う小売の業態のことでしたね。ユナイテッドアローズの場合、2019 年 3 月期は、仕入れ商品が 42%、オリジナル企画が 58% でした。オリジナル企画は、SPA に該当するビジネスと考えられます。

　ユナイテッドアローズによると、同社が対象としている顧客は「ファッションに強い関心があり、ファッションによって生活を豊かにしたいと考えている方々」とされ、その結果、対象としている市場は、「ファッション性が高く、ファッションの潮流に敏感なトレンドマーケット」としています（ユナイテッドアローズの IR 情報のページから見られる統合レポートより「」部分を引用）。消費者として、接しているお店のイメージ通りではないでしょうか。大学生時代の思い出として、私は好きな女性とのデート用の 1 着を買うためにユナイテッドアローズに行ったのを覚えています。1 着のポロシャツを買って、「よそいき着」として大切に着ていましたが、残念ながら、デートに成功した記憶はありません。他にも、忘れられない思い出として、大学卒業後に広島銀行に入社した後、業務後の疲れきった中、コレド日本橋の 1 階にあるユナイテッドアローズを何度も訪れていました。「いつか一人前の社会人になったら、この 10 万円のコートを買おう」という目標を立てて、つらい仕事をがんばって乗り切りました。ちなみに、私は、いまだに 10 万円のコートを買えていません。現在、私がスーツの上に着ているのは、

「ユニクロのウルトラライトダウン[56]」です。あの10万円のコートを買うことは一生できないような気がしますが、私にとってユナイテッドアローズは一言でいうと「憧れ（別世界）」だったのですね。ファッション性のない私とは無縁の世界を提供するお店という感じでした。皆さんは、私の思い出エピソードを聞いて「で？」と思われるでしょうが、実はその中にユナイテッドアローズを分析するヒントがつまっています。ファッションセンスのない私ですら憧れたお店なのです。つまり、「ファッション性が高い」というブランドイメージが定着しており、それこそがユナイテッドアローズの魅力だということです。

　ユナイテッドアローズは、そのファッション性の高いブランドイメージを維持するために、洗練された店舗空間で、顧客に高揚感を与える商品を常に提供していかなくてはならないでしょう。ここで、この「高揚感を与える商品」に焦点をあてたいと思います。「ファッションに関心が高い顧客に常に高揚感を与える」ということを考えてください。ファッションに関心が高い人たちは、ファッションの潮流に敏感であることから、ファッションのトレンド（流行）を追いかけると同時に、独自の感性の中で「他の人とは違う自分だけの宝物」を探すことを求めていると思います。と同時に、「普遍的な定番」の商品も欲しいという気持ちがあります。これらのニーズを踏まえた上で、魅力ある商品構成を構築し、その上で利益をあげていくということは、とても大変なことなのです。絶妙なバランスの上に成り立っています。品揃えのバランスを崩すと、途端に顧客にとって魅力がないお店になってしまいます。魅力ある品揃えにする答えは常に店頭にあるのですが、ユナイテッドアローズは358店舗を有する企業であり、すべての店舗を的確に管理するのは簡単ではありません。加えて、各年の天候に売れ行きが左右されることも忘れてはいけません。ファッションの流行に敏感な商品の場合、その流行の継続性に不透明な部分があり、また天候などの外部要因によっても、

56　ウルトラライトダウンはコストパフォーマンスが最高によく、ここ数年、愛用しています。以前の仕事では、ヨーロッパ出張が多かったのですが、冬のヨーロッパではフリースの上にウルトラライトダウンを着て、最高の組み合わせを享受していました。

売れ残った商品が不良在庫化してしまうことが考えられます。不良在庫化すると、アウトレットなどで、セール品として安売りされることになります。そうなると、売上総利益率が悪化することになります。つまり、ユナイテッドアローズの業績を見る場合、「利益率動向」と「在庫動向」を確認することが重要となります[57]。その「在庫動向」を把握するために、棚卸資産回転期間を見るといいのです。

　ユナイテッドアローズの売上高と営業利益の推移をグラフ化したものが図表6.23です。2009年3月期以降、売上高は一貫して増収傾向にある一方で、営業利益については減益となっている時期があります。2015年3月期～2017年3月期までの3年間は連続して減益となっています。

図表6.23

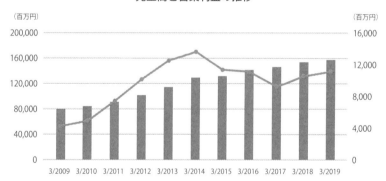

　売上高と営業利益の推移

57　個人商店としてのセレクトショップを見る場合、在庫が不良化していくと、運転資金の動向にも注意しなくてはいけません。基本的に販売代金が顧客から現金で回収される現金商売であり、仕入れに関しては将来の支払いであることから、通常時には多額の運転資金を必要としないビジネスです。しかし、在庫が不良化すると、途端に運転資金が必要になることは頭に入れておかないといけません。

まず増収増益となっている 2009 年 3 月期から 2014 年 3 月期までを見てみます。その期間の棚卸資産回転期間を見ると、2009 年 3 月期から 2014 年 3 月期まで低下傾向にあります。棚卸資産回転期間は、「商品を販売するまでにかかる日数」とも言え、それが低下しているということは商品サイクルが改善していることがわかります。同社の統合レポートなどを見ると、ユナイテッドアローズは、この期間に、「MD プラットフォーム」の構築・運用に力を入れています。MD プラットフォームとは、商品の流れにおける現状把握と判断を助ける仕組みとして、全事業で統一された進捗管理表と指標により、売れ筋商品については追加生産、スローセラー商品については消化促進対策といった判断を行い、在庫消化率や換金率の良化につなげる仕組みのことです。つまり、全販売管理と在庫管理がきめ細かくできる仕組みを整えたということです。その結果、棚卸資産回転日数が低下し、営業利益が増益基調となっていたのです。

　しかし、一転して、2015 年 3 月期〜2017 年 3 月期までの 3 年間は連続して減益となっています。特に 2015 年 3 月期の減益幅は大きく、2,298 百万の減益となっています。減益の背景について「2013 年年初からの急速な円安により、値上げに踏み切った」、「2014 年の消費増税などの環境変化に伴って、衣料品マーケットに生じていた変化に対応できなかった」と、ユナイテッドアローズはコメントしています。MD プラットフォームが優れていなかったわけではなく、ユナイテッドアローズの事業特性上、このような時期があるのは仕方がないことだと思います。悪化した際に、うまく乗り切り、MD プラットフォームを改善して、次の成長につなげられるかが大切です。

　棚卸資産回転日数を見ると、通期決算のデータを使うと、2013 年 3 月期が 116 日、2014 年 3 月期が 115 日、2015 年 3 月期が 127 日となっています。2014 年 3 月期に下げ止まり、2015 年 3 月期に悪化しているのがわかります。もう少し詳細を見るために、四半期ベースの棚卸資産回転日数を見ると、棚卸資産回転日数は 2014 年 3 月期の第 3 四半期から増加に転じているのがわかります。このように棚卸資産回転日数

の増加が確認された場合は、いったん冷静になり、定性的な情報を加味しながら分析を一から丁寧にやり直し、慎重に判断しなくてはいけません。念のために強調すると、「棚卸資産回転日数が増えていること ＝ 問題」と考えるべきと言っているのではなく、業績悪化の前兆の可能性があるので、別の視点も踏まえて総合的に精査しなくてはいけないということです。意図的に在庫を増やしている場合など、問題ではない時もあります。

図表6.24

営業利益と棚卸資産回転日数

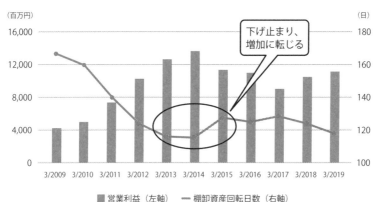

（注）棚卸資産回転日数の計算において、分母は売上原価を使った。また、棚卸資産については、期中平均の値により計算した。

図表6.25

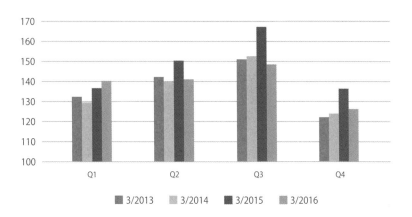

（注）棚卸資産回転日数の計算において、売上原価は直近4四半期の合計の値を365日で割った値を使った。また、棚卸資産の値は期中平均ではなく、各四半期の期末の数字を使った。

6-9 売上債権回転日数

　売上債権回転日数とは、売上債権と売上高の比率で計算される財務指標です。**売上高の何日分の売上債権を持っているかがわかる指標**です。売上債権とは、「売掛金と受取手形の合計値」のことです。両者とも「販売したものの、現金を回収していないもの」であり、「掛けで販売した未回収な代金」でしたね。つまり、「棚卸資産を販売してから、売上債権を現金として回収するまでにかかる平均的な回収期間（日数）」を表しているということです。違う見方をすれば、「どの程度、現金として未回収であるか」とも言えます。具体的な計算式は以下のとおりです。

$$売上債権回転日数 = \frac{売上債権}{1日あたり売上高}$$

$$= \frac{売掛金 + 受取手形}{\left(売上高 \middle/ 365日\right)}$$

　売上債権回転日数が大きいと、売上債権がたくさん溜まっていることを意味します。未回収で滞留していることになるので、売上債権回転日数の長期化には注意が必要です。商品を販売した取引先である企業の資金繰りが悪化して、何ヵ月も入金がない場合も考えられます。いわゆる不良債権化して、最悪の場合、現金にならないこともあります。自社側の要因で売上債権が長期化している場合もあり、たとえば、販売不振を乗り越えるために「無理な売上」つまり、支払い条件に目をつむって販売拡大していることもあります。どちらにしても、経営上は、現金として回収されるまでは安心してはいけません。「事業活動（販売活動）は、

現金として回収してはじめて完結する」と頭に入れておきましょう。

　一般的には、売上債権回転日数は、「短ければ、短いほど望ましい」とされています。売上債権回転日数が短ければ短いほど、「現金化が速い」ということです。たとえば、個人向けに営業している飲食店や小売店は現金販売が多いことから、売上債権回転日数は短くなります。

　最後にスギホールディングスの売上債権回転日数を見てみましょう。（（19797 ＋ 17258）／ 2）／（488464 ／ 365）＝ 13.84 です。小売企業であり、短めの水準になっています。ただし、コスモス薬品と比較すると、長い日数となっています。2019 年度のコスモス薬品の売上債権回転日数は 0.1 日です。この違いの主要な理由は、スギホールディングスが調剤事業に力を入れていることにあります。患者の多くが保険により支払うことから、調剤事業の売上高については、調剤報酬の入金に時間がかかります。そのため、スギホールディングスの売上債権回転日数は相対的に長くなりやすい傾向があります。資金繰り上はコスモス薬品のほうが望ましいのですが、ビジネスモデルにおいて調剤薬局が機能することを想定するならば、否定的にとらえるべきではありません。

仕入債務回転日数

　仕入債務回転日数は、仕入債務と売上原価の比率で計算される財務指標です。**売上原価の何日分の仕入債務があるのかという指標**です。仕入債務とは、買掛金と支払手形の合計値のことです。両者とも「購入したものの、現金を支払っていないもの」であり、「掛けで購入した未払いの代金」でしたね。つまり、「棚卸資産を仕入れてから、仕入代金を支払うまでにかかる平均的な支払期間（日数）」を表しているということです。また、仕入債務回転日数は、「買入債務回転日数」とも言います。具体的な計算式は以下のとおりです。

$$\text{仕入債務回転日数} = \frac{\text{仕入債務}}{1\text{日あたり売上原価}}$$

$$= \frac{\text{買掛金} + \text{支払手形}}{\left(\text{売上原価} \Big/ 365\text{日}\right)}$$

　分母についてですが、本書では「売上原価」としています。しかし、厳密に仕入債務回転日数を計算する場合には、本来は「仕入高」を用いるべきです。ただし、情報開示の問題から、実務上は、「売上原価」もしくは「売上高」で代替することが多いのが実情です。「売上高」を使って仕入債務回転日数を計算している教科書も多いのですが、本書では棚卸資産回転日数と同様に「売上原価」としています。

　前節で紹介した売上債権回転日数については、基本的に「短ければ、短いほど望ましい」指標でした。仕入債務回転日数については、「ビジ

ネスモデルや経済環境によって、長いほうがいいか、短いほうがいいかは異なる」指標になります。仕入債務回転日数の期間は「代金の平均的な支払日数」を示しており、短ければ短いほど、早く支払わなくてはならないことを意味しています。短いほど、資金繰り上は苦しくなる状態と言えます。資金繰り上の話だけであれば、長いほうが望ましいと言えるのです。その点においては、売上債権回転日数とのバランスに注意が必要です。売上債権回転日数が仕入債務回転日数よりも長い場合、資金回収より支払いのほうが早いことになり、資金ショートが起きてしまう可能性があります。キャッシュフローの観点では、売上債権は早く回収したいので回転日数が小さいほうがよく、仕入債務は長いほうがいいことになります。「事業上、仕入債務を売上債権でまかなうべき」と言う専門家がいるのは、この点に焦点をあてています。加えて、仕入債務回転日数の長期化については、取引先から見ると売上債権回転日数の長期化であることから嫌がられることなのです。それにもかかわらず、取引先が長期化を受け入れているということは、「力関係の強さ」を意味しており、ポジティブな材料とも言えます。逆に短期化している場合は、取引先から現金決済を要求されているということなので、「取引先からの信用を失って早期支払いを求められているのではないか」と注意して見る必要があります。

　一方で、値引きなどの他の条件（支払い条件など）を引き出すために短くしている時もあり、絶対に長いほうがいいとは言えない場合もあります。逆に言えば、仕入債務回転日数が長期化していたとしても、支払期間の延長の代わりに仕入単価の引き上げを受け入れている場合もあるのです。短期化していたとしても、仕入単価の引き下げなどの他の条件を勝ち取っているのであれば、企業経営にとって望ましい場合もあるということです。加えて、仕入債務は負債であることを忘れてはいけません。資金繰りが悪化しており、どうしても払えなくなった企業は、取引先に交渉して、支払いを先延ばししていくため、負債である仕入債務が膨らんでいる場合もあります。負債はいつか返済しなくてはならず、返済できなくなれば、企業は倒産してしまいます。企業の実力以上に負債

が増えることは望ましいことではありません。したがって、「単純に仕入債務回転日数は長いほうが望ましい」とは言えないのです。ビジネスモデル、経営環境などを踏まえて、バランスのいい水準を考えていかなければなりません。もちろん時系列分析やクロスセクション分析を実施しながら、多くの企業を分析することで経験値が高まれば、数字を見る目安が徐々についてくると思います。

　それでは、スギホールディングスの仕入債務回転日数を見てみましょう。（（51165 + 5824）/ 2）/（346164 / 365）= 57.67 日となります。自己資本利益率（ROE）で言及したように、コスモス薬品は買掛金が相対的に大きく、2019 年 5 月期の仕入債務回転日数は 80.5 日です。なぜコスモス薬品の仕入債務回転日数がこれほど長くなるのかについては、「内部情報を知らないため、よくわからない」というのが正直な意見です。背景として考えられるのは、「どの商品を、どれくらいの数量で、どういう形で価格交渉を行うのか」という方針の違いがあると考えられます。商品数を絞って商品ごとの交渉力を高めた結果かもしれないし、値引きよりも支払い条件を優先した結果なのかもしれません。自分なりの結論を出すには、定性的な情報を組み合わせる必要があります。このように財務情報だけで結論を出すことは難しい場合も多く、「財務分析の限界」と言えます。

キャッシュコンバージョン サイクル（CCC）

　ここまで、「棚卸資産回転日数」、「売上債権回転日数」、「仕入債務回転日数」という3つの回転期間を紹介しました。これらの回転期間を使って、「運転資金の管理に使われる財務指標」である「キャッシュコンバージョンサイクル」を説明します。キャッシュコンバージョンサイクルは、英語で「Cash Conversion Cycle」と書くことから、「CCC」と略されることもあります。

　キャッシュコンバージョンサイクルは、「棚卸資産回転日数 + 売上債権回転日数 − 仕入債務回転日数」で計算されます。この計算をすることにより、「仕入から販売するまでの過程における、現金回収までの日数」を表しています。3つの項目を使っていることから、一瞬、何を計算しているのかわかりにくいと思います。図表6.26を見てください。

図表6.26

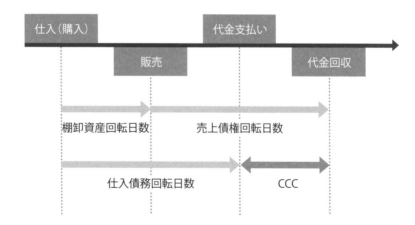

　「CCC」と書かれている⇔の部分が、キャッシュコンバージョンサイクルです。「仕入に伴う代金支払い」と「販売に伴う代金回収」のタイムラグ（日数）を表しているのがわかると思います。事業を行う過程は「現金 ⇒ 仕入（商品・製品）⇒ 販売 ⇒ 現金回収」となりますが、各矢印の過程が回転期間により具体的な数字として計算されます。「棚卸資産回転日数 ＋ 売上債権回転日数」により、「仕入から代金回収」を意味します。ここから、「仕入から代金支払い」を意味する「仕入債務回転日数」を引くことで、**「資金が必要な期間」**を計算することができます。この期間は資金不足が生じるため、事業活動を行うには資金繰りが必要になります。そのため、キャッシュコンバージョンサイクルは、「運転資金要調達期間」とも言われます。運転資金とは、「事業を回すために必要な資金」のことです。

　キャッシュコンバージョンサイクルを見ることで、事業活動を通じたお金の流れ（キャッシュフロー）をとらえることが可能になります。第7章で説明するキャッシュフロー計算書もお金の動き（キャッシュフロー）をとらえることができますが、あくまで一定期間に区切った上での現金収支の結果をとらえたものにすぎません。事業活動を踏まえたキャッシュフローの動き（回転）をとらえるためには、キャッシュコンバージョンサイクルを見ることが重要です。

　キャッシュコンバージョンサイクルが短いほど、「資金繰り上は望ましい」ということになります。キャッシュコンバージョンサイクルが短いと、少ない資金で事業活動をまわすことができるということです。仮にキャッシュコンバージョンサイクルがマイナスの場合、仕入代金の支払いを行う前に、売上代金の回収が終わるということになります。資金繰り上、理想的な状態となります。事業を拡大し売上高が増加したとしても、拡大した事業活動に伴って必要となる運転資金がないことを意味します。成長している企業にとって、キャッシュコンバージョンサイクルが短いことは、投資額を抑えるという点で非常に意味のあることなのです。特に製造業は、現金商売の小売業などと違って売掛金が大きく、一般的にはキャッシュコンバージョンサイクルが長期化する傾向があり

ます。製造業にもかかわらず、iPhone などでおなじみのアップル（米国企業）のキャッシュコンバージョンサイクルがマイナスとなっていたことが注目されました。もちろん、事業活動において運転資金が必要ないのですから、豊富な資金を研究開発にまわすことで、将来のイノベーションにつなげることができます。マイナスのキャッシュコンバージョンサイクルは、アップルの企業成長を資金繰りの面から支えたと考えられます。つまり、成長の好循環を生み出した一因であったということです。ちなみに、キャッシュコンバージョンサイクルがマイナスの状態で、事業活動が縮小し始めると、資金繰り上は厳しくなるという逆の面もあります。

　スギホールディングスのキャッシュコンバージョンサイクルを見ると、緩やかな上昇傾向がわかります。「棚卸資産回転日数」は概ね横ばいですが、「売上債権回転日数」が増加し、「仕入債務回転日数」が減少しています。

図表 6.27　スギホールディングスのキャッシュコンバージョンサイクル

	2/2015	2/2016	2/2017	2/2018	2/2019
棚卸資産回転日数	58.3	55.3	55.9	57.6	59.3
売上債権回転日数	11.3	12.2	12.9	13.0	13.8
仕入債務回転日数	60.6	60.1	55.7	56.0	57.7
CCC	9.1	7.4	13.1	14.6	15.4

（注）B/S の数字は、当年度と前年度の平均値を期中平均として用いる。

（注）売上債権は売掛金、仕入債務は買掛金で計算

　なんらかの事業上の背景があるからこそ、このような傾向につながっているはずです。しかしながら、財務分析の情報だけでは、これらの背景を正確に分析することは難しいのです。今まで何度か説明したように「財務分析の限界」です。定性的な情報も含めて、様々な視点から背景について考察していく必要があります。自前の物流センターを新設していることと、「仕入債務回転日数」が関係しているのかもしれません。ただし、正直なところ、公開情報だけでは、背景まで正確に把握するこ

とは難しいのが実情ではあります。金融機関に所属していれば、企業に
取材して追加的な情報を聞くことも可能ですが、個人投資家の場合は情
報収集にさらに限界があります。そのため、このような時は、キャッシ
ュコンバージョンサイクルの動向についてなんらかの問題を含んでいる
可能性があると考えて、引き続き注視することを心がけましょう。

　また、クロスセクション分析として、参考までにコスモス薬品のキャ
ッシュコンバージョンサイクルも見てみます。図表 6.28 を見てくださ
い。コスモス薬品のキャッシュコンバージョンサイクルはマイナスとな
っています。

図表 6.28　コスモス薬品のキャッシュコンバージョンサイクル

コスモス薬品	5/2015	5/2016	5/2017	5/2018	5/2019
棚卸資産回転日数	36.5	37.0	35.5	36.2	38.1
売上債権回転日数	0.0	0.0	0.0	0.0	0.1
仕入債務回転日数	76.0	77.6	79.0	80.2	80.5
CCC	-39.5	-40.6	-43.5	-44.0	-42.3

（注）B/S の数字は、当年度と前年度の平均値を期中平均として用いる。

（注）売上債権は売掛金、仕入債務は買掛金で計算

　食品の販売に積極的であるコスモス薬品は、スギホールディングスよ
りも棚卸資産回転日数は短くなります。売上債権回転日数については、
健康保険により遅れて調剤報酬を受け取る調剤事業の比率が大きいスギ
ホールディングスが長くなります。仕入債務回転日数はコスモス薬品の
ほうが長いです。結果として、キャッシュコンバージョンサイクルは、
スギホールディングスが 15.4 日のところ、コスモス薬品はマイナス
42.3 日です。現在、コスモス薬品は積極的に出店を行っており、マイ
ナスのキャッシュコンバージョンサイクルが急成長を資金面で支えてい
ると言えます。もちろん資金繰りだけのおかげで成長しているわけでは
ありませんが、現時点ではコスモス薬品が力を入れている食品販売は運
転資金の観点でも成長を支えていると言えます。ただし、コスモス薬品

と比べて、スギホールディングスが出店を抑えているのは、「建築費高騰による出店コストの上昇」、「店舗オペレーションの維持などを踏まえた出店能力」、「業界の競争環境」などを総合的に考慮した上での経営上の意思決定の結果です。キャッシュコンバージョンサイクルだけで決まっているものではありません。キャッシュコンバージョンサイクルから言えることは、成長を加速する際にコスモス薬品が資金調達における悩みが少ないというだけです。

　ここまで、キャッシュコンバージョンサイクルの重要性について説明してきました。キャッシュコンバージョンサイクルが短ければ、資金調達上のメリットが大きく、成長企業の成長を支えることになる、ということを強調しました。キャッシュコンバージョンサイクルが短ければ、企業成長を速めることは間違いありません。成長に伴って本来は増加する運転資金に対する資金繰りの懸念が小さく、有利子負債を増加させることなく、急激な企業成長に結びつけられるからです。しかしながら勘違いしないでほしいのは、キャッシュコンバージョンサイクルが短いから（あるいはマイナスだから）といって、急成長ができるということではありません。ビジネスモデルが、現在（将来）の事業環境の中で機能しているからこそ、事業が好調に推移するのです。場合によっては、優れたビジネスモデルだからこそ、キャッシュコンバージョンサイクルの短縮化が可能になることもあります。他にも、キャッシュコンバージョンサイクルの短縮化を戦略的に行って、企業成長に結びつけていることもあります。ただし、私が強調したいのは、「ビジネスモデルと事業環境を踏まえた上でキャッシュコンバージョンサイクルを見なくてはならない」ということです。

6-12 手元流動性比率（安全性分析）

　手元流動性比率は、主に安全性分析として使われる指標です。5-4 節において、安全性分析についての優先順位を説明しました。それを考慮して、手元流動性比率の説明については、一旦スキップしても構いません。

　手元流動性比率は、「現金・預金 ＋ 流動資産の有価証券」を「月換算した売上高（いわゆる、月商）」で割った指標になります。ちなみに、分母と分子を逆にすると、「手元流動性回転率」とも言われます。「現金・預金 ＋ 流動資産の有価証券」は、手持ち資金を表しています。つまり「すぐに使える資金」ということです。「すぐに使える資金」から見た安全性の指標であり、数値が高いほど安全性が高いと言えます。ただし、注意点として、高すぎると、不必要に資金を企業内に寝かせているとも言えます。その場合は、事業活動により獲得した資金を、事業活動を維持・発展させるための再投資に使っていないことが懸念されます。経営上は、非効率に資金を溜め込んでいることは必ずしも望ましい状態とは言えず、企業のビジネスモデルを勘案した上でバランスのいい適正な水準にする必要があります。つまり、安全性と効率性の両面から、総合的に評価すべきということです。

　では、どの水準が適切なのでしょうか。これも正解があるわけではなく、その時点の経済環境とビジネスモデルを踏まえて、個々の企業の事情に応じて考えます。私の感覚的には、最低でも 1 ヵ月は欲しいところです。どのような企業であったとしても、いつかは経営の危機に直面します。往々にして経営危機と金融危機は同時に発生し、金融危機時には借入が困難になるのですが、その時に手元流動性が大きな意味を持ちます。

　また、手元流動性比率が、損益計算書の数値を使っていることは注目

すべきポイントです。貸借対照表だけを使った財務分析において、流動比率や当座比率などの「短期的な返済能力」を表す財務指標を学びました。これらの指標については、貸借対照表の数値のみで算出される安全性指標です。これらの指標は、特定時点の資産を売却して債務返済ができるのかを考えています。しかしながら、本来の債務返済能力は、企業の収益性にも依存しています。長期的に見れば、企業が事業活動を行って獲得した収益によって、負債は返済されるべきものです。保有資産を処分して返済にあてるというのは、非常事態です。その点で、収益性を表す損益計算書上の数値を使った安全性指標を見ることは、重要なのです。貸借対照表のみを使った財務分析に加えて、手元流動性比率を補完的に利用することが有意義だということです。貸借対照表の数値だけを使った分析を「静的分析」もしくは「静態分析」と言います。それに対して、貸借対照表と損益計算書の両方を使った分析を「動的分析」もしくは「動態分析」と言います。

$$手元流動性比率 = \frac{現金・預金 + 流動資産の有価証券}{月商}$$

$$= \frac{現金・預金 + 流動資産の有価証券}{\left(売上高 \middle/ 12\,か月 \right)}$$

＜安全性分析の分類＞

・貸借対照表だけを使った分析 ⇒ 静的分析（静態分析）

・貸借対照表と損益計算書の両方を使った分析 ⇒ 動的分析（動態分析）

インタレストカバレッジレシオ
（安全性分析）

インタレストカバレッジレシオは、事業利益を金融費用で割って計算される財務指標です[58]。金融費用の何倍の事業利益があるのかを示しており、**「金融費用の支払い能力」** を見ている安全性の指標です。手元流動性比率と同様に、損益計算書の数値を使っており、動的な安全性分析として注目される財務指標となります。教科書によっては、単に「事業利益」ではなく、「利払前事業利益」と書いてあることもあります。「金利払いをしていない」を強調しているにすぎず、本書の内で定義している事業利益と同一と理解して問題ありません。事業利益の定義は、「営業利益 + 受取利息 + 配当金 + 持分法による投資利益」でしたね。

インタレストカバレッジレシオは、**高ければ高いほど安全性が高い指標**です。低い場合は、「有利子負債が多い」or「本業の利益が少ない」ということです。インタレストカバレッジレシオの発想は、「借入金利息などの金融費用に対して、支払い原資である事業利益がどれくらいあるか」ということです。企業の安全性に対する変化（兆候）を早期にとらえられる点で注目されることも多いです。経営不振に直面する企業は利益減少が起きる一方で、支払いサイドの金融費用は減少することが少ないため、結果として、インタレストカバレッジレシオに悪化の兆候を見ることができる場合もあります。ただし、「そもそも借入金がない企業」はかなり高い水準になることから、分析そのものが意味を持たない場合も多いです。

インタレストカバレッジレシオの水準の目安です。仮に1倍以下の場合は、本業の利益が金融費用をカバーできていないということになる

---

[58] 第7章で解説するキャッシュフロー計算書の項目を使って、インタレストカバレッジレシオを定義する別の方法もあります。本書では、より一般的に使われている定義のみを紹介します。関心のある方は、別の書籍を参照ください。

ので、理由を確認すべきです。一時的ではなく、長期的に継続する場合は危険であると言えます。傾向分析も意味があるので、行うようにしましょう。

スギホールディングスの場合は、損益計算書で金融費用の開示がないので、インタレストカバレッジレシオを計算できません。有利子負債が少ない企業に該当します。

$$インタレストカバレッジレシオ = \frac{事業利益}{金融費用}$$

$$= \frac{営業利益 + 受取利息 + 配当金 + 持分法による投資利益}{支払利息 + 社債利息}$$

6-14 平均借入利率（安全性分析）

　本節で紹介する「平均借入利率」も安全性分析の指標です。「平均借入利率」は、**企業が支払っている「支払利息」を「有利子負債残高」で割って算出する指標**です。平均的に企業が支払っている借入利率を表しています。金融市場の市場金利の動向と比べて、分析対象の「平均借入利率」の上昇傾向が大きい場合、当該企業の倒産リスクが高まっていると言えます。上昇傾向にあるから、「すぐに倒産する」と考えるのではなく、「倒産するかもしれない確率が高くなっている」ということです。上昇傾向にあるなら、「他の安全性分析を組み合わせて、より詳細な分析をしたほうがいい」と考えるきっかけとして使うことをおすすめします。倒産確率が上がっている以外の理由により、平均借入利率が上昇していることもあるので、なぜ上昇したかの理由を確認するようにしてください。

　『外資系アナリストが本当に使っているファンダメンタル分析の手法と実例』で説明していますが、金融機関の行動において「リスクに見合った適切なリターンを確保する」のは鉄則です。銀行は倒産しそうな企業については、原則的には「資金を回収することを検討する」、もしくは「貸出金利を引き上げる」ことをします。貸出金利を引き上げることは、銀行にとってはリターンを上げることにつながります。大企業への貸出金利よりも、中小企業への貸出金利が一般的に高い水準となるのは、このためです[59]。資本力の弱い中小企業のほうが倒産する確率が高いということを表しています。そうですね。「平均借入金利」は、銀行員が考えている倒産確率を反映しているのです。

59　厳密には、他の要因としては、金融機関間の貸出競争なども関係してきます。

$$平均借入利率 = \frac{支払利息}{有利子負債残高}$$

「平均借入利率」については、5-4節で説明したように、私が相対的に重要だと考えている指標です。情報量が少ない企業の安全性を見る時に、この指標は特に参考になると考えています。銀行は公開情報以外にもたくさんの企業情報を持っており、安全性に問題がある場合には、それらの「銀行の保有情報」を反映して「平均借入利率」が動くからです。間接的に、銀行の考える倒産確率を見ることができます。

　ここまで、たくさんの安全性分析の財務指標を紹介しました。どれも視点が違っており、ビジネスモデルを踏まえて、しっかりと分析することは大切です。しかし、入門者にとって、分析に慣れるまでは「どれを見たらいいんだろう」と迷ってしまうと思います。銀行という倒産分析のプロが分析した結果を簡単に見ることができる「平均借入利率」は、端的に言うと「手っ取り早い安全性分析」、もっと言えば、「（ある意味で）他力本願な姿勢」と言えるでしょう。ただし、最近の銀行員の企業分析の能力（目利き力）は低下しつつあると言われており、過度に信用するのは危険です。最終的には自分の力で安全性分析ができるようになるべきですが、入門者におすすめの指標として紹介しました。

平均借入利率の重要性

　ここで、「平均借入利率」に関する私の経験を1つ紹介します。私が現役でファンドマネージャー（アナリスト兼務）をしていた時代の話です。私が所属していた外資系金融機関は、世界中の企業に対して株式投資をしていました。私は日本株式を担当するアナリストでしたが、海外の経済・企業の情報についても大切にしており、各国の投資担当者（ファンドマネージャーやアナリスト）から積極的に情報を得るように心がけていました。当時、イギリスの株式市場の担当者とも情報交換は行っており、あるイギリス人のアナリストと、ある企業の「平均借入利率」について議論しました。実は、この企業はその後倒産してしまいました。倒産する半年〜1年前くらいに株価が急落していたので、この企業の経営状態が気になっており、どういう状況か議論したのです。この企業を担当していたアナリスト（ファンドマネージャー兼務）は、「優良企業なのに株価が下落しているので、『絶好の買い場だ』」と言って、「株式の買い増し（追加購入）」を検討していました。結果的に、この企業は倒産したため、損失を負うこととなりました。

　担当アナリストは、なぜ見誤った判断をしたのでしょうか。それは、「この企業が粉飾をしており、その決算書を前提に財務分析だけを頼りに企業分析すると、いい企業に見えた」からです。端的に言うと、担当アナリストは財務諸表の結果に騙されてしまったのです。私は議論の中で「優良企業なのに、大きく株価が下落していること」に対する説明に納得がいかず、自分の業務の合間に少し財務分析を行うことにしました。その際に、「平均借入利率の急上昇」が見られました。改めて担当アナリストと議論しようと、「平均借入利率の上昇」を指摘して、理由を求めました。しかし、私のしつこい態度に担当アナリストは腹を立てて、もう議論はしてくれませんでした。私としては、倒産すると思って指摘したというよりは、「後学（向学）のために理由だけを知りたい」と思っただけだったので、その場は謝って議論を諦めました。その半年後だったか、1年後だったか、その企業は倒産して、社内で大きな問題とな

りました。結局、この担当していたアナリストもしばらくすると退職しました。クビになったのか、居づらくなった上での自主退社かは不明ですが、担当アナリストは「プロ失格」であり責任をとったということです。プロとして避けることができた失敗をしたのですから、責任を負うのは当然だと思います。むしろ、顧客から預かった「日々の仕事から得られた大切なお金」の資金運用を任されている責任からすると、「退職くらいの責任でいいのかな」と自問自答する経験となりました。一方で、私としては、「もっと平均借入利率の上昇について説明を求めて警告を出しておけば、担当アナリストの退職を防げたのではないか」と後悔もしました。

　この経験から学ぶことは、「財務分析のちょっとした違和感には常にアンテナを張るべき」ということです。実は、「理由がわかれば、問題ないこと」がほとんどなのですが、まれに大きな落とし穴の前兆となっていることがあります。「平均借入利率」も含めて、様々な財務指標について一つひとつを大切にしながら、丁寧に企業分析をするよう心がけましょう。

粉飾を見破ることは可能か

粉飾という言葉は、厳密には専門用語ではないのですが、一般的に「不正会計や利益操作」などの意味で使われる言葉です。「故意に利益を過大に計上した決算書」が代表的な粉飾です。銀行から融資を受けるために、実態より企業状態をよく見せようとする時などに行われます。

「粉飾を見破ることができるか」という問いに対して、私の正直な結論は「外部から観察する限り、手の込んだ粉飾決算を完全に見破るのは難しい」ということです。銀行の場合は、株式投資家よりもたくさんの情報を得ることができますので、粉飾を見破ることができる確率は高まります。ただ、銀行といえども外部からの観察なので、あくまで確率の問題です。粉飾を見破るために銀行などが使っている「過去の事例を踏まえた財務分析上のテクニック」を紹介することは可能です。しかし、それらのテクニックも完全ではないことに加えて、一般の株式投資家の場合、情報量がさらに限定されているので、粉飾を見破ることは難しくなるのです。

上場企業の開示情報だけを使った場合でも、各財務指標のバランスや各財務データの動きを見ると、「なんか変だな」と感じる財務諸表に出会うことが、まれにあります。それが「手の込んだ粉飾」の場合もあれば、「なんらかの理由がある事象」の場合もあります。多くの場合は、粉飾ではないのです。また、分析の実力不足から「なんか変だな」と思ってしまう場合もあります。正しい決算書でも「なんか変だな」と思うことはあります。もちろん「今のところ、公になっていない」というだけで、「実は粉飾だった」と発表されるかもしれないのですが、その時点ではわかりません。

一方で、私が「なんか変だな」と思った決算書が、上場企業において結果的に粉飾だった事例も少し経験しました。その時、私は粉飾と見破ることができた（断定できた）と思いますか。答えは NO です。「なんか変だな」と思った時に、決算担当者（もしくは IR 担当者）に質問すると、「それっぽい理由」を説明されるのです。情報量が少ない株式投

資家としては、議論をしても最後には「そうなんですね」と言わざるを得なかったのが実情でした。そもそも公認会計士による財務諸表の監査を受けた財務データを私たちは使っています[60]。外部から見るしかない株式投資家が、公認会計士による監査を潜り抜けた粉飾決算を完全に見破ることができるとは思えません。もちろん能力の問題もあるかもしれませんが、私は「完全に粉飾を見つけるのは困難だ」と結論づけています。

　その上で、「あやしいと思ったら、手を出さない」のが一番だと考えています。「粉飾かもしれない」と考えて、細かく分析をし、深堀していくよりも、他の投資対象を探したほうが有意義です。粉飾を見破るのに限界があることに加えて、時間は有限だからです。結果的に大きなリターンを失うこともありますが、「企業に投資してから粉飾が判明して倒産されてしまうよりは "ましだ"」と開き直っています。「なんか変な決算だな」、「違和感があるな」という時は、まず理由を考えて、本当に納得できない時は「開き直って、投資しない」ということも大切だと思います。

　もちろんこれは私の考え方を紹介しただけであり、皆さんは自分の考え方にしたがって投資判断を行ってください。仮に粉飾が疑われる企業があったとすると、多くの株式投資家から敬遠されて、その企業の株価は下がっているでしょう。その後、「実は大丈夫だった」という認識が株式市場に広がれば、株価は回復し、非常に大きい投資リターンを得ることができるかもしれません。投資に対するスタンスは、皆さん各自で作り上げていくものですので、しっかりと自分で考えて投資の意思決定をしてほしいと思います。

60　金融商品取引法は、すべての上場企業に公認会計士監査を義務づけています。

第 7 章

キャッシュフロー計算書を
使った財務分析

7-1 利益とキャッシュの差異

第 1 章で損益計算書（P/L）を説明する中で、利益について説明しました。その際に、損益計算書上の費用は、支払われる現金（支出）とは一致しないことを説明しました。くどいのですが、重要なことですので、ここでもう一度その例を紹介します。

<第 1 章で取り上げた例>
ある個人経営の小さなドラッグストアを考えてみます。このドラッグストアは、2019 年 1 月にある化粧水を 100 円で 5 本ほど仕入れたとします。支払いは 2019 年 1 月に発生し、このドラッグストアは 100 円 × 5 本で 500 円の支払いを済ませました。そしてこのドラッグストアは早速 2 月からこの化粧水を棚に並べることとしました。化粧水の人気を踏まえて、販売価格は 200 円としました。結果的に 2019 年 2 月に 2 本、3 月に残りの 3 本が売れました。このドラッグストアは 2 月決算であり、当該年度はこの化粧水 5 本以外の商品は扱っていないこととします。2019 年 2 月期の売上高、売上原価（費用）はいくらでしょうか。売上高は簡単です。販売した実績を考えればいいのです。2019 年 2 月に 200 円 × 2 本の販売実績があるので、2019 年 2 月期の売上高は 400 円となります。2020 年 3 月期は 600 円の売上高です。次に考える売上原価（費用）についてですが、今までの話を理解していれば、「売上高に対応した製品、商品・サービスだけが売上原価」ですから、2019 年

2月に販売が完了した2本について、対応する費用を考えると、仕入値100円 × 2本となります。つまり2019年2月期の売上原価は200円となり、売上400円から200円を引いて、利益は200円の黒字（プラスの利益）となります。

　一方で、1月に▲500円の支払いをしていることから、この500円の経済活動は考えなくていいのかなと思いませんでしたか。2019年2月期には売上として400円を獲得した一方で、出費は500円出ているので、「▲100円の赤字」は考えなくていいのかなということです。実は、この視点はとても大切です。「500円の支払い」というのは、「お金の流れ」を見ています。いわゆる、キャッシュフローという考え方です。

　この例を通して、利益とキャッシュフロー（お金の動き）が違う概念だと理解できたでしょうか。利益は、会計基準という決まりを通して計算されていましたが、キャッシュフローは実際の各時点の「お金の動き」ということです。「収益 − 費用 ＝ 利益」と「収入 − 支出 ＝ お金の増減（キャッシュの増減）」ということです。1会計期間だけをとると、例のように必ずしも利益とキャッシュの金額は一致しません。利益が出ていても、必ずしもキャッシュが増加しているとは限らないことから、利益とキャッシュフローの両方を見る必要があります。企業の経営実態を明らかにする財務分析において、利益も大切ですが、キャッシュフローも大切になります。

　キャッシュフローを見ることが大切である理由をもう少し説明します。安全性分析のところで解説したように、企業は資金繰りができなくなった時に、倒産します。黒字倒産もありえると前に述べましたね。利益が黒字で実質的には儲かっていても、事業を継続運転していく資金がなくなったら、企業運営ができなくなるということでした。「お金」は企業が活動していくための「血液」のような存在です。不足すると大変なことになります。企業が使えるお金の増減のほうが、本来の「企業の懐具合」を表すと言う人もいます。実際の資金の動きを見ることは、安全性分析においてとても大切です。銀行員も、キャッシュフローを把握する

ことを大切にしています。

　「利益は意見であって、キャッシュは事実」ということも実務の場面ではよく言われます。実務では、こちらの理由を優先しているケースも多いです。利益は、会計基準の解釈や選択次第で、損益計算書（P/L）を作る人（主に経営者）の意思によって操作できてしまうということです。経営者の恣意性が入る余地の少ないキャッシュフローのほうが事業の本質的な状況を測るのによい、という主張です。また、投資家が企業の国際比較を行う場合、キャッシュフローのほうが海外企業との比較をしやすいという面もあります。

　加えて、私の研究の専門分野はファイナンス論ですが、ファイナンスではキャッシュフローが重要になります。ファイナンスの理論では、「将来において、その時点時点で企業が生み出している価値を現在価値で評価する」のが原則となります。利益は、会計原則に基づいて測った経済活動の成果にすぎず、利益があったとしてもその時点で現金が生み出されたことを意味していません。たとえば、工場を建設した際にすでに支払いが完了していたとしても、会計上は一度に費用計上するのではなく、減価償却費として何年にもわたって費用計上していきます。また、売掛金は、売上が行われたにもかかわらず、まだ現金が入ってきていない未収入金です。このように、会計上の数値の中に、過去の経済活動が含まれて計上されていたり、逆にまだ現金化されていない収入が入っていたりします。つまり、会計上の利益は、（ファイナンスの意味で）必ずしも経済活動の成果をリアルタイムに表しているわけではないのです。その時点で使えない現金も含んでいる利益は、その時々における価値を明確に記述しているファイナンス理論の中で、厳密には使いにくくなります。その点で、会計上の利益を用いた分析は必ずしもファイナンスの原則に合致していないことになります。ですから、その時点での経済活動の成果であり、かつ返済原資にもつながるキャッシュフロー（現金）を用いた分析のほうが、ファイナンスの理論上ふさわしいと言えます。ただし、ファイナンス初学者によくあるのですが、損益計算書がキャッシ

ュフロー計算書よりも有用性が低いとは考えないでください。企業分析においてはどちらも重要であり、分析の目的に応じて相対的な重要度が変わるだけです。詳細については、『外資系アナリストが本当に使っているファンダメンタル分析の手法と実例』を参照ください。

7-2 キャッシュフロー計算書とは

　キャッシュフロー計算書は、財務諸表の1つです。損益計算書と貸借対照表があれば、キャッシュの動きを把握することは可能ですが、上場企業については、キャッシュフロー計算書も作成・開示することが法律で義務づけられています。

　キャッシュフロー計算書は、英語では Cash Flow Statement と言い、それを略して C/S と表記されます。C/F と略されることもありますが、本書では C/S としています。キャッシュフロー計算書は、一定期間の資金の収支状態（キャッシュフローの状態）を活動別に表示した計算書です。資金を「キャッシュ」と呼び、現金及び現金同等物と定義されます。現金には、手元にある現金だけでなく、普通預金や当座預金も含みます。現金同等物は、具体的には定期預金、譲渡性預金、コマーシャルペーパーなどと考えてください。キャッシュフロー計算書は現金主義によって計算された資金の報告書とも言われます。そして、3つの活動別のキャッシュフローがあり、具体的には、「営業活動によるキャッシュフロー」、「投資活動によるキャッシュフロー」、「財務活動によるキャッシュフロー」に区分されます。つまり、キャッシュフロー計算書により、一定期間における現金等による収入・支出及びその結果としての資金の増減額を活動別に把握することができるということです。改めて強調すると、キャッシュフロー計算書では、損益計算書だけでは把握できない資金収支を把握することができます。

営業活動によるキャッシュフローは、通称「営業キャッシュフロー」
と言います。営業キャッシュフローは、事業（本業）でどれくらいキャ
ッシュフローが生み出されたかを集計したものです。本業で稼いだ現金
の動きということです。事業がうまくいっているかを知りたい時などは、
営業キャッシュフローを見ることになります。営業キャッシュフローが
プラスの時は、本業からの収入が支出を上回った状態を示しているので、
望ましい状態と一般的には考えられます。

　投資活動によるキャッシュフローは、「将来のためにいくら資金を投
資したか」を表します。投資活動によるキャッシュフローは、通称「投
資キャッシュフロー」と言います。たとえば、設備投資を行ったこと（主
に有形固定資産[61]の取得）などによる「資金の動き」を見ています。通
常は、将来のために使うキャッシュフローなので、投資キャッシュフロ
ーはマイナスとなります。

　財務活動によるキャッシュフローは、「いくら資金調達して、返済し
たか」を表します。株式発行や借入による入金、配当金の支払いなど、
資金調達及び返済による資金増減を見ることができます。

　また、「企業が資金提供者に対して自由に使えるキャッシュフロー」
を表す「フリーキャッシュフロー」という概念があるのですが、営業キ
ャッシュフローと投資キャッシュフローを足して簡便的にフリーキャッ
シュフローとすることもあります。多くの大企業は、営業キャッシュフ
ローの範囲内で投資活動を行いますので、フリーキャッシュフローはプ
ラスとなります。一時的にフリーキャッシュフローがマイナスとなるこ
とはありますが、長期的な動向は見ておくべきです。そして、フリーキ
ャッシュフローが大きくプラスの場合には、借入金返済による財務体質
の改善や積極的な株主還元が可能になります。一方で、成長段階にある
企業の場合は、成長するために設備投資にお金を使い、フリーキャッシ
ュフローがマイナスとなることもあります。その穴埋めとして、株式市
場において株式発行（増資など）や借入をすることでお金を集め、財務

61　有形固定資産は、土地、建物、機械設備、車両などの「形がある資産」のことです。

活動によるキャッシュフローはプラスとなる状態も見られます。このように、キャッシュフロー計算書を見ることで、企業の経営活動が浮き彫りになってくるのです。

図表7.1

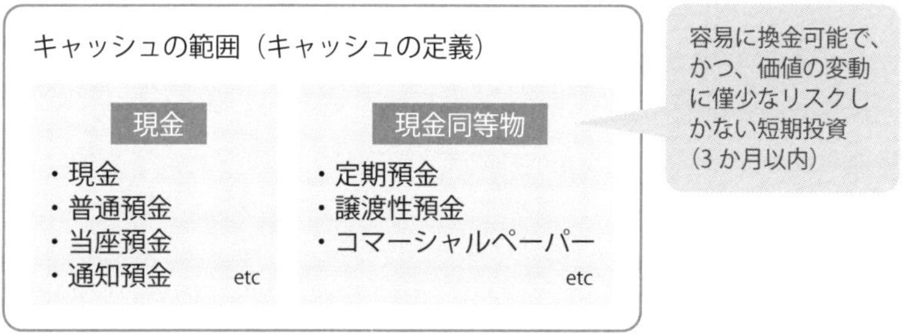

キャッシュの範囲（キャッシュの定義）

現金	現金同等物
・現金	・定期預金
・普通預金	・譲渡性預金
・当座預金	・コマーシャルペーパー
・通知預金　etc	etc

容易に換金可能で、かつ、価値の変動に僅少なリスクしかない短期投資（3か月以内）

　それでは、スギホールディングスの「キャッシュフロー計算書」を見てみましょう。細かく色々と書いてありますね。入門段階では、「営業活動によるキャッシュフロー」、「投資活動によるキャッシュフロー」、「財務活動によるキャッシュフロー」の数字だけは、時系列で見るようにしましょう。時間がない場合は、過去5〜10年くらいの「営業キャッシュフロー」を時系列で見て、基本的にプラスで推移しているかは最低限確認しましょう。

図表7.2

（4）連結キャッシュ・フロー計算書

（単位：百万円）

	前連結会計年度 （自　2017年3月1日 至　2018年2月28日）	当連結会計年度 （自　2018年3月1日 至　2019年2月28日）
営業活動によるキャッシュ・フロー		
税金等調整前当期純利益	24,559	26,053
減価償却費	6,455	7,389
減損損失	1,341	1,184
賞与引当金の増減額（△は減少）	464	△32
退職給付に係る負債の増減額（△は減少）	546	653
貸倒引当金の増減額（△は減少）	0	△7
受取利息及び受取配当金	△124	△197
固定資産受贈益	△343	△271
支払利息	26	25
固定資産除却損	29	11
売上債権の増減額（△は増加）	△2,049	△2,539
たな卸資産の増減額（△は増加）	△2,709	△7,074
仕入債務の増減額（△は減少）	2,486	7,087
その他	3,355	△197
小計	34,037	32,085
利息及び配当金の受取額	43	161
利息の支払額	△31	△25
法人税等の支払額	△6,486	△9,326
営業活動によるキャッシュ・フロー	27,564	22,894
投資活動によるキャッシュ・フロー		
定期預金の預入による支出	△84,000	△72,000
定期預金の払戻による収入	83,000	71,000
有価証券の取得による支出	△49,000	△51,000
有価証券の償還による収入	46,000	52,000
有形固定資産の取得による支出	△10,766	△17,141
無形固定資産の取得による支出	△955	△937
投資有価証券の取得による支出	－	△359
関係会社株式の取得による支出	－	△461
貸付金の回収による収入	11	3
差入保証金の差入による支出	△2,185	△3,364
差入保証金の回収による収入	175	126
その他	△189	△227
投資活動によるキャッシュ・フロー	△17,911	△22,362
財務活動によるキャッシュ・フロー		
自己株式の取得による支出	△1	△9,248
ファイナンス・リース債務の返済による支出	△233	△268
配当金の支払額	△3,166	△4,379
その他	△0	△0
財務活動によるキャッシュ・フロー	△3,401	△13,897
現金及び現金同等物の増減額（△は減少）	6,251	△13,365
現金及び現金同等物の期首残高	41,425	47,676
現金及び現金同等物の期末残高	47,676	34,311

有利子負債・キャッシュフロー比率（安全性分析）

$$有利子負債・キャッシュフロー比率 = \frac{有利子負債}{営業キャッシュフロー}$$

　キャッシュフロー計算書を使った財務指標として、「有利子負債・キャッシュフロー比率」を紹介します。本書は入門書であり、キャッシュフロー計算書を使った財務指標については、これしか紹介しませんが、さらに知りたい方は、中上級者向けの教科書を読んでみてください。

　「有利子負債・キャッシュフロー比率」は安全性分析でよく使われる指標です。「有利子負債 ÷ 営業キャッシュフロー」で計算されます。有利子負債は「返済期限があり、利子支払いが必要な負債」でした。有利子負債の返済は、基本的には事業活動で生み出されたキャッシュフローから行うことになります。この指標により、有利子負債の残高と返済原資の動向を見ているということです。その点で、安全性分析の中でも特に重要な指標の1つと言えます。この比率を特に重視している銀行もあります。

　もう一度、計算式を見てください。有利子負債を営業キャッシュフローで割っています。「本業で生み出しているキャッシュフロー（資金）に対して、何年分の有利子負債となっているか」と解釈できます。もっと言えば、本業で生み出している資金で返済する場合に有利子負債を何年で返済可能なのかを示しています。つまり、単位は「年」です。キャッシュフローが大きい場合、または有利子負債が小さい場合、有利子負債・キャッシュフロー比率は小さくなり、安全性が高いということになります。各銀行（各人）が経験則から数字の目安を持っているのですが、私は「中小企業なら15年」、「大企業なら10年」をだいたいの目安と

しています。平均すると、大企業は中小企業よりも低い水準になります。上場企業に投資する株式投資家は、当然、大企業を見ることになりますので、10年を目安にしてください。慣れてきたら、これと違う水準を目安にするのは構いません。このような目安の数字に正解はなく、あくまでも私の経験則によるものとお考えください。また、あくまで目安ですので、目安の数字を上回っている時は、理由を確認するようにしましょう。上回っていたら絶対にだめという意味ではなく、「納得できる理由があるか」がポイントです。たとえば、なんらかの理由である年だけ急激に営業キャッシュフローが低い水準になっている場合、「営業キャッシュフローの過去数年間の平均値を使うと10年を下回っており」かつ「急激に営業キャッシュフローが減少した理由が一時的で、回復の見込みがある」のなら、問題はないと考えられます。

　ちなみに、分母に営業キャッシュフローを使うのではなく、「EBITDA」「営業利益」「当期純利益」とする時もあります。どれが分母でも大きな意味（財務指標としての解釈）は変わらないのですが、どの計算式を使うにしても、時系列の変化は確認しておきましょう。

　スギホールディングスの時系列の動きを例示したいところですが、有利子負債がほとんどないことから、ここでは紹介（計算）できませんでした。

　以上、キャッシュフロー計算書について、またキャッシュフローを使った安全性分析の指標の1つを、簡単に紹介しました。

第1章　確認問題・解答

問1.

売上総利益
営業利益
経常利益
当期純利益

問2.

売上高：1,500円 × 120個 = 180,000円
売上原価：1,000円 × 120個 = 120,000円

問3.

	2015年3月	2016年3月	2017年3月	2018年3月	2019年3月
売上高（百万円）	549,780	504,459	489,095	1,055,682	1,200,560
売上高前年比		-8.2%	-3.0%	115.8%	13.7%

増収2期、減収2期

問4.

　任天堂株式会社の有価証券報告書を見ると、セグメント情報はないが、製品別の販売実績が掲載されている。したがって、分解方法⑩販売製品（商品）ごとの分解、により売上高を詳細分析することができる。2018年3月期、2019年3月期の売上高の伸びは、Nintendo Switch プラットフォームの販売額増加が主因であることがわかる。なお、有価証券報告書には「ソフトウェア主導でハード・ソフト一体型のユニークなプラットフォームビジネス」とあり、Nintendo Switch プラットフォームにはハードとソフトの両方が含まれる。

問5.

	2018年3月	2019年3月
売上高売上総利益率	38.2%	41.7%
売上高販管費率	21.4%	20.9%
売上高営業利益率	16.8%	20.8%
売上高経常利益率	18.9%	23.1%
売上高当期純利益率	13.4%	16.2%

計算式

2018年3月期
(1)売上高売上総利益率：403,540 ÷ 1,055,682 × 100
(2)売上高販管費率：225,983 ÷ 1,055,682 × 100
(3)売上高営業利益率：177,557 ÷ 1,055,682 × 100
(4)売上高経常利益率：199,356 ÷ 1,055,682 × 100
(5)売上高当期純利益率：140,945 ÷ 1,055,682 × 100

2019年3月期
(1)売上高売上総利益率：501,189 ÷ 1,200,560 × 100
(2)売上高販管費率：251,488 ÷ 1,200,560 × 100
(3)売上高営業利益率：249,701 ÷ 1,200,560 × 100
(4)売上高経常利益率：277,355 ÷ 1,200,560 × 100
(5)売上高当期純利益率：194,568 ÷ 1,200,560 × 100

問6.

資金の【運用】　　資産　　負債　　純資産　　資金の【調達】

問7.

（資産の部） 現金 150万円 原材料 70万円 備品 100万円 建物 250万円	（負債の部） 借入金 350万円
	（純資産の部） 資本金【220】万円

資産の部を合計すると、150 ＋ 70 ＋ 100 ＋ 250 ＝ 570 万円
負債の部と純資産の部の合計が 570 万円になるはずなので、
570 万円 － 350 万円 ＝ 220 万円が純資産の部の金額となる。

問8.

以下の式を使って計算する

(1)流動比率 = 流動資産 ÷ 流動負債 × 100

(2)当座比率 = 当座資産 ÷ 流動負債 × 100

(3)固定比率 = 固定資産 ÷ 純資産 × 100

(4)固定長期適合率 = 固定資産 ÷（純資産＋固定負債）× 100

(5)負債比率 = 負債 ÷ 純資産 × 100

(6)自己資本比率 = 純資産 ÷ 総資本 × 100

計算式

(1)流動比率 = 1,344,972 ÷ 245,009 × 100 = 548.9%

(2)当座比率 =（844,550 + 78,169 + 238,410）÷ 245,009 × 100 = 473.9%

(3)固定比率 = 345,331 ÷ 1,414,798 × 100 = 24.4%

(4)固定長期適合率 = 345,331 ÷（1,414,798 + 30,496）× 100 = 23.9%

(5)負債比率 = 275,505 ÷ 1,414,798 × 100 = 19.5%

(6)自己資本比率 = 1,414,798 ÷ 1,690,304 × 100 = 83.7%

【参考文献】

桜井久勝（2015）『財務会計講義（第 16 版)』（中央経済社）

桜井久勝（2003）『財務諸表分析（第 2 版)』（中央経済社）

松下敏之・高田裕（2017）『外資系アナリストが本当に使っている
ファンダメンタル分析の手法と実例』（プチ・レトル）

【謝辞】

　本書を書き終えて感じたのは、本書と『外資系アナリストが本当に使っているファンダメンタル分析の手法と実例』の2冊の書籍は、私がこれまでかかわってきた多くの企業、そして両親、先生、友人、同僚などから学んだ知識・経験の集大成ということです。特に投資実務の師匠である Richard Kaye 氏（現在、コムジェストアセットマネジメント）から大きな影響を受けました。尊敬する Richard Kaye 氏を通して、「金融技術」だけでなく、「金融マンとしての立ち振る舞い」、「先入観なく、鋭く、そして優しく企業（事業）を見る眼」など、多くのことを学びました。この場を借りて、Richard Kaye 氏をはじめ、すべてのお世話になった方々に改めて感謝したいです。また、本書を出版するにあたり、たくさんの方から有益なアドバイスをもらいました。高橋知之氏（岡三証券）、吉田圭佑氏、小室秀介氏の意見は貴重でした。そして、本書のコンセプトを評価してくださり、出版を決めてくださったプチ・レトルの大倉・谷口氏にお礼を申し上げます。

　最後になりますが、この1年間は、私にとって大きな転換の年となりました。私と妻の故郷である広島に東京から転居し、大学で教員生活を送ることを決意しました。大きな転機のきっかけは、2019年3月に生まれた息子の存在です。「私を育ててくれた広島で、息子も同じようにたくさん学び、大きく成長してほしい」、この思いからの決断でした。そのような中、息子と遊びたいのを我慢して本書の執筆に取り組んだ私の忍耐力に心から敬意を表したいです。そして、愛する妻と息子に本書を捧げたいと思います。これからもよろしくお願いいたします。

2019年11月
高田 裕

【著者略歴】

高田 裕（たかた・ゆう）

　1981 年広島市生まれ。同志社大学卒業後、大阪大学修士課程修了。国内外の金融機関、シンクタンクなどを経て、現在は安田女子大学講師。外資系金融機関では、運用部次長ファンドマネージャー（株式アナリストを兼務）として、企業調査・運用業務に従事。担当したファンドは、日本をはじめ各国の評価機関にて多数の賞を受賞。2015 年一橋大学国際企業戦略研究科修了（MBA）。早稲田大学ビジネス・ファイナンスセンターにてファンドマネジメント講座講師（2018 年）。日本証券アナリスト協会検定会員。主な著書は、『外資系アナリストが本当に使っているファンダメンタル分析の手法と実例』（プチ・レトル）など。

株式投資のための財務分析入門

2020 年 6 月 15 日　第 1 刷発行

著者	高田 裕
発行者	谷口 一真
発行所	リチェンジ
	〒115-0044 東京都北区赤羽南 2-6-6 スカイブリッジビル B1F
	http://rechange.info

編集	谷口 恵子
編集協力	玉村 優香
装丁・本文デザイン	有限会社北路社
印刷・製本	中央精版印刷株式会社
発売元	星雲社（共同出版社・流通責任出版社）
	〒112-0005 東京都文京区水道 1-3-30
	TEL：03-3868-3275

ISBN978-4-434-27379-7　C0033
乱丁本・落丁本は送料小社負担にてお取り替えいたします。